Sie haben das Zeug zum Börsengenie!

Joel Greenblatt

Der Klassiker von Hedgefonds-Legende

JOEL GREENBLATT

Sie haben das Zeug zum Börsen-genie!

Außergewöhnliche Strategien für außergewöhnliche Gewinne

Börsenbuchverlag

Die Originalausgabe erschien unter dem Titel
You Can Be a Stock Market Genius
ISBN 978-0-684-84007-9

Übersetzung: Egbert Neumüller
Gestaltung Cover: Johanna Wack
Cover Illustration: Andriy Onufriyenko/Getty Images
Gestaltung, Satz und Herstellung: Timo Boethelt
Lektorat: Merle Gailing
Druck: CPI books GmbH, Leck, Germany

ISBN 978-3-86470-970-8

Bibliografische Information der Deutschen Nationalbibliothek:
Die Deutsche Nationalbibliothek verzeichnet diese Publikation in der Deutschen Nationalbibliografie; detaillierte bibliografische Daten sind im Internet über <http://dnb.d-nb.de> abrufbar.

BÖRSEN MEDIEN
AKTIENGESELLSCHAFT

Postfach 1449 • 95305 Kulmbach
Tel: +49 9221 9051-0 • Fax: +49 9221 9051-4444
E-Mail: info@plassen-buchverlage.de
www.boersenbuchverlag.de
www.facebook.com/plassenverlag
www.instagram.com/plassen_buchverlage

Meiner wunderbaren Frau Julie
und unseren vier
fabelhaften Sprösslingen

INHALT

DANKSAGUNG

Wie bei jedem derartigen Werk gibt es auch hier viele Schuldige. Natürlich liegt die Verantwortung für Irrtümer, Auslassungen, Falschaussagen und falsche Ratschläge letztlich bei einem Kerl aus Cleveland, der selbstverständlich unauffindbar zu sein scheint. Aus diesem Grund kann ich nur mit dem Finger auf folgende Verdächtige zeigen:

Die gesamte Truppe und Mannschaft von Gotham Capital. Dazu zählt auch mein Komplize Daniel Nir, den ich bei der Gründung von Gotham Capital glücklicherweise den Klauen der Harvard Business School entreißen konnte – er ist einer der Hauptgründe für den Erfolg von Gotham Capital, er hat zu diesem Projekt erheblich beigetragen und er ist nach wie vor einer der besten Treffer meines Lebens; auf meinen Partner Robert Goldstein, dessen brutal ehrliche (aber leider gerechtfertigte und sachkundige) Kommentare dieses Buch besser gemacht haben, als es sonst geworden wäre – ihm danke ich außerdem besonders für seine unvergleichlichen Beiträge zu den Beispielen, die auf den vorliegenden Seiten erwähnt werden (und zu den Gewinnen, die sie mit sich brachten), unter anderem für die Entdeckung von Charter Medical sowie seine außerordentliche Arbeit an Host Marriott und Liberty Media; meinen Partner Edward (Ned) Grier wegen seiner hilfreichen Kommentare und wegen seiner überlegenen Recherchen für die hier vorgestellten Fallstudien, unter anderem General Dynamics und Strattec. Jeder dieser außerordentlichen Investoren hätte wohl auch ohne die Hilfe von Partnern spektakuläre Investmentbilanzen vorzuweisen und deshalb empfinde ich es als Privileg, mit einer Gruppe dermaßen talentierter Freunde zusammenarbeiten zu dürfen.

Da ich gerade von Talent und Freunden spreche, möchte ich auch der engagierten und furchtlosen Cheftraderin (und einzigen Traderin) von Gotham danken – Lisa Alpert; unserem Finanzdirektor und rundum netten Kerl Bruce Berkowitz (nicht mit dem Wells-Fargo-Investor gleichen Namens verwandt); und schließlich unserer vielseitig begabten Büroleiterin Alison Jarret.

Es gibt noch zwei Mitglieder der Gotham-Familie, die besondere Erwähnung verdienen. Da wäre erstens Bruce Newberg, der wirklich als vollwertiger Partner am Erfolg von Gotham beteiligt ist. Er war nicht nur für die Beschaffung des Startkapitals verantwortlich, das Gotham erst möglich gemacht hat, sondern auch für einen nie endenden Strom kluger Ratschläge und außergewöhnlicher Anlageideen; außerdem ist er ein überwältigender Freund. Jeder sollte das Glück haben, einen derart treuen, guten Freund zu besitzen. Das zweite Mitglied der Gotham-Familie führt ein Doppelleben als meine Schwester. Linda Greenblatt war bei der Entstehung dieses Buches die wichtigste Diskussionspartnerin, Korrektorin und konstruktive Kritikerin. Es ist erstaunlich, dass sie nach 15 Korrekturlesungen immer noch an den richtigen Stellen lachen konnte und dass sie trotzdem die Zeit fand, die enorm erfolgreiche neue Investmentfirma Saddle Rock Partners zu managen. Ihre unendliche Geduld, ihr Engagement und ihre Intelligenz hatten dramatische Auswirkungen auf das Endergebnis. Ohne Lindas Hilfe hätte ich dieses Projekt auf keinen Fall geschafft.

Weitere Tatverdächtige, die wesentliche Beiträge und ihre Freundschaft eingebracht haben, sind unter anderem: John Scully von Hamilton Partners und der Columbia Business School, ein Mentor und Freund aus meiner Zeit bei Halcyon; Eric Rosenfeld, leitender Geschäftsführer von Oppenheimer & Co; Jeffrey Schwarz, Managing Partner von Metropolitan Capital Advisors; Richard Pzena von Pzena Investment Management; Mitch Julis, Managing Partner von Canyon Partners; Seth Klarman, Präsident der Baupost Group; Joseph Mazzella, mein Anwalt und Partner bei Lane, Altman & Owens; Robert Kushel, mein Broker bei Smith Barney; Mark Gimpel, Esq. für meine glorreichen Erinnerungen an die Apatschenstaffel; Major Gary E. Warren vom U. S. Marine Corps für seinen wertvollen Humor und Rabbi Label Lam dafür, dass er den Weg zu dem Stock im Sand gewiesen hat, insbesondere für seinen Gedanken „Geld ist die Währung des Lebens“ im letzten Kapitel.

Besonderer Dank gilt auch Bob Rosenkranz, dem Aufsichtsratsvorsitzenden der Delphi Financial Group und Managing Partner von Acorn Partners, für die unerreichte Unterstützung, die er Gotham in all den Jahren gewährt hat; Ezra Merkin, der in den 1980er-Jahren zweieinhalb Jahre Partner von Gotham war; und Stan Kaplan, der in den ersten fünf Jahren Cheftrader von Gotham war.

Ich danke außerdem Bob Mecoy, meinem Redakteur bei Simon & Schuster; meiner Agentin Sandra Dijkstra und Guy Kettelhack für seine Unterstützung bei der ersten Unterbreitung des Buchprojekts.

Ganz besonders möchte ich meiner gesamten Familie für die Liebe, Unterstützung und Ermunterung danken; alle haben sich mächtig ins Zeug gelegt und erheblich zum Endergebnis beigetragen (was mich persönlich und was das Buch angeht): meine wundervollen Eltern Allan und Muriel Greenblatt; Dr. Gary und Dr. Sharon Curhan; meine Schwiegereltern Dr. George und Cecile Teebor.

Des Weiteren schulde ich meinem Sohn dankbare Anerkennung, denn mit seiner bohrenden Fragerei nach dem Motto: „Papa, was bist du denn eigentlich? Polizist? Feuerwehrmann? Was?", war er eine große Motivation für die Fertigstellung dieses Buches. Wenigstens kann ich ihm jetzt antworten: „Du weißt doch, was Dr. Seuss* macht, oder?"

Und schließlich danke ich Julie, der Liebe meines Lebens (und Ehefrau) und unseren unglaublichen Kindern. Ich danke dir, jeder wertvolle Tag mit dir ist ein Geschenk.

* Theodor Seuss Geisel (1904–1991), bekannter amerikanischer Kinderbuchautor und Cartoonist, der als Dr. Seuss publizierte.

1

FOLGE IMMER DER GOLDENEN STRASSE

– und dann rechts ab

Es ergibt keinen Sinn, dass ein Buch einem beibringen kann, wie man an der Börse ein Vermögen verdient. Denn welche Aussicht auf Erfolg hat man, wenn man gegen eine Armee von milliardenschweren Portfoliomanagern oder eine Meute von Betriebswirtschaftlern antritt, die frisch von der Business School kommen? Der Vergleich zwischen Ihnen – dem Besitzer eines „Wie geht das?"-Buchs – und diesen Leuten ist wohl kaum fair, oder?

Das ist er wirklich nicht. Die betuchten Vermögensverwalter von der Wall Street und die brandneuen BWLer haben nämlich gegen Sie und das Buch keine Chance. Nein, Sie werden in Kapitel 8 keine Zauberformel finden und es ist keine Fortsetzung von *How to Succeed in Business Without Really Trying**, aber wenn Sie bereit sind, ein vernünftiges Maß an Zeit und Mühe zu investieren, warten Börsengewinne und sogar ein Vermögen auf Sie.

Okay: Wo ist der Haken? Wenn das so leicht ist, wieso hauen einen dann die BWLer und die Profis nicht vom Sockel? Es ist klar, dass auch sie Zeit und Mühe investieren, und sie sind zwar nicht alle Raumfahrtexperten, aber die meisten von ihnen sind auch nicht gerade Dorftrottel.

So seltsam das auch scheinen mag – es gibt keinen Haken. Die Lösung dieses scheinbaren Paradoxons, wieso Sie möglicherweise die

* Preisgekröntes Musical von 1961 nach einem Buch von Abe Burrows und mit Musik von Frank Loesser.

Macht haben, die sogenannten Börsenexperten auszustechen, liegt in einer Studie über die akademische Denkweise, in der Funktionsweise der Wall Street und in den Wochenendgewohnheiten meiner Schwiegereltern.

Fangen wir mit einer guten Nachricht über Ihre Ausbildung an: Wenn man vorhat, den Markt zu übertreffen – ihn „zu schlagen" –, dann ist ein MBA- oder Doktortitel von einer Business School kaum von Nutzen. Das ist doch wirklich eine gute Nachricht, jedenfalls wenn Sie auf der zielstrebigen Suche nach dem Börsenerfolg nicht schon massenhaft Zeit und Geld in eine Business School investiert haben. Tatsächlich geht die gelehrteste wissenschaftliche Theorie von folgender Prämisse aus: Man kann den Markt nur über längere Zeit übertreffen, wenn man Glück hat.

Diese Theorie wird normalerweise als Theorie der Markteffizienz, Theorie der effizienten Märkte oder als Random-Walk-Theorie bezeichnet. Sie besagt, dass Tausende von Investoren und Analysten alle öffentlich verfügbaren Informationen über ein gegebenes Unternehmen aufnehmen und durch ihre Aktienkäufe beziehungsweise Aktienverkäufe den „korrekten" Marktpreis bilden. Da also die Aktienkurse mehr oder weniger effizient gebildet werden (und man deshalb nicht zuverlässig Aktien zum Schnäppchenpreis findet), ist es demnach nicht möglich, die Börsenindizes über längere Zeiträume zu übertreffen. Die Wissenschaftler befassen sich zwar gelegentlich mit Ausnahmen (zum Beispiel mit dem Januareffekt, mit gering kapitalisierten Aktien und mit niedrigen Kurs-Gewinn-Verhältnissen), aber die meisten Strategien, mit denen man angeblich den Markt schlagen kann, werden als geringfügig und flüchtig abgetan; unter Berücksichtigung von Steuern und Transaktionskosten sei es schwierig, sie zu realisieren.

Da es also für die Finanzprofessoren nicht infrage kommt, den Markt zu schlagen, verbringen sie viel Zeit mit Dingen wie quadratisch-parametrischer Programmierung – das läuft ungefähr darauf hinaus, dass man die Aktien für diversifizierte Portfolios im dreidimensionalen

Raum einsammelt. Das heißt, wenn man sich durch komplexe mathematische Formeln kämpft und eine Prise höhere Analysis samt statistischer Wahrscheinlichkeitstheorie hinzugibt, hat man ziemlich gute Chancen, die gleiche Performance zu erzielen wie die gängigen Aktienindizes. Wow! Durch das große Tamtam und Brimborium dringt eine klare Botschaft: Man kann den Markt nicht schlagen, also versuchen Sie es gar nicht erst. Tausende von MBAs und Doktoren haben für diesen lausigen Rat gutes Geld bezahlt.

Es gibt zwei Gründe, die grundlegende Lehre der Professoren nicht zu akzeptieren. Erstens enthalten die Annahmen und Methoden, die die Wissenschaftler verwenden, mehrere grundsätzliche Fehler, mit denen wir uns später kurz befassen werden, die aber nicht den Schwerpunkt dieses Buches bilden. Der zweite und wichtigere Grund ist folgender: Selbst wenn die Professoren grundsätzlich recht haben und der Aktienmarkt mehr oder weniger effizient ist, gelten ihre Studien und ihre Schlussfolgerungen nicht für Sie.

Offensichtlich weiß auch der größte Teil der Wall Street nichts von diesen Gelehrten, denn das ganze Konzept, dass man sich für Anlageberatung bezahlen lässt – sei es in Form von Gebühren oder in Form von Beratungshonoraren – passt nicht besonders gut zu der Idee, dass die Ratschläge eigentlich nichts wert sind. Zum Unglück der Börsenprofis scheinen die Tatsachen allerdings die Schlussfolgerungen der Wissenschaftler zu stützen. Wenn die wissenschaftliche Theorie stimmen würde, müsste man ja erwarten, dass die Pensionsfonds und die Investmentfonds auf lange Sicht ungefähr die gleiche Performance wie die Indizes schaffen müssten, natürlich abzüglich Beratungsgebühren. Die tatsächliche Bilanz weicht von der Theorie der Markteffizienz jedoch leicht ab, denn die Profis erzielen im Jahresdurchschnitt rund ein Prozent weniger als die relevanten Aktienindizes – und das vor Abzug von Gebühren. Erklärt sich die enttäuschende Leistung der Börsenprofis dadurch, dass die Märkte nur „mehr oder weniger effizient" sind, oder sind andere Faktoren für diese schlappen Ergebnisse verantwortlich?

DAS PROBLEM DER PROFIS

Ich habe mich darüber mit einem Profi unterhalten, den ich für einen der besten halte, die es gibt. Er ist ein Freund von mir und ich möchte ihn hier Bob nennen (auch wenn er in Wirklichkeit Rich heißt). Bob ist bei einer großen Investmentgesellschaft für ein Anlagevermögen von zwölf Milliarden Dollar verantwortlich. Damit Sie sich eine Vorstellung davon machen können: Wenn Sie zur Pferderennbahn gingen und zwölf Milliarden in 100-Dollar-Scheinen wetten würden, dann wäre der Geldstapel 20-mal so hoch wie das World Trade Center (ganz zu schweigen davon, dass eine solche Wette die Quote Ihres Pferdes wohl zunichtemachen würde). Laut Bob wird sein Erfolg folgendermaßen gemessen: Wie steht der Ertrag seines Portfolios im Vergleich zu dem Ertrag des S&P 500 da? Tatsächlich hat Bob eine phänomenale Erfolgsbilanz vorzuweisen: In den letzten zehn Jahren lag sein durchschnittlicher Jahresertrag immer zwei bis drei Prozent über dem des S&P 500.

Auf den ersten Blick passen das Wort „phänomenal" und eine zusätzliche Jahresrendite von zwei oder drei Prozent nicht recht zusammen. Es stimmt zwar, dass sich mit zwei Prozent zusätzlich nach 20 Jahren dank des Zinseszinses 50 Prozent zusätzliches Vermögen ansammeln, aber das ist nicht der Grund, weshalb Bobs Erträge als phänomenal gelten können. Bobs Performance ist deshalb so beeindruckend, weil dieses Maß an zusätzlichem Ertrag in der Welt der Milliardenportfolios unglaublich schwer dauerhaft zu halten ist. Ein paar kurze Berechnungen decken die Beschränkungen auf, denen Bob durch die schiere Größe seines Portfolios unterworfen ist: Stellen Sie sich einmal vor, wie viele Dollars Bob in eine einzelne Aktie investieren muss, wenn er zwölf Milliarden aufteilen will. Wenn das Portfolio 50 Aktien beinhaltet, beträgt die durchschnittliche Anlagesumme 240 Millionen Dollar und bei 100 Aktien sind es 120 Millionen pro Aktienposition.

An der New York Stock Exchange (NYSE), an der American Stock Exchange (AMEX) und im Freiverkehr der Nasdaq notieren zusammengenommen etwa 9.000 Aktien. Davon haben rund 800 Aktien eine

Marktkapitalisierung über 2,5 Milliarden Dollar und rund 1.500 davon haben einen Marktwert von mehr als einer Milliarde Dollar. Wenn wir davon ausgehen, dass Bob nicht mehr als zehn Prozent der umlaufenden Aktien eines Unternehmens besitzen will (aus rechtlichen Gründen und aus Gründen der Liquidität), liegt die Mindestanzahl der unterschiedlichen Aktien, die Bob in seinem Portfolio hat, vermutlich irgendwo zwischen 50 und 100. Wenn er das Reich der potenziellen Kaufkandidaten auf die Aktien mit Marktkapitalisierungen von weniger als einer Milliarde Dollar ausdehnen will – vielleicht weil er von weniger beachteten und möglicherweise unentdeckten Schnäppchen profitieren will –, wächst die Mindestanzahl leicht auf 200 verschiedene Aktien oder mehr.

Rein vom Gefühl her würden Sie ja wohl zustimmen, dass es von Vorteil ist, ein diversifiziertes Portfolio zu halten, damit eine oder zwei unglückliche (sprich „dämliche") Aktien die Zuversicht und den Geldbeutel nicht allzu sehr beeinträchtigen. Dann stellt sich allerdings die Frage, wie viele Aktien ein „richtig" diversifiziertes Portfolio enthalten sollte – 50, 100 oder gar 200?

Es stellt sich heraus, dass Diversifizierung nur einem Teil (und nicht dem größten) des Risikos entgegenwirkt, das mit Aktienanlagen verbunden ist. Selbst wenn man vorsichtshalber 9.000 Aktien kaufen würde, bestünde immer noch das Risiko der Auf- und Abwärtsbewegungen des gesamten Aktienmarktes. Dieses sogenannte Marktrisiko lässt sich durch die „perfekte" Diversifizierung nicht beseitigen.

Wenn man einfach mehr Aktien kauft, vermeidet man zwar nicht das Marktrisiko, aber man kann damit eine andere Art von Risiko umgehen – das „Nichtmarktrisiko". Das Nichtmarktrisiko ist der Anteil an dem Risiko einer Aktie, der nicht auf den Bewegungen des gesamten Aktienmarkts beruht. Dieses Risiko entsteht zum Beispiel, wenn eine Fabrik abbrennt oder wenn sich ein neues Produkt nicht so gut verkauft wie erwartet. Wenn man nicht seine gesamten Ersparnisse in ein Unternehmen investiert, das Kutscherpeitschen, Steintiere oder

Hippie-Shirts herstellt, kann man den Risikoanteil wegdiversifizieren, der auf den Missgeschicken einzelner Unternehmen beruht.

Laut Statistik beseitigt der Besitz zweier Aktien 46 Prozent des Nichtmarktrisikos, das bei dem Besitz einer einzigen Aktie besteht. Dieser Anteil des Risikos reduziert sich durch den Besitz von vier Aktien um 72 Prozent, bei acht Aktien um 81 Prozent, bei 16 Aktien um 93 Prozent, bei 32 Aktien um 96 Prozent und bei 500 Aktien um 99 Prozent. Ohne wegen der Genauigkeit dieser Statistik Haare zu spalten, sollte man zwei Dinge bedenken:

1. *Wenn man schon sechs oder acht Aktien aus verschiedenen Branchen gekauft hat, ist der Nutzen der Risikosenkung, den die weitere Erhöhung der Aktienanzahl bringt, nur noch klein.*
2. *Das Gesamtmarktrisiko lässt sich durch die schiere Erhöhung der Aktienanzahl im Portfolio nicht beseitigen.*

Wenn Bob seine Lieblingsaktien aussucht und bei Nummer 20, 30 oder 80 angekommen ist, verfolgt er in der Praxis eine Strategie, die ihm durch die Größe seines Portfolios, durch rechtliche Aspekte und steuerliche Überlegungen auferlegt wird – und nicht weil er der Meinung ist, dass seine letzten Aktienideen genauso gut sind wie die ersten, denn er muss nur so viele Aktien kaufen, damit sein Portfolio optimal diversifiziert ist.

Kurz gesagt muss der arme Bob Dutzende großartiger Aktienideen bringen, er muss aus einem begrenzten Universum der am meisten beobachteten Aktien wählen, er muss große Mengen Aktien verkaufen, ohne dadurch den Kurs zu beeinflussen, und das Ganze in einem Goldfischglas, in dem seine Erträge jedes Quartal und sogar jeden Monat beurteilt werden. Zum Glück geht es Ihnen nicht so.

DAS GEHEIMNIS IHRES VERMÖGENS

Da Bob offensichtlich alle Hände voll zu tun hat, wohin soll man sich nun als Anleger wenden, wenn man wissen will, wie man am Aktienmarkt ein Vermögen verdient? Zu unserem Glück oder Unglück führen uns anscheinend alle Wege vor die Türschwelle meiner Schwiegereltern (keine Angst, ich sagte meiner – nicht Ihrer).

An Wochenenden findet man sie meistens bei irgendeiner Auktion auf dem Land, in einem Antiquitätengeschäft oder bei einer Haushaltsauflösung – auf jeden Fall auf der Suche nach Kunstwerken oder Antiquitäten, die ihnen gefallen. Sie sind leidenschaftliche Sammler und suchen nach Stücken, deren Besitz ihnen täglich Freude bereitet. Als heimliche Kapitalisten halten sie nach unentdeckten oder nicht anerkannten Kunstwerken und Antiquitäten Ausschau, die sie weit unter ihrem wahren Wert bekommen.

Wenn sie in Kapitalistenlaune sind, folgen meine Schwiegereltern einer ganz einfachen Strategie. Egal, ob sie bei „Kuhkaff Antiquitäten und Traktorteile" ein schönes Exemplar finden oder auf dem Dachboden von Großmutter Kuchensack ein impressionistisches Gemälde – sie stellen sich vor dem Kauf nur eine einzige Frage: Wurden vergleichbare Möbelstücke beziehungsweise Gemälde in letzter Zeit bei Auktionen (oder von Händlern) weit über dem potenziellen Kaufpreis verkauft?

So einfach ist das, wirklich; allerdings können wir aus den Fragen, die sie nicht stellen, am meisten lernen. Sie fragen nicht: „Wird dieser Maler der nächste Picasso?" oder „Steigen die Preise für französische Möbel aus dem 18. Jahrhundert bald rasant an?" Es wäre zwar schön und vielleicht auch lukrativer, wenn man derartige künftige Entwicklungen voraussagen könnte, aber nur wenige Menschen haben gleichzeitig die Fähigkeit, das Wissen und die Zeit, die man bräuchte, um künftige Ereignisse vorauszusehen und davon regelmäßig zu profitieren. Ob meine Schwiegereltern die Zukunft voraussehen können, ist ja gar nicht die Frage; das brauchen sie nämlich gar nicht – sie wissen, wie sie aus dem Studium der Gegenwart Gewinn ziehen können.

Das bedeutet nicht, dass Kunst- und Antiquitätenwissen ihnen nicht helfen würde, Geld zu verdienen, aber dieses Wissen können ja viele Menschen erwerben. Ihr Vorteil besteht darin, dass sie dieses Wissen an Orten abseits der ausgetretenen Pfade anwenden. Diese Orte mögen schwerer zu finden sein, aber wenn man sie einmal gefunden hat, sorgt der Mangel an informierten Sammlern dafür, dass man die Chance hat, „ineffizient“ gepreiste Schnäppchen zu finden.

Aktienschnäppchen findet man eigentlich auf die gleiche Art. Wenn man seine Energie darauf verwendet, Situationen zu finden und zu analysieren, die von anderen informierten Investoren nicht genau beobachtet werden, werden die Chancen auf ein Schnäppchen viel größer. Der Trick besteht darin, die Gelegenheiten ausfindig zu machen.

Das ist wie in der alten Geschichte von dem Installateur, der ins Haus kommt, einmal auf die Rohre klopft und sagt: „Macht 100 Dollar.“

„100 Dollar!“, sagen Sie. „Sie haben doch nichts gemacht, außer einmal auf die Rohre zu klopfen!“

„Oh nein“, sagt der Installateur. „Dass ich einmal auf die Rohre geklopft habe, das kostet nur fünf Dollar. Aber dass ich weiß, wo ich klopfen muss, das kostet 95 Dollar.“

Zu wissen, wo man klopfen muss, das ist an der Börse das Geheimnis Ihres Vermögens. Bedenken wir das und enthüllen wir ein paar geheime Verstecke von Börsengewinnen.

2
EIN PAAR GRUNDLAGEN

– gehen Sie nie ohne die aus dem Haus

Als ich 15 Jahre alt war, gab es nur einen Ort, an dem ich einen Blick auf Glücksspiele erhaschen konnte, und zwar die Hunderennen auf dem Hollywood Dog Track. Das war eine tolle Sache, denn bei meinem ersten unerlaubten Besuch entdeckte ich eine todsichere Möglichkeit, mit Windhunden reich zu werden. Im dritten Rennen trat ein Hund an, der die letzten sechs Rennen in nur 32 Sekunden geschafft hatte. Die Quote auf diesen Hund – nennen wir ihn Lucky – stand 99:1. Keiner der Hunde, die im dritten Rennen gegen Lucky antraten, war je schneller als 44 Sekunden gewesen.

Natürlich setzte ich einen Betrag, der für mich ein kleines Vermögen bedeutete, auf Lucky und auf Sieg. Wenn die Dummköpfe, die auf die anderen Hunde wetteten, mir ihr Geld geben wollten, sollten sie es doch tun! Aber als Lucky als Letzter die Zielgerade entlangzottelte, begann sich meine Meinung über die anderen Spieler zu ändern.

Das war nämlich Luckys erstes Rennen über eine längere Distanz gewesen. Offensichtlich hatten alle anderen gewusst, dass Lucky die spektakulär kurzen Zeiten über kürzere Strecken gelaufen war. Alle anderen Hunde waren erfahrene Langstreckenläufer. Meine todsichere 99:1-Wette war eine Fata Morgana, die sich zusammen mit meinem Geld schnell in Luft auflöste.

Positiv betrachtet hatte ich in weniger als einer Minute eine wertvolle Lektion gelernt. Ohne grundlegendes Wissen und grundlegendes Verständnis kann man eine großartige Geldanlage nicht von einer lahmen Ente unterscheiden. Bevor Sie also in den Hintergassen der

Börse mit der Jagd nach verborgenen Investmentperlen beginnen, biete ich Ihnen hier ein paar Grundlagen an, die Ihnen bei der Suche helfen dürften.

EIN PAAR GRUNDLAGEN

1. Machen Sie die Arbeit selbst!

Eigentlich gibt es zwei Gründe, die Sache selbst in die Hand zu nehmen. Der erste ist ganz einfach: Sie haben gar keine andere Wahl. Wenn Sie wirklich nach Gelegenheiten suchen, die andere übersehen, gibt es dazu wohl selten Medienberichte oder Berichte von der Wall Street. Normalerweise gibt es zwar mehr als genug Informationen über die entsprechende Branche und über das Unternehmen und zum Teil können sie sogar hilfreich sein, aber fast nichts davon bezieht sich auf die besonderen Eigenschaften, die Ihre Investmentchance so attraktiv machen. Das sollte Sie nicht stören, denn Sie folgen ja nicht dem Motto „je mehr, desto besser".

Der andere Grund, weshalb Sie selbst daran arbeiten sollten, hängt damit eng zusammen. Sie wollen Ihren reichen Lohn ja nicht dafür, dass Sie große Risiken eingehen. Das kann schließlich jeder. Sie wollen reichen Lohn dafür haben, dass Sie Ihre Hausaufgaben gemacht haben. Wenn Sie einer von wenigen Menschen sind, die eine bestimmte Investmentgelegenheit analysieren, sind sie logischerweise in der besten Position, den angemessenen Lohn für das eingegangene Risiko abzuschätzen. Nicht alle versteckten und verborgenen Anlagechancen sind attraktiv. Sie sollten Ihren Wetteinsatz auf Positionen setzen, deren Lohn die Risiken bei Weitem zu übersteigen verspricht.

Natürlich würde jeder gern in Geschäfte investieren, bei denen die Chancen zu den eigenen Gunsten stehen. Aber die meisten Menschen können das nicht tun, weil sie nicht wissen, dass es diese besonderen Gelegenheiten überhaupt gibt. Der Lohn Ihrer Fleißarbeit und Ihrer

Analyse besteht in der Chance, in Positionen zu investieren, die ungerechte Erträge bringen. Ihre außerordentlich großen Gewinne sind dann nicht das Ergebnis großer Risiken, sondern der verdiente Lohn dafür, dass Sie Ihre Hausaufgaben gemacht haben.

Aber macht es überhaupt Spaß zu investieren, wenn man weiß, dass die Chancen unfairerweise zu den eigenen Gunsten stehen? Darauf können Sie wetten.

2. Trau keinem über 30.

3. Trau keinem 30-Jährigen und keinem unter 30.

Klar? Die Wahrscheinlichkeit, dass jemand Sie anruft und Ihnen einen guten Investmentrat gibt, ist ungefähr so groß wie die Wahrscheinlichkeit, dass man im Lotto gewinnt, ohne dass man einen Tippschein abgegeben hat. Das könnte durchaus passieren, aber es ist nicht gerade sehr wahrscheinlich. Wenn Börsenmakler bei Ihnen anrufen oder Ihnen schreiben, befolgen Sie einen Rat von Nancy Reagan: „Sagen Sie einfach Nein." Die Erfolgsquote der Analysten von großen Brokerhäusern bei der Voraussage von Unternehmensgewinnen oder Aktienkursen ist sehr niedrig – und wenn Sie glauben, die kleineren Brokerhäuser, die Pennystocks anpreisen, wären da besser, schreiben Sie mir bitte, dann erstatte ich Ihnen die Kosten für das Buch zurück; dann kann man Ihnen nämlich nicht helfen. Sogar die institutionellen Klienten bekommen von renommierten Investmentfirmen keine besonders guten Ratschläge.

Die Gründe für diese dauerhaft schlechte Leistung sind größtenteils systematischer Natur. Die überwiegende Mehrzahl der Analysten wird nicht direkt von den Klienten bezahlt. Die Empfehlungen und Researchberichte, die solche Analysten produzieren, werden im Austausch gegen Gebühreneinnahmen mit den Brokern der Firma verhandelt.

Ein immerwährendes Problem ist der überwältigende Anreiz, Kaufempfehlungen auszugeben. Die Anzahl der Aktien, die kein Kunde besitzt, ist immer größer als die Anzahl der Aktien, die derzeit von Kunden gehalten werden. Infolgedessen kann man aus neuen Kaufempfehlungen mehr Gebühren schlagen als aus Verkaufsempfehlungen.

Ein weiteres berufsbedingtes Hindernis der Research-Analysten ist die Tatsache, dass sich Analysten, die die Aktie eines Unternehmens verreißen, eine wichtige Informationsquelle versperren. Es kann passieren, dass der entscheidende Kontakt zu Unternehmensvertretern und die Auskünfte der Investor-Relations-Abteilung dann anderen, „kooperativeren" Analysten vorbehalten bleiben. Das erschwert natürlich die Arbeit. Darüber hinaus sinken dadurch vermutlich die Chancen, dass die Investmentfirma des anstößigen Analysten von dem Unternehmen Aufträge im Bereich Investmentbanking bekommt. Das ist der Grund, weshalb häufig Euphemismen wie „halten" und „schlechter Zeitpunkt" das direktere „verkaufen" ersetzen.

Außer dieser Neigung zum Optimismus gibt es noch andere Probleme. Beispielsweise gibt man wohl kaum gewagte Gewinn- oder Kursprognosen ab, wenn alle Analystenkollegen anderer Meinung sind. Es ist sicherer, gemeinsam mit der Masse falschzuliegen, als Gefahr zu laufen, dass man eine Situation als Einziger falsch interpretiert, während alle anderen sie richtig eingeschätzt haben. Daraus folgt, dass frische, unabhängige Gedanken bei Analysten eher die Ausnahme als die Regel sind.

Dazu kommt, dass die meisten Analysten nur eine bestimmte Branche bearbeiten. Es gibt Analysten für die chemische Industrie, für die Bankenbranche, für den Einzelhandel – und die wissen kaum etwas über den relativen Anlagenutzen von Aktien aus anderen Branchen. Wenn also ein Chemie-Analyst eine Aktie innerhalb seiner Branche als „Kauf" einstuft, hat er die Investmentperspektiven der Aktie nicht mit Aktien aus einer der restlichen 50 Branchen verglichen. Ein bestimmtes Wohnviertel im Zentrum von Cleveland mag im Vergleich zu der Siedlung drei Blocks weiter großartig erscheinen, nicht aber im Vergleich zu Beverly Hills.

Da die Aufgabe eines Analysten darin besteht, Unternehmen innerhalb einer bestimmten Branche miteinander zu vergleichen, fallen außergewöhnliche Ereignisse, die das Unternehmen betreffen, häufig nicht in seinen engeren Fachbereich. Das gilt sogar für den Fall, dass ein von ihm beobachtetes Unternehmen an einem Spin-off oder an einer Fusion beteiligt ist. Viele Analysten pausieren mit Empfehlungen oder beenden die Berichterstattung über ein Unternehmen, wenn solche großen Veränderungen stattfinden – angesichts ihrer Stellenbeschreibung mag das verständlich sein, aber wenn es um gewinnbringende Anlageempfehlungen geht, ist das nicht gerade hilfreich.

Die nächste Wand, gegen die Analysten rennen, ist die nackte Wirtschaftlichkeit. Für die Analysten an der Wall Street lohnt sich die Berichterstattung über Aktien oder sonstige Investments nur, wenn sie dadurch so viele Einnahmen (sprich Maklergebühren oder künftige Investmentbanking-Gebühren) erzeugen, dass sich Zeit und Mühe rentiert haben. Unternehmen mit geringer Marktkapitalisierung, deren Aktien nicht in großem Umfang gehandelt werden, schwerer durchschaubare Wertpapiere und einmalige Situationen werden aus diesem Grund meistens ignoriert. Ironischerweise halten genau die Bereiche, deren Erforschung für große Firmen unwirtschaftlich ist, für Sie das größte Gewinnpotenzial bereit.

Bilanz: Selbst wenn Sie in einer Fantasiewelt leben, in der Gebühren und Honorare keinen Einfluss auf Anlageentscheidungen haben, müssen Sie trotzdem der harten Realität ins Auge sehen – egal wie vertrauenswürdig Ihr Broker auch sein mag, er hat keine Ahnung, wie er Ihr Geld am besten anlegen kann. Aber geben Sie nicht ihm die Schuld, auch wenn er über 30 ist. Schuld ist das System: Es funktioniert einfach nicht.

4. Picken Sie die Rosinen heraus!

Das Highlight im Zeltlager war der „Krieg der Farben". Für alle, die das nicht kennen: Der Krieg der Farben war jeden Sommer ein wochenlanges Ritual; das ganze Lager wurde in zwei Mannschaften aufgeteilt, die Blauen und die Grauen. Dann maßen sich die beiden Mannschaften nach Altersgruppen gegliedert in verschiedenen sportlichen Disziplinen. Der Höhepunkt des Farbenkriegs war die sogenannte „Apatschenstaffel". Bei diesem Wettkampf, der zum Abschluss veranstaltet wurde, traten alle Altersgruppen der Mannschaften auf einmal gegeneinander an. Jeder musste eine bestimmte sportliche Leistung oder eine ungewöhnliche Aufgabe vollbringen, bevor der nächste Lagerteilnehmer die seinige angehen durfte – wie beim Dominoeffekt.

Also wetteiferten die Lagerteilnehmer wie in den alten Zeiten die Krieger der Apatschen in den verschiedensten Disziplinen: Wettlauf, Wettschwimmen, mit auf den Rücken gebundenen Händen Kuchen essen, Eierlauf ... Im Gegensatz zu anderen Disziplinen hing der Erfolg hier nicht davon ab, welches Team die stärkeren oder schnelleren Athleten hatte, sondern vielmehr davon, welches Team das Glück hatte, David Versotski zu seinen Mitgliedern zählen zu dürfen. David hatte die Aufgabe, drei Netzroller zu schlagen, bevor das nächste Mitglied seiner Mannschaft eine irdischere Aufgabe bewältigen durfte, zum Beispiel zum Ufer hinunterrennen.

„Netzroller" bedeutet beim Tischtennis, dass der Ball beim Aufschlag zwar das Netz berührt, aber trotzdem auf der gegnerischen Hälfte der Platte landet. Den ganzen Sommer über war David ein ganz normaler Junge gewesen, aber er konnte solche Aufschläge auf Kommando servieren – einen, zwei, drei – wie kein anderer. Dadurch sparte er der Mannschaft bei der Apatschenstaffel, bei der es auf Sekunden ankommen konnte, mehrere entscheidende Minuten. In den spannenden Augenblicken vor Beginn des Wettkampfs flüsterten sich in Davids Mannschaft alle zu: „Keine Sorge, wir haben Versotski!" Ich weiß nicht, was aus David geworden ist, aber wenn Netzrollen ein Profisport oder gar eine olympische Disziplin wäre, dann würde man den Namen David Versotski heute in einem Atemzug mit Babe Ruth und Michael Jordan nennen.

Was will ich damit sagen? Der entscheidende Punkt ist folgender: Wenn David es so einrichten konnte, dass er nur an Wettbewerben teilnahm, bei denen es um die größte Anzahl von Netzrollern ging, dann konnte er sehr oft gewinnen. Unglücklicherweise ist das im richtigen Leben normalerweise anders. Man kann sich seine Kämpfe und seine Spielfelder nicht immer aussuchen. Aber an der Börse kann man das durchaus tun.

Warren Buffett und andere haben dieses Konzept mit diversen Sprüchen veranschaulicht, zum Beispiel: „Auf 20 Pitches kommt nur ein Swing.", „An der Wall Street gibt es keine angesagten Treffer.", oder „Den Wurf abwarten!" Die erfolgreichsten Pferdewetter (ich nehme an, diejenigen, die am wenigsten verlieren) sind diejenigen, die nicht bei jedem Rennen wetten, sondern die nur dann setzen, wenn sie eine eindeutige Meinung haben. Es klingt logisch, dass man seine Erfolgsquote enorm steigert, wenn man seine Investments auf Situationen beschränkt, mit denen man sich auskennt und bei denen man zuversichtlich ist. Es ergibt keinen Sinn, seine besten Ideen oder seine Lieblingspositionen dadurch zu verwässern, dass man sich durch eine Liste attraktiver Gelegenheiten nach unten durcharbeitet. Wenn Netzrollen nur eine von mehreren Disziplinen innerhalb eines neuartigen Zehnkampfs wäre, dann würden Davids Vorteil und Sachkenntnis dermaßen verwässert werden, dass er nur geringe Chancen hätte, den gesamten Zehnkampf zu gewinnen. Also: Wenn Sie niemand daran hindert, ausschließlich Netzroller zu schlagen, dann machen Sie das so lange, bis Sie abtransportiert werden.

Die Strategie, alles auf eine Karte zu setzen und diese Karte zu bewachen, ist weniger riskant, als Sie vielleicht denken. Wenn man aufgrund der Vorgeschichte von der Annahme ausgeht, dass der durchschnittliche Jahresertrag von Aktieninvestitionen etwa zehn Prozent beträgt, dann beläuft sich die statistische Wahrscheinlichkeit, dass die Rendite in einem gegebenen Jahr zwischen -8 Prozent und +28 Prozent liegt, ungefähr auf zwei Drittel. Statistisch gesprochen beträgt die Standardabweichung um den Durchschnitt von zehn Prozent ungefähr 18 Prozent. Und wie gesagt besteht dann immer noch eine Wahrscheinlichkeit von eins zu drei, dass der Ertrag aus diesem unglaublich breiten Bereich von 36 Prozentpunkten (-8 bis +28 Prozent) herausfällt. Diese statistischen Werte gelten für Portfolios, die 50 bis 500 unterschiedliche Aktien enthalten (also für die Art von Portfolio, die die meisten Aktien-Investmentfonds halten).

Aber womit kann man laut Statistik rechnen, wenn das Portfolio auf nur fünf Aktien begrenzt ist? Die Spannweite der zu erwartenden Jahresrendite muss dann ja wirklich immens sein. Wer weiß, wie sehr die verrückten Bewegungen einer oder zweier Aktien das Ergebnis verschieben? Genau genommen besteht eine Wahrscheinlichkeit von zwei zu drei, dass der Ertrag in dem Bereich zwischen -11 und +31 Prozent liegt. Dabei beträgt die erwartete Rendite immer noch zehn Prozent. Wenn Sie acht Aktien in Ihrem Portfolio haben, verengt sich der Bereich leicht auf -10 bis +30 Prozent und unterscheidet sich kaum von der Spannweite bei 500 Aktien. Die Tatsache, dass durch diese breite Spanne auf jeden Fall ein Lastwagen durchpasst, sollte diejenigen trösten, die keine 50 Aktien im Portfolio haben, und sie sollte Angst in den Herzen all jener säen, die glauben, mit mehreren Dutzend Aktien könnten sie sich ein vorhersehbares Jahreseinkommen sichern.

Langfristig gesehen (und das kann 20 oder 30 Jahre bedeuten) sind Aktien trotz der jährlich wechselnden Erträge wahrscheinlich das attraktivste Anlageinstrument. Deshalb sollte es mit einem breit gestreuten Aktienportfolio eigentlich möglich sein, grob die Performance der großen Börsenindizes widerzuspiegeln. Was Aktien angeht, ist eine durchschnittliche Leistung schließlich gar nicht so schlecht.

Aber wenn es Ihr Ziel ist, wesentlich besser zu sein als der Durchschnitt, dann besteht der richtige Weg darin, die Rosinen herauszupicken, nur einen von 20 Pitches zu schlagen, sich auf Netzroller zu spezialisieren oder welche Metapher auch immer diesen Punkt für Sie am besten trifft. Die Tatsache, dass dank dieses äußerst selektiven Prozesses nur eine Handvoll Positionen übrig bleibt, die Ihren Kriterien genügen, sollte kein Problem sein. Die Strafe, die Sie für ein konzentriertes Portfolio bezahlen – eine leicht höhere jährliche Schwankungsbreite (Volatilität) – dürfte von den höheren langfristigen Erträgen mit Leichtigkeit aufgewogen werden.

Fühlen Sie sich mit der Vorstellung, nur wenig auf eine bestimmte Karte zu setzen, immer noch nicht wohl? Verzweifeln Sie nicht. Es gibt noch mehr Möglichkeiten, das Risiko zu bewältigen, ohne die Effektivität einzubüßen, die durch den Besitz weniger Lieblingspositionen entsteht.

5. Kaufen Sie nicht noch mehr Aktien; legen Sie Geld auf die Bank!

Für den Preis von 1.000 Dollar sind Versicherungsgesellschaften bereit, einem gesunden 35-jährigen Mann eine Million Dollar zu bezahlen, falls er das Pech haben sollte, im Laufe des nächsten Jahres zu sterben. Die versicherungsstatistischen Tabellen besagen, dass das für die Versicherungsgesellschaft ein gutes Geschäft ist. Aber würden Sie sich an Stelle der Versicherung auf so ein Geschäft einlassen? Wahrscheinlich nicht. Das liegt daran, dass Sie sich unabhängig von der Aussage der Statistik keinen Verlust von einer Million Dollar leisten können, schon gar nicht für läppische 1.000 Dollar. Die Versicherungsgesellschaft hingegen schafft mithilfe Tausender Versicherungsnehmer aus den übernommenen Risiken ein Portfolio, das den statistischen Tabellen folgt. Aus diesem Grund macht sie mit dem regelmäßigen Abschluss von Wetten, die sich eine Einzelperson nicht leisten könnte, ein gutes Geschäft.

Es kann also passieren, dass ein konkretes Risiko für sich allein betrachtet unsicher oder gar verrückt erscheint, dass es aber im Kontext eines Gesamtportfolios durchaus sinnvoll ist. Nun gut, aber wenn dem so ist und wenn es eine gute Idee ist, seine Risiken zu streuen, wieso sage ich Ihnen dann immer wieder, dass es richtig ist, nur wenige Aktien zu kaufen?

Das lässt sich nur in zwei Teilen beantworten. Erstens riskiert die Versicherungsgesellschaft mit jeder Police den Verlust von 1.000 Dollar auf den Einsatz von einem Dollar. Damit sich dieser Einsatz lohnt, wären Tausende solcher Policen über einen mehrjährigen Zeitraum nötig. Wenn man Aktien kauft, ist das Risiko glücklicherweise auf einen Dollar pro eingesetztem Dollar begrenzt. Aus diesem Grund kann man bei aller Vorsicht in eine Handvoll attraktiver Aktien investieren, ohne sich nachsagen zu lassen, man nehme irrsinnige Risiken auf sich. Trotzdem empfiehlt alle Welt, ein breit diversifiziertes Portfolio anzulegen; wie kann ich da von Ihnen erwarten, dass Sie sich auf wenige ausgewählte Börsenchancen einlassen?

Die Antwort und der angekündigte zweite Grund, wieso ein breit gestreutes Aktienportfolio keine Zauberformel gegen Risiko ist, findet sich in der Art, wie man seine Aktienanlagen von Anfang an betrachten sollte. Man sollte nämlich bedenken, dass bei den meisten Menschen das Aktienportfolio nur einen Teil ihrer gesamten Geldanlagen darstellt. Die meisten Menschen legen einen Teil ihres Vermögens auf die Bank, investieren es in Geldmarktfonds, in ihr Eigenheim, in Anleihen, in den Wert ihrer Versicherungspolicen oder in Anlageimmobilien, um nur ein paar Möglichkeiten zu nennen. Wenn Sie darauf aus sind, nicht alles auf die gleiche Karte zu setzen, ist eine solche breite Diversifizierung auf unterschiedliche Vermögenswertklassen viel effektiver als die reine Streuung des Aktienportfolios. Das heißt, dass Sie eine richtig gute Aktienstrategie nicht dadurch ruinieren sollten, dass Sie sich in mittelmäßige Erträge hineindiversifizieren.

Egal wie viele verschiedene Aktien Sie kaufen – wenn Sie Geld an der Börse investieren, das Sie in den nächsten zwei bis drei Jahren für die Miete, für Ihr Hypothekendarlehen, für Essen, Gesundheitskosten,

Ausbildung oder andere Dinge benötigen, dann ist das grundsätzlich ein Risiko. Vergessen Sie nicht, dass die jährlichen Ausschläge des Aktienmarktes in jedem Fall riesengroß sind, selbst wenn man so weit diversifiziert, dass man alle 9.000 Aktien besitzt. Seien Sie versichert, die Praxis, Aktien bei Geldbedarf zu verkaufen, ist als erfolgreiche Anlagemethode kaum vielversprechend.

Im Idealfall sollte die Entscheidung über den Kauf und Verkauf von Aktien ausschließlich auf der Rentabilität der Anlage basieren. Das kann bedeuten, dass man durchaus zusätzliches Geld auf der Bank lässt oder in anderen Werten anlegt, obwohl man sich für Aktien als Anlageinstrument entschieden hat. Einen Teil des Vermögens auf der Seite (also außerhalb des Aktienmarkts) liegen zu lassen könnte Ihre Form kluger Diversifizierung sein. Wenn Sie bereit sind, Ihre Hausaufgaben selbst zu machen, sollte eine Strategie, die auf einer Handvoll Lieblings-Aktienpositionen basiert, eigentlich weitaus bessere Ergebnisse bringen als der Kauf Dutzender von Aktien oder Investmentfonds.

Diese selektive Strategie führt gelegentlich zu größeren Ausschlägen als Indexing-Strategien – also dass man ein paar Anteile von allem besitzt. Aber wenn Sie die Gesamtheit Ihrer Vermögenswerte so arrangieren, dass Sie durch die unvermeidlichen Abschwünge des Aktienmarkts nicht gezwungen sind, Aktien zu verkaufen, dürfte dieser kleine Unterschied nicht von Bedeutung sein. Durchaus von Bedeutung ist jedoch die Tatsache, dass Sie über fünf oder zehn Jahre gesehen Ihren Anteil bekommen und auch genießen können. Im Laufe dieser Jahre investieren Sie in Dutzende verschiedener Investments (allerdings immer nur in eine Handvoll auf einmal), sodass Sie mehr als genug Streuung haben und überdurchschnittliche Gewinne ernten können.

6. Schauen Sie nicht nach oben, sondern nach unten!

Ein hochgeschätztes und unverrückbares Investmentgesetz besagt, dass immer ein Kompromiss zwischen Risiko und Belohnung besteht.

Die Wissenschaftler und die meisten Anlageprofis sind sich darin einig, dass man umso größeren Lohn erntet, je mehr Risiko man mit seinem Portfolio eingeht. Je geringer das Risiko, desto geringer der Ertrag. Kurz gesagt ist es nicht möglich, etwas (hohen Ertrag) für nichts (geringes Risiko) zu bekommen. Dieses Konzept ist so grundlegend, dass es das Fundament der Investmentstrategien sowohl der Akademiker als auch der Profis bildet.

Wenn das wirklich alles wäre, könnte man ganz einfach das gewünschte Risiko vorwählen und dafür den angestrebten Ertrag einfahren. In einer perfekt effizienten Welt müsste diese Beziehung zwischen Risiko und Lohn wirklich gelten. Aber da Sie auf die Suche nach Gelegenheitsnischen gehen, in denen ineffizient gepreiste Investments zu finden sind (das heißt, Aktien oder sonstige Anlageinstrumente, die so weit von den ausgetretenen Pfaden entfernt sind, dass die Analysten und Investoren sie nicht mit einem korrekten Preis versehen), dürfte diese unverrückbare Beziehung zwischen Risiko und Lohn eigentlich nicht gelten.

Dadurch wird das Risiko-Belohnungs-Verhältnis aber für Sie nicht irrelevant. Weit gefehlt. Das ist vielleicht sogar das wichtigste Anlagekonzept von allen. Aus diesem Grund ist es auch so erstaunlich, dass die meisten Profis und Akademiker bei der Risikoanalyse von einzelnen Aktien Fehler machen. Ihr Fehler besteht darin, dass sie den Risikoteil des Risiko-Belohnungs-Verhältnisses auf falsche und wirklich irritierende Weise messen.

Gemeinhin wird Risiko als das Risiko definiert, schwankende Erträge zu bekommen. In der akademischen Welt ist das Maß für das Risiko das Beta einer Aktie – die Preisvolatilität einer bestimmten Aktie im Verhältnis zum Gesamtmarkt. Normalerweise wird das Beta aus der vergangenen Volatilität einer Aktie extrapoliert. Aber in unserer chaotischen Welt gerät die Unterscheidung zwischen Aufwärts- und Abwärtsschwankungen schwer durcheinander: Eine Aktie, die im Laufe eines Jahres erheblich steigt, wird als riskanter bezeichnet als eine Aktie, die im gleichen Zeitraum leicht sinkt.

Außerdem kommt man häufig zu falschen Schlussfolgerungen, wenn man die vergangenen Preisbewegungen (beziehungsweise die vergangene Volatilität) als Basis für die Bestimmung des Risikos einer Aktie benutzt. Eine Aktie, die von 30 auf 10 gefallen ist, hält man für riskanter als eine Aktie, die im gleichen Zeitraum von 12 auf 10 gefallen ist. Obwohl man beide Aktien im Moment für zehn Dollar bekommt, gilt diejenige Aktie als riskanter, die am tiefsten gefallen ist und deren Preis im Verhältnis zum letzten Hoch den größten Abschlag bietet. Das mag schon sein. Aber es mag auch sein, dass der schwere Kurseinbruch den größten Teil des Verlustrisikos beseitigt hat. Die Wahrheit ist, dass man aus den vergangenen Preisbewegungen einer Aktie eigentlich nicht viel ableiten kann.

Zudem ist es nicht nur so, dass die bisherige Volatilität einer Aktie kein guter Indikator für die künftige Profitabilität ist, sondern sie gibt einem auch über etwas noch viel Wichtigeres keine Auskunft, nämlich darüber, wie viel man mit ihr verlieren kann. Ich möchte das noch einmal wiederholen: Sie gibt keine Auskunft darüber, wie viel man verlieren kann. Ist das Verlustrisiko nicht das, was die Menschen am meisten interessiert, wenn von Risiko die Rede ist? Bei der Geldanlage geht es doch nur darum, das Verlustrisiko eines Investments mit dem potenziellen Gewinn zu vergleichen.

Da die Bestimmung des potenziellen Gewinns und Verlusts, den eine bestimmte Aktie bringt, eine derart subjektive Angelegenheit ist, machen es sich die Profis und die Wissenschaftler leicht, indem sie die Volatilität als Ersatz für andere Maße benutzen. Aber unabhängig davon, weshalb alle anderen dem gesunden Menschenverstand abschwören, besteht Ihre Aufgabe nach wie vor darin, das Gewinn- und Verlustpotenzial einer Aktie mithilfe irgendeines Maßes zu quantifizieren. Das ist allerdings eine derart ungenaue und schwierige Aufgabe, dass es durchaus angebracht sein könnte, ein eigenes Näherungsverfahren dafür zu finden.

Und wieder kann man sich dieser Herausforderung stellen, indem man so denkt wie meine Schwiegereltern. Sie erinnern sich: Wenn sie ein Gemälde für 5.000 Dollar finden und in letzter Zeit ein vergleichbares Gemälde des gleichen Künstlers für 10.000 Dollar versteigert wurde, dann kaufen sie es. Die spürbare Differenz von 5.000 Dollar zwischen dem Auktionspreis und dem Kaufpreis ist das, was Benjamin Graham, der offizielle Vater der Wertpapieranalyse, als Sicherheitspolster oder Sicherheitsabstand bezeichnete. Wenn das Gespür der Schwiegereltern nicht trügt, ist ihr Polster so dick, dass sie bei diesem Kauf mit äußerst geringer Wahrscheinlichkeit Verlust machen. Wenn sie mit ihrem Gefühl jedoch danebenliegen – wenn die Qualität ihres Gemäldes nicht ganz der des kürzlich versteigerten entspricht, wenn der Preis von 10.000 Dollar ein einmaliger Ausreißer war oder wenn der Kunstmarkt zusammenbricht, nachdem sie das Bild gekauft haben und bevor sie es versteigern lassen –, dann müsste das eingebaute Sicherheitspolster ihren Verlust eigentlich in Grenzen halten.

Eine Möglichkeit, ein attraktives Risiko-Lohn-Verhältnis zu erreichen, ist also die extreme Begrenzung des Verlustrisikos, indem man nur investiert, wenn ein dickes Sicherheitspolster vorhanden ist. Das Gewinnpotenzial ist dann zwar immer noch schwierig zu bestimmen, aber das erledigt sich normalerweise von selbst. Anders gesagt müssen Sie bei Ihrer Anlageentscheidung nach unten schauen und nicht nach oben. Wenn Sie kein Geld verlieren, sind fast alle Alternativen gute Alternativen. Dieses Grundkonzept ist ziemlich einfach, aber es wäre sehr schwer, eine komplizierte mathematische Formel zu erstellen, die diesen Punkt veranschaulicht. Aber auch dabei hätte man ja nicht viel zu verlieren …

7. Es gibt mehr als einen Weg in den Investment-Himmel!

Es gibt vielerlei Möglichkeiten, mit Börseninvestitionen erheblichen Reichtum zu erlangen. Entsprechend viele Menschen versuchen das auch. Es gibt jedoch nur wenige Auserwählte, denen das gelingt. Wie

Butch und Sundance* sagen würden: „Wer sind diese Kerle und wie machen die das?"

Einen erfolgreichen Investor, dessen Methoden man genau studieren sollte, habe ich soeben erwähnt: Benjamin Graham hat mit seinen Schriften und durch seine Lehrtätigkeit viele Anleger beeinflusst. Das Konzept des Sicherheitspolsters (Margin of Safety) ist wohl sein größter und dauerhaftester Beitrag zum Investmentmetier. Graham verwendete im Allgemeinen objektive Maße wie zum Beispiel den Buchwert (das in der Bilanz ausgewiesene Nettovermögen eines Unternehmens) und das Kurs-Gewinn-Verhältnis (den Preis einer Aktie im Verhältnis zum Jahresgewinn des Unternehmens, abgekürzt KGV), um den wahren Wert eines Unternehmens auszurechnen. Er empfahl, Aktien nur dann zu kaufen, wenn sie mit einem erheblichen Abschlag auf den kalkulierten Wert gehandelt werden.

Graham sagte, wenn man über die Börse nachdenke, solle man sich vorstellen, man würde mit einem gewissen Mr. Market Geschäfte machen und man solle so tun, als stelle der Aktienkurs einfach den Preis für einen Besitzanteil an dem betreffenden Unternehmen dar. An manchen Tagen ist Mr. Market ausnehmend gut gelaunt und verlangt für die Aktie lächerlich hohe Preise; an anderen Tagen ist er übertrieben ängstlich und bietet unsinnig niedrige Preise an. Laut Graham soll man nur an solchen Tagen auf Mr. Market hören und davon profitieren. Ansonsten soll man sich um den Markt nicht kümmern, sondern sich auf die betrieblichen und finanziellen Fundamentaldaten der Unternehmen konzentrieren.

Es scheint kein purer Zufall zu sein, dass der Großteil der kleinen Gruppe von Investoren, die über lange Zeiträume außerordentlich erfolgreich waren oder sind, in irgendeiner Form Anhänger von Grahams Konzepten „Sicherheitspolster" und „Mr. Market" sind oder waren. Was die Unternehmensbewertung angeht, wurden erstens

* Hauptfiguren aus dem Western „Butch Cassidy and the Sundance Kid" von 1969

Grahams Originalmethoden wiederholt bestätigt und zweitens wurden sie mehrfach mit Erfolg abgewandelt beziehungsweise erweitert. Neuere wissenschaftliche Studien (zum Beispiel von Lakonishok, Schleifer und Vishny im *Journal of Finance* vom Dezember 1994) stützen weiterhin die These, dass man langfristig überdurchschnittliche Ergebnisse erzielt, wenn man ganz einfach Aktien kauft, die im Verhältnis zu ihrem Buchwert preiswert gehandelt werden.

Laut diesen Untersuchungen sind die sogenannten Value-Methoden, zu denen auch Grahams Ansatz gehört, dem Kauf der sogenannten „Glamour Stocks" (populäre Aktien), dem Kauf von Aktienindizes und der Anlage bei professionellen Vermögensverwaltern weit überlegen. Im Widerspruch zu der Theorie der Markteffizienz kann man diese guten Ergebnisse erzielen, ohne mehr Volatilität in Kauf zu nehmen als bei anderen Methoden – und das funktioniert bei hoch kapitalisierten wie auch bei niedrig kapitalisierten Aktien.

Die Erklärung dafür könnte sein, dass Privatanleger und Profis die langfristigen Aussichten von Unternehmen, denen es in letzter Zeit gut geht, systematisch überschätzen, während sie den Wert von Unternehmen unterschätzen, die sich momentan unterdurchschnittlich entwickeln oder unpopulär sind. Wenn man für die Wertbestimmung objektive Maße wie den Buchwert und die früheren Gewinne eines Unternehmens verwendet, kann man einen Teil der emotionalen und institutionellen Tendenzen vermeiden, die mit eher zukunftsorientierten Bewertungsmethoden verbunden sind. Und obwohl Grahams Methoden gut dokumentiert und ausgiebig untersucht wurden, bringen sie den Anlegern, die beschlossen haben, sich danach zu richten, nach wie vor herausragende Ergebnisse.

Grahams berühmtester Schüler und Bewunderer – Warren Buffett – ist zwar ein starker Verfechter von Investments mit dickem Sicherheitspolster und er betrachtet den Aktienmarkt unter dem Gesichtspunkt von Mr. Market, aber er hat mit Erfolg seine eigenen Gedanken zu der Frage ergänzt, worin der Wert bei der Suche nach attraktiven Anlagen besteht. Zunächst einmal hat Buffett herausgefunden, dass man seinen Anlageertrag drastisch steigern kann, wenn man nicht nur in Aktien investiert, die im strengen statistischen Sinne preiswert sind, sondern wenn die betreffenden Unternehmen auch fundamental in gutem Zustand sind. Das klingt zwar kaum nach einer Erkenntnis, die Pauken und Trompeten verdient, aber diese scheinbar nebensächliche Abwandlung ist höchstwahrscheinlich der Grund dafür, dass Buffett nicht nur Grahams erfolgreichster Schüler, sondern nach den meisten Maßstäben der größte Investor der Welt ist.

Buffett versucht, sich auf gut geführte Unternehmen zu konzentrieren, die einen starken Wettbewerbsvorteil, einen guten Markennamen oder eine gute Marktnische haben. Außerdem investiert er in erster Linie in Unternehmen, die er gut begreift, die wirtschaftlich arbeiten (viel Geld erwirtschaften) und konkurrenzfähig sind. Wenn Buffett ein Unternehmen mit einem offensichtlichen Abschlag auf den aktuellen Wert kauft, profitiert er somit auch von dem künftigen Wertzuwachs, der aus dem guten Zustand des Unternehmens resultiert. Grahams statistische Schnäppchen haben diesen Zusatzvorteil meist nicht. Laut Buffett birgt der Kauf schwacher Unternehmen die Gefahr, dass sich der Schnäppchen-Aspekt des Kaufpreisabschlags in Luft auflöst, sobald ein Katalysator ins Spiel kommt, der den scheinbaren zusätzlichen Wert zunichtemacht.

Der wohl größte Investmentfondsmanager der Welt – Peter Lynch – steht für eine andere erfolgreiche Investmentmethode. Der Fidelity Magellan Fund verwandelte jeden Dollar, der bei seiner Auflegung im Jahr 1977 investiert wurde, bis zum Jahr 1990 in 28 Dollar. Lynch verficht in seinen Büchern, Artikeln und Interviews die Meinung, dass der Durchschnittsbürger die Experten überflügeln kann, wenn er in Unternehmen und Branchen investiert, die er kennt und versteht. Laut Lynch sind neue Anlagechancen überall vorhanden, in der Einkaufspassage, im Supermarkt und sogar im Vergnügungspark. Er glaubt, dass man mit einem vernünftigen Recherche-Aufwand – den der Durchschnittsanleger leicht bewältigen kann – aus alltäglichen Erkenntnissen und Erfahrungen ein profitables Aktienportfolio machen kann.

Die Beardstown Ladies* spielen zwar nicht in der gleichen Liga wie Lynch – als er sein erstes Buch schrieb, verwaltete er 14 Milliarden Dollar und die Ladies nur 90.000 Dollar –, aber eine Zeit lang erzielten sie beneidenswerte Anlageresultate. Ihre Geheimwaffe: *Value Line*. Einmal pro Woche wird ein Bericht namens *Value Line Investment Survey* veröffentlicht, der ausführliche Fundamentaldaten und Statistiken über rund 1.700 der größten Unternehmen enthält. *Value Line* stuft diese Aktien jede Woche nach Aktualität und Sicherheit ein. Diejenigen Aktien, die eine gute Note in Aktualität bekommen (1 oder 2 auf einer Skala von 1 bis 5), haben den Aktienmarkt 30 Jahre lang locker übertroffen. *Value Line* benutzt für die Einstufung eine selbst entwickelte Formel, die verschiedene Faktoren berücksichtigt, unter anderem den Unternehmensgewinn, die Preisdynamik der Aktie (Momentum), positive und negative Gewinnüberraschungen sowie gewisse fundamentale Eigenschaften. Früher wurden bei der Benotung auch die Meinungen der Research-Analysten von *Value Line* berücksichtigt, aber das wurde schon vor längerer Zeit wieder abgeschafft, weil das System ohne diese Meinungen besser funktionierte.

Das erklärt vielleicht auch zum Teil, warum es mit den Beardstown Ladies wieder abwärts ging. Sie benutzten die besten „*Value Line*"-Aktien als Ausgangsbasis, aber dann brachten die Ladies durch die Verwendung weiterer Daten von *Value Line* etwas Eigenes ein. Offensichtlich sorgte dieser Eigenbeitrag dafür, dass ihr Portfolio schlechter lief als das computerisierte Rankingsystem von *Value Line* und schlechter als der gesamte Aktienmarkt. Das Buch der Damen enthielt zusätzlich eine ziemlich lange Liste von Kochrezepten. Ob sich diese Rezepte auf die Anlageperformance ausgewirkt haben, ist

* Investmentklub aus den USA. Die Damen wurden bekannt, als sie Jahreserträge von 23,4 Prozent auswiesen, die sich später als Irrtum herausstellten.

nicht bekannt. Auf jeden Fall bleibt die Erfolgsbilanz von *Value Line* davon weitgehend ungetrübt.

Offensichtlich gibt es also noch andere effektive Anlagemethoden und daher könnte man an diesem Punkt vernünftigerweise fragen: Wie schlägt sich die Idee, gewinnbringende Investments in den verborgenen Ecken und Ritzen des Aktienmarkts aufzuspüren, im Vergleich zu den gerade beschriebenen Methoden?

Die Frage ist gewiss vernünftig, aber sie führt auch ein bisschen in die Irre. Allein die Tatsache, dass man seine Investmentchancen an abgelegenen Orten sucht, bedeutet ja nicht, dass man nicht einen Teil des Wissens anwenden könnte, das man aus dem Studium der gewinnbringenden Methoden von Graham, Buffett oder Lynch gezogen hat. Natürlich ist zu hoffen, dass man nach der Mühe, die man sich gemacht hat, um in einem entlegenen Winkel des Marktes ein interessantes Investment zu finden, keine subtilere Analyse mehr braucht als die Feststellung, ob einem ein Amboss auf den Kopf gefallen ist. Das ist zwar ein erstrebenswertes und nicht ganz unrealistisches Ziel, aber leider ist das Leben dann doch nicht immer so einfach.

Man sollte zumindest einen Teil der Lehren der Meister anwenden, wenn die Anlageentscheidungen ein bisschen anspruchsvoller werden. Der Schlüssel zum Erfolg besteht ja darin, dass wir die Rosinen herauspicken, und die Grundprinzipien der großen Anleger sollten dazu beitragen, dass wir uns auf die richtigen Stellen konzentrieren.

Die geheimen Verstecke der Börsengewinne

Alles klar, alles bereit. Wo sind nun die geheimen Verstecke? Keine Sorge. Sie brauchen weder in Seveso zu suchen, noch müssen Sie sich beim Ausspionieren einer russischen Militärbasis erschießen lassen. So direkt läuft das nicht. Die Antwort lautet: Börsengewinne können sich überall verstecken und die Verstecke ändern sich andauernd. Tatsächlich ist Veränderung das Grundprinzip vieler dieser Investments.

Es passiert etwas, das vom normalen Gang der Geschäfte abweicht, und dadurch entsteht eine Anlagechance. Die Liste der Ereignisse, die Ihnen großen Gewinn bescheren können, umfasst eine breite Palette – Ausgliederungen, Fusionen, Restrukturierungen, Bezugsrechtsemissionen, Insolvenzen, Liquidierungen, Verkauf von Vermögenswerten, Ausschüttungen. Dabei bringen nicht nur die Ereignisse an sich Gewinn; jedes dieser Ereignisse kann eine ganze Reihe neuer Wertpapiere mit einem eigenen außerordentlichen Investitionspotenzial hervorbringen.

Das Schöne daran ist, dass immer irgendetwas passiert. Jede Woche passiert in Dutzenden von Unternehmen etwas Besonderes, also so viel, dass ein einzelner Mensch das gar nicht alles verfolgen kann. Aber das ist ja gerade der Knackpunkt: Sie können nicht alles verfolgen und das brauchen Sie auch nicht. Schon wenn man einmal im Monat eine gute Chance ausfindig macht, hat man viel mehr, als man braucht oder will. Während Sie in diesem Buch ein Beispiel nach dem anderen und eine Lektion nach der anderen lesen, fragen Sie sich vielleicht: „Wie zum Teufel hätte ich denn das finden sollen?“, oder Sie sagen: „Darauf wäre ich doch nie gekommen!“ Beides stimmt wahrscheinlich sogar. Aber es kommen noch viele andere, die Sie finden und auf die Sie kommen können. Auch nachdem Sie gelernt haben, wo man nach neuen Ideen suchen muss, ist es ein Hirngespinst zu glauben, man könnte auch nur ein Zehntel der besonderen Vorkommnisse bearbeiten. Sein Leben lang aus denen, die man bewältigen kann, unglaubliche Gewinne zu ziehen, ist hingegen kein Luftschloss. Das alte Klischee stimmt durchaus: „Bringe einem Menschen bei, wie man Fische fängt ...“

Und was ist nun mit den ganzen anderen Möglichkeiten, reich zu werden? An den Anlagemethoden von Warren Buffett und Peter Lynch ist nichts Falsches. Das Problem ist nur, dass Sie wahrscheinlich kein neuer Buffett oder Lynch werden. Es ist durchaus sinnvoll, in großartige Unternehmen zu guten Preisen zu investieren. Es ist nur sehr schwer, großartige Unternehmen zu finden. Früher galten Zeitungen und Fernsehsender mit Monopolen als fast perfekte Unternehmen; dann brachten neue Formen des Wettbewerbs und die letzte Rezession diese Unternehmen etwas auf den Boden zurück. Die Welt ist kompliziert und voller Konkurrenz. Und das wird immer extremer. Die Herausforderungen, vor denen man steht, wenn man die wenigen astronomisch guten Unternehmen finden will, die sich in Zukunft hervorragend entwickeln, sind noch größer als diejenigen, vor denen Buffett bei dem Aufbau seines Reichtums stand. Sind Sie dieser Aufgabe gewachsen? Müssen Sie das überhaupt sein?

Das nächste Wal-Mart, McDonald's oder Gap zu finden, ist hart. Es gibt viel mehr Fehlschläge als Erfolge. Seine eigenen Erfahrungen und seine Intuition in die Auswahl guter Investments einzubringen, ist eine hervorragende Idee. Man sollte sie bei allen Geldanlagen anwenden. Sie sollten nur in Dinge investieren, die Sie kennen und begreifen. Nur ist Peter Lynch eben besonders begabt. Vermutlich kennt und versteht er mehr als Sie, wenn es um schwierige Entscheidungen geht.

Ben Grahams statistische Methode wurde hingegen wirklich für den Privatanleger entwickelt. Ein breit diversifiziertes Portfolio aus Aktien mit niedrigem KGV und niedrigem Kurs-Buchwert-Verhältnis bringt immer noch exzellente Ergebnisse und lässt sich relativ leicht zusammenstellen. Graham kam zu dem Schluss, dass man nach dem Kauf von 20 oder 30 solcher statistischen Schnäppchenaktien kaum Research braucht. Braucht man auch nicht. Die Börse faszinierte mich zum ersten Mal, als ich Grahams Werk las und studierte. Nach wie vor wende ich seine Lehren immer und überall dort an, wo ich kann. Es ist nur so: Wenn man bereit ist, sich etwas Mühe zu machen, die richtigen Stellen zu finden und an Orten zu suchen, an denen andere nicht suchen, dann kann man noch wesentlich mehr erreichen als mit Grahams passiver Methode.

Außerdem ist es in der jüngeren Vergangenheit leichter geworden, selbst Research zu treiben. Informationen, die zu Grahams Zeiten entweder überhaupt nicht verfügbar waren oder die man sich aus schwer erreichbaren, bundesstaatlichen und staatlichen Unterlagen heraussuchen musste, sind heutzutage leicht verfügbar. Bis vor Kurzem waren diese Informationen in Form der gewaltigen Mengen von öffentlichen Unterlagen, die die Unternehmen bei der SEC (Börsenaufsicht) einreichen müssen, zwar prinzipiell verfügbar, aber kaum zugänglich. Dokumente, in denen außergewöhnliche Änderungen im Unternehmen und sonstige Ereignisse beschrieben wurden, aus denen Anlagegewinne resultieren können, wurden normalerweise von Privatunternehmen vertrieben, die häufig 200 bis 300 Dollar dafür kassierten. Inzwischen sind diese Informationen im – Sie werden es schon erraten haben – Internet zum Preis eines Telefonanrufs erhältlich. Natürlich muss man die Dokumente nach wie vor selbst lesen.

Hat es irgendwelche Nachteile, in spezielle Situationen zu investieren? Dazu fällt mir sofort zweierlei ein. Den ersten Punkt kennen Sie schon: Das erfordert einen gewissen Aufwand. Das Positive daran ist jedoch, dass Sie dafür gut bezahlt werden. Manche außergewöhnlichen Ereignisse erstrecken sich zwar über den Zeitraum von Jahren, aber andere spielen sich innerhalb von Monaten ab. Den größten Investmentvorteil hat man normalerweise unmittelbar vor dem Ereignis beziehungsweise der Veränderung, währenddessen und direkt danach. Das Zeitfenster für die Chance kann sehr klein sein und somit auch die Haltezeit des Investments. Da vielen Menschen Steuervorteile entstehen, wenn sie langfristige Kapitalgewinne (Halteperiode länger als ein Jahr) verbuchen, und da es für jeden von Vorteil ist, Wertpapiere nicht zu verkaufen, damit keine Gewinne versteuert werden müssen, bildet die kurze Halteperiode mancher Sondersituationen im Vergleich zu den langfristigen Strategien von Buffett, Lynch und Graham einen Nachteil. Doch zum Glück kann man diesen Nachteil zum Teil umgehen – entweder indem man nur in Situationen investiert, die sich über mehrere Jahre erstrecken, oder indem man im Rahmen eines Pensionsplans, eines IRAs* oder sonstiger Rentendepots investiert (bei den

* IRA (Individual Retirement Account) ist ein Pensionsplan mit Zuzahlung des Arbeitgebers und ist eine Form der betrieblichen Altersvorsorge in den USA.

meisten Rentenplänen braucht man sich im Normalfall nicht um Steuern zu kümmern).

Und noch ein Punkt: Obwohl sich die meisten Menschen bei der Herde am wohlsten fühlen, ist das nicht der Ort, an dem erfolgreiche Investoren normalerweise nach guten Anlageideen suchen. Es mag Sie trotzdem trösten, dass die Investition in Unternehmen, die Wandlungen durchmachen, auch den Konzepten von Buffett, Lynch und Graham nicht fremd ist. Alle diese großen Investoren haben zeitweise in diesem Bereich investiert. Nur eben, dass es Graham vor allem darum ging, sein Wissen an den Privatanleger weiterzugeben; er dachte sich, dass der Aufbau eines diversifizierten Portfolios aus statistischen Schnäppchen für die meisten Menschen die einfachste Anlagemöglichkeit sei. Buffett und Lynch hatten das Problem, dass sie große Summen unterbringen mussten – Milliarden von Dollars. Bei den Spezialinvestments ist es oft schwierig, eine Position aufzubauen, die sich in einem Portfolio dieser Größe überhaupt bemerkbar macht. Bei Ihrer ersten Viertelmilliarde dürften Sie dieses Problem allerdings nicht haben (rufen Sie mich an, wenn Sie so weit sind).

Also krempeln Sie jetzt die Ärmel hoch und setzen Sie Ihre Denkmütze auf – Sie machen jetzt eine wilde Fahrt durch die zwielichtigen Regionen des Aktienmarkts. Sie werden Orte besuchen, die andere Investoren nicht zu betreten wagen – oder die sie nicht kennen. Wenn Sie sich in diese weitgehend unerforschten Gewässer begeben und ihre verborgenen Geheimnisse entdecken, wissen Sie, wie man sich als einer der wenigen ruhmreichen Menschen fühlt, die den Mount Everest besteigen, eine Flagge am Nordpol hissen oder auf dem Mond spazieren gehen (okay, okay, vielleicht fühlen Sie sich eher wie jemand, der ein Kreuzworträtsel geschafft hat; ich habe noch nie eins geschafft, aber das fühlt sich bestimmt auch toll an!). Auf jeden Fall fangen wir jetzt an.

3

SPLITTER VON ALTEN AKTIEN

– Spin-offs, Teil-Spin-offs und Bezugsrechtsemissionen

Ich habe eine Wette verloren. Der Einsatz war ein Essen bei Lutèce auf Kosten des Verlierers. Ich war damals Junggeselle und meine Vorstellung von Ernährung war eine Scheibe Käse auf einem nicht aufgeschnittenen Brötchen (das Rezept ist von mir, nicht von den Beardstown Ladies). Und jetzt saß ich in einem der besten Restaurants der Welt – jedenfalls dem besten New Yorks – und las die Speisekarte. Dann kam ein Herr in voller Koch-Montur an den Tisch, um uns bei der Auswahl zu helfen. Irgendwie war mir trotz seiner Kleidung nicht klar, dass es sich dabei tatsächlich um André Soltner handelte, Restaurantbesitzer und Küchenchef.

Ich zeigte auf eine der Vorspeisen in der Karte und fragte unschuldig: „Ist das da gut?“ „Nein, es ist schrecklich!“, entgegnete Soltner.

Er hatte zwar nur Spaß gemacht, aber ich hatte verstanden. Eigentlich war ja alles gut, was auf der Karte stand. Die grundsätzliche kulinarische Entscheidung war mit der Wahl des Lutèce gefallen, die Wahl der Speisen war nur noch eine Art Feinabstimmung.

Wenn Sie die nächsten Kapitel lesen, sollten Sie diesen Gedanken im Gedächtnis behalten. Es ist zwar toll, an Stellen nach Investments zu suchen, an denen andere nicht suchen, aber das reicht nicht. Sie müssen an den richtigen Stellen suchen. Wenn Sie sich Investmentbereiche aussuchen, die Ihnen von vornherein einen Vorsprung verschaffen (das Lutèce der Investmentwelt), ist die wichtigste Arbeit schon getan. Sie müssen dann zwar immer noch zahlreiche Entscheidungen treffen, aber wenn Sie sich die richtigen Stellen aus einer von vornherein hervorragenden Speisekarte heraussuchen, ist es weniger wahrscheinlich, dass Ihnen das Essen nicht bekommt.

SPIN-OFFS

Der erste Investmentbereich, den wir besuchen werden, ist überraschend unappetitlich. Dabei handelt es sich um abgeschobene Unternehmensreste, die man üblicherweise als Spin-offs oder Ausgliederungen bezeichnet. Ausgliederungen finden in vielerlei Form statt, aber das Endergebnis ist normalerweise immer das gleiche: Ein Unternehmen stößt ein Tochterunternehmen, eine Abteilung oder bestimmte Geschäftsbereiche ab, indem es daraus ein neues, unabhängiges und eigenständiges Unternehmen macht. In den meisten Fällen werden die Aktien der neuen „Spin-off"-Gesellschaft an die derzeitigen Aktionäre des Mutterunternehmens verteilt oder verkauft.

Es gibt zahlreiche Gründe, weshalb sich ein Unternehmen dazu entschließt, sich von dem Schicksal des Unternehmens zu trennen oder zu befreien, das es ausgliedert. Es gibt aber nur einen Grund, weshalb man darauf achten sollte, wann ein Unternehmen so etwas tut: Man kann mit Spin-offs Berge von Geld verdienen. Die Tatsachen sprechen eine deutliche Sprache. Aktien von Spin-off-Unternehmen und sogar die Aktien der Muttergesellschaften übertreffen die durchschnittliche Marktentwicklung deutlich und beständig.

Eine Studie, die an der Pennsylvania State University erstellt wurde und die einen Zeitraum von 25 Jahren bis zum Jahr 1988 abdeckt, ergab, dass Aktien von Spin-off-Unternehmen in den ersten drei Jahren ihrer Eigenständigkeit ihre Branchenkollegen und den S&P 500 um rund zehn Prozent pro Jahr übertreffen.*

Den Mutterunternehmen ging es dabei auch nicht schlecht – die übertrafen die anderen Unternehmen ihrer Branche im gleichen 3-Jahres-Zeitraum um mehr als sechs Prozent pro Jahr. Andere Studien sind zu ähnlich vielversprechenden Schlussfolgerungen hinsichtlich der Aussichten von Spin-off-Unternehmen gekommen.

* Patrick J. Cusatis, James A. Miles und J. Randall Woolridge: „Restructuring Through Spin-offs", in: Journal of Financial Economics 33 (1993).

Was bedeuten diese Ergebnisse für Sie? Wenn man von der Annahme ausgeht, dass die Aktienindizes über längere Zeiträume einen durchschnittlichen Jahresertrag von zehn Prozent abwerfen, könnte man bei einer zusätzlichen Performance von zehn Prozent theoretisch einen Jahresertrag von 20 Prozent ernten. Wenn die auf die Vergangenheit bezogenen Ergebnisse der erwähnten Studien auch für die Zukunft gelten, könnte man allein durch den Kauf eines Portfolios aus frisch ausgegliederten Unternehmen spektakuläre Ergebnisse erzielen. Klartext: 20 Prozent Jahresertrag – und das ohne besondere Fähigkeiten oder Werkzeuge.

Aber was passiert, wenn man noch ein bisschen Arbeit investiert? Wenn man sich nur seine Lieblings-Spin-offs herauspickt, anstatt einfach eine zufällige Ansammlung zu kaufen, müsste man eigentlich über 20 Prozent Jahresertrag bekommen. Und das wäre eine reife Leistung, wenn man bedenkt, dass Warren Buffett, der Lieblingsmilliardär aller, auch nur 28 Prozent aus dem Markt schlägt (das allerdings seit 40 Jahren). Ist es möglich, ähnliche Anlagerenditen wie der Investmentgigant Warren Buffett zu erzielen, indem man sich die Rosinen unter den Spin-offs herauspickt?

Nein, werden Sie sagen. Da muss etwas faul sein. Zunächst einmal ist ja nicht gesagt, dass sich die Spin-offs auch in Zukunft so gut entwickeln, wie sie das in der Vergangenheit getan haben. Zweitens, wenn jeder herausfindet, dass Spin-offs solche außerordentlichen Erträge bringen – steigen dann die Preise von Spin-off-Aktien nicht so weit, dass der zusätzliche Ertrag verschwindet? Und schließlich – was den Ertrag betrifft, der über die 20 Prozent hinausgeht: Warum sollte es einem denn gelingen, die Spin-offs mit den größten Chancen auf überdurchschnittlichen Erfolg zu erkennen?

Euer Glaube ist schwach! Selbstverständlich werden Spin-offs weiterhin den Durchschnitt übertreffen – und: Ja, auch wenn noch mehr Menschen von ihrer sensationellen Bilanz erfahren. Und die Frage, wieso Sie in der Lage sein sollten, die großen Gewinner zu erkennen, ist ganz leicht zu beantworten: Weil ich Ihnen zeigen werde, wie das geht. Fangen wir mit den Grundlagen an.

Warum strebt ein Unternehmen überhaupt einen Spin-off an? Die Überlegung, die hinter einem Spin-off steht, ist normalerweise ganz einfach:

- *„Fremde" Geschäftsbereiche werden via Spin-off ausgegliedert, damit der Markt die getrennten Unternehmen besser wahrnehmen und würdigen kann.*
  Zum Beispiel kann ein Konglomerat aus Stahl- und Versicherungsunternehmen einen der Geschäftsbereiche ausgliedern und damit interessante Investments für Anleger schaffen, die entweder in die Stahlindustrie oder in die Versicherungsbranche investieren wollen, aber nicht in beide.
  Natürlich kaufen manche Versicherungsinvestoren auch vor dem Spin-off Aktien des Konglomerats, aber wahrscheinlich nur mit einem Preisabschlag (dafür, dass sie „zwangsweise" ein Stahlunternehmen mitkaufen, das sie gar nicht haben wollen).

- *Manchmal steht hinter einem Spin-off der Wunsch, ein „schlechtes" Unternehmen abzustoßen, damit die Investoren den ungetrübten Blick auf ein „gutes" Unternehmen bekommen.*
  Diese Situation kann sich (ebenso wie der vorangegangene Fall mit den beiden voneinander unabhängigen Geschäftsbereichen) außerdem als Segen für das Management erweisen. Möglicherweise hat das „schlechte" Unternehmen die Unternehmensleitung unnötig viel Zeit und Energie gekostet. Wenn die Unternehmen getrennt sind und sich das Management jeweils auf seinen Zuständigkeitsbereich konzentrieren kann, haben beide Unternehmen die Chance auf mehr Effizienz.

- *Manchmal soll ein Spin-off aus einem schwer verkäuflichen Geschäftsbereich Wert für die Aktionäre schaffen.* Gelegentlich ist ein Geschäftsbereich derart verpfuscht, dass das Mutterunternehmen keinen Käufer findet, der dafür einen vernünftigen Preis bezahlen würde. Wenn der Spin-off nur ein ungeliebter Geschäftsbereich ist, der immerhin ein bisschen Gewinn einfährt, kann das Mutterunternehmen dem Spin-off Schulden aufladen. Dadurch verlagern sich Schulden vom Mutterunternehmen auf das neue Spin-off-Unternehmen (was für das Mutterunternehmen mehr Wert bedeutet). Es kann aber auch sein, dass ein wahrhaft fürchterlicher Geschäftsbereich vom Mutterunternehmen zusätzliches Kapital bekommt – damit der Spin-off überleben kann und die Mutter ihn los ist.

- *Auch aus steuerlichen Überlegungen heraus kann ein Spin-off den Vorzug vor einem direkten Verkauf bekommen.* Wenn ein Geschäftsbereich steuergünstig abgeschafft werden soll, kann ein Spin-off die lukrativste Möglichkeit für die Investoren sein. Wenn gewisse steuerliche Kriterien erfüllt sind, gilt ein Spin-off nämlich als steuerfreie Transaktion, sodass weder dem Unternehmen noch den Aktionären bei der Verteilung der Spin-off-Aktien Steuerverbindlichkeiten entstehen. Wenn man die gleiche Abteilung oder Tochtergesellschaft gegen Bares verkaufen und den Erlös als Dividende ausschütten würde, entstünde in den meisten Fällen dem Unternehmen ein steuerpflichtiger Gewinn und den Aktionären eine steuerpflichtige Dividende.

- *Es kann sein, dass ein Spin-off strategische oder kartellrechtliche Hindernisse aus dem Weg räumt, die weiteren Transaktionen oder Zielen im Wege stehen.*

> Es kommt vor, dass ein Unternehmen im Zuge einer Übernahme bestimmte Geschäftsbereiche des Übernahmeziels aus regulatorischen Gründen nicht mitkaufen will oder darf. Die Lösung besteht häufig darin, dass dieser Geschäftsbereich vor dem Merger als Spin-off an die Aktionäre ausgegliedert wird. In manchen Fällen zwingt eine Bank- oder Versicherungstochter die Muttergesellschaft zur Einhaltung unwillkommener Regulierungsvorschriften. Die Ausgliederung des regulierten Bereichs kann dieses Problem lösen.

Die Aufzählung ließe sich noch verlängern. Interessant daran ist allerdings, dass neu ausgegliederte Unternehmen unabhängig von der Motivation, die hinter der Spin-off-Transaktion steht, tendenziell den Markt angenehm übertreffen. Wie kommt das? Wieso sollte das so bleiben?

Zu Ihrem Glück lautet die Antwort, dass die Spin-off-Extragewinne sozusagen in das System eingebaut sind. Die Spin-off-Prozedur ist nämlich eine fundamental ineffiziente Methode, Aktien unter den falschen Menschen zu verteilen. Im Allgemeinen wird die neue Spin-off-Aktie nämlich nicht verkauft, sondern an Aktionäre ausgegeben, von denen die meisten eigentlich in das Geschäft des Mutterunternehmens investiert haben. Aus diesem Grund werden die ausgegliederten Aktien, die an die Aktionäre der Muttergesellschaft verteilt wurden, üblicherweise ohne Rücksicht auf den Preis oder den fundamentalen Wert sofort wieder verkauft.

Das anfängliche Überangebot hat eine vorhersehbare Auswirkung auf den Aktienkurs des Spin-offs: Er wird dadurch gewöhnlich gedrückt. Vermeintlich gerissene institutionelle Investoren schließen sich dem Verkauf auch an. In den meisten Fällen sind Spin-off-Unternehmen viel kleiner als die Muttergesellschaft. Zum Beispiel kann die Größe eines Spin-offs 10 oder 20 Prozent der Größe des Mutterunternehmens betragen. Selbst wenn sich ein Pensionsfonds oder ein Investmentfonds die Zeit nehmen würde, die Geschäfte des Spin-offs zu analysieren, dann wäre das Unternehmen oft zu klein für ein institutionelles Portfolio, das sonst nur Unternehmen mit viel höherer Marktkapitalisierung enthält.

Viele Fonds dürfen nur Aktien von Unternehmen kaufen, die zum S&P 500 gehören, also nur Aktien der größten Unternehmen der USA. Wenn ein S&P-500-Unternehmen eine Abteilung ausgliedert, kann man ziemlich sicher sein, dass diese Abteilung augenblicklich in riesigem Ausmaß blind verkauft wird. Ob diese Praxis verrückt erscheint? Ja. Verständlich? Gewissermaßen. Ist sie eine Gelegenheit für Sie, ein paar preiswerte Aktien einzusammeln? Definitiv.

Ein anderer Grund, weshalb sich Spin-offs so gut entwickeln, ist die Tatsache, dass der Kapitalismus trotz all seiner Schwächen tatsächlich funktioniert. Wenn ein Unternehmen und sein Management von einer großen Unternehmensmutter befreit werden, dann werden bislang eingepferchte unternehmerische Kräfte entfesselt. Die Kombination aus Verantwortungsbewusstsein und direkteren Anreizen nimmt ihren natürlichen Lauf. Nach einem Spin-off können Aktienbezugsrechte der Spin-off-Gesellschaft oder des Mutterunternehmens das Management beider Unternehmen unmittelbarer entlohnen. Dieses Belohnungssystem kommt sowohl dem Spin-off als auch der Muttergesellschaft zugute.

Gemäß der Studie der Pennsylvania State University entstanden die größten Kursgewinne der Spin-off-Aktien nicht im ersten Jahr nach der Ausgliederung, sondern erst im zweiten. Mag sein, dass der anfängliche Verkaufsdruck erst nach einem ganzen Jahr vollständig abgebaut ist und dass die Aktie erst dann volle Leistung bringt. Wahrscheinlicher ist jedoch, dass viele unternehmerische Änderungen und Initiativen erst nach einem Jahr richtig greifen und vom Markt wahrgenommen werden können. Was auch immer der Grund für die außerordentliche Performance im zweiten Jahr sein mag, auf jeden Fall kann man aus diesen Ergebnissen schließen, dass einem Spin-offs mehr als genug Zeit lassen, Research zu betreiben und gewinnbringende Investments zu tätigen.

Noch ein letzter Gedanke zu der Frage, wieso der Spin-off-Prozess den Aktionären der Spin-off-Gesellschaft und des Mutterunternehmens offenbar so erfolgreiche Ergebnisse bringt: Wenn man die Motivation hinter der Organisation eines Spin-offs nachprüft, stößt man in den meisten Fällen auf den Wunsch der Unternehmensleitung und des Vorstands, den Shareholder Value zu vergrößern. Natürlich sollten theoretisch alle Entscheidungen des Managements und des Vorstands auf diesem Prinzip basieren, weil dies ihre Aufgabe und ihre größte Verantwortung ist. Doch obwohl es eigentlich so sein sollte, funktioniert es nicht immer so.

Ob es nun zur Natur des Menschen oder zum American Way oder zur natürlichen Ordnung der Dinge gehört – traditionell sind die meisten Unternehmensleitungen und die meisten Vorstände darauf aus, ihr Imperium, ihre Domäne oder ihre Einflusssphäre nicht zu verkleinern, sondern zu erweitern. Vielleicht ist dies der Grund, weshalb es so viele Fusionen und Übernahmen gibt und weshalb sie so oft scheitern, vor allem wenn sie außerhalb der Kernkompetenz des Unternehmens stattfinden. Vielleicht expandieren deshalb viele Unternehmen ständig (da fallen einem gleich Fluggesellschaften und Einzelhändler ein), auch wenn es besser wäre, das überschüssige Geld den Aktionären auszuzahlen. Die Motive, die hinter einer Übernahme oder einer Expansion stecken, können wirr sein – bei Spin-offs ist das hingegen selten der Fall. Man verschwendet Vermögenswerte und verliert Einfluss in der Hoffnung, dass es den Aktionären nach der Trennung besser geht.

Ironischerweise kann es durchaus passieren, dass die Architekten einer gescheiterten Übernahme am Ende versuchen, sich mithilfe von Spin-offs zu retten. Die Entscheidung für einen Spin-off ist dann hoffentlich ein Indiz dafür, dass wieder ein gewisses Maß an Disziplin und Aktionärsorientierung eingekehrt ist. Auf jeden Fall dürfte eine Strategie, die in Aktien von Spin-offs oder von Muttergesellschaften von Spin-offs investiert, normalerweise in ein Portfolio aus stark aktionärsorientierten Unternehmen münden.

NEHMEN SIE DIE BESTEN DER BESTEN

Wenn Sie erst einmal davon überzeugt sind, dass Spin-off-Aktien attraktive Jagdgründe für Börsengewinne sind, dann wollen Sie als Nächstes wissen, wie Sie die Chancen noch mehr zu Ihren Gunsten verschieben können. Welche Eigenschaften und Umstände deuten darauf hin, dass ein Spin-off besser läuft als ein anderer? Wonach muss man suchen und wie schwer ist das herauszufinden?

Für die Auswahl der wirklich großen Gewinner braucht man weder spezielle Formeln noch mathematische Modelle. Man braucht dafür nur Logik, gesunden Menschenverstand und ein bisschen Erfahrung. Das klingt vielleicht abgedroschen, aber es stimmt trotzdem. Die meisten professionellen Anleger denken über konkrete Spin-off-Situationen nicht einmal nach. Entweder müssen sie zu viele Unternehmen beobachten oder sie können nur in Unternehmen einer bestimmten Art beziehungsweise Größe investieren – oder sie können sich ganz einfach nicht die Mühe machen, außergewöhnliche Unternehmensereignisse zu analysieren. Infolgedessen verschafft Ihnen bereits ein bisschen selbstständiges Nachdenken über jede Spin-off-Chance einen sehr großen Vorsprung.

Schwer zu glauben? Sehen wir uns ein paar Beispiele an, dann verstehen Sie, was ich meine.

FALLSTUDIE

Host Marriott / Marriott International

In den 1980er-Jahren expandierte die Marriott Corporation aggressiv und erweiterte ihr Imperium durch den Bau zahlreicher Hotels. Das beste Geschäft machte Marriott aber nicht mit dem Besitz von Hotels, sondern indem es Gebühren für das Management von Hotels kassierte, die anderen gehörten. Die sehr erfolgreiche Strategie von Marriott bestand darin, Hotels zu bauen und sie dann zu verkaufen, aber die lukrativen Managementverträge für diese Hotels zu behalten. Als der Immobilienmarkt Anfang der 1990er-Jahre überall unter die Räder kam, saß Marriott auf einer Sammlung unverkäuflicher Hotels, weil zu viel gebaut worden war, und ächzte unter der Last der Schulden, die es für den Bau der Hotels gemacht hatte.

Da trat der Finanzmagier Stephen Bollenbach mit einer großartigen Idee auf den Plan. Bollenbach, der kurz zuvor Donald Trump geholfen hatte, sein Glücksspielimperium herumzureißen, und der damals Finanzdirektor von Marriott war (inzwischen ist er Vorstandsvorsitzender von Hilton), hatte sich für Marriott einen Ausweg überlegt. Die Verträge, die für die öffentlich gehandelten Schuldpapiere von Marriott galten, erlaubten (genauer gesagt sie verboten nicht), dass Marriott sein lukratives Management-Geschäft ausgliederte, das enorme Einnahmenströme bescherte, aber kaum materielle Vermögenswerte beinhaltete. Bollenbachs Konzept bestand darin, alle unverkäuflichen Hotelgebäude und das wenig rentable Konzessionsgeschäft mit so gut wie allen Schulden des Unternehmens in einer Gesellschaft namens Host Marriott zu belassen und das höchst angenehme Management-Geschäft mehr oder weniger schuldenfrei in Form einer Gesellschaft namens Marriott International auszugliedern.

Laut diesem Plan sollte Bollenbach der neue Vorstandsvorsitzende von Host Marriott werden. Des Weiteren sollte Marriott International (das „gute“ Marriott) dem Unternehmen Host Marriott einen Kreditrahmen von 600 Millionen Dollar einräumen, um bei Liquiditätsproblemen helfen zu können; die Familie Marriott, der 25 Prozent der Marriott Corporation gehörten, sollte auch an Marriott International und Host Marriott jeweils einen 25-prozentigen Anteil bekommen. Die Spin-off-Transaktion sollte irgendwann Mitte 1993 über die Bühne gehen.

Bedenken Sie, dass dafür keine großen Recherchen nötig waren. *The Wall Street Journal* und viele andere große Zeitungen präsentierten all diese Hintergrundinformationen, als Marriott im Oktober 1992 die

Aufteilung zum ersten Mal ankündigte. Als ich diese Grundzüge in der Zeitung las, war ich sofort begeistert. Schließlich stand eine anscheinend hervorragende Hotelmanagement-Gesellschaft im Begriff, in einem großen Rundumschlag Milliarden Dollar an Schulden und bergeweise schwerverkäufliche Immobilien abzustoßen. Selbstverständlich würden bei der Transaktion zur Schaffung des neuen Kraftpakets namens Marriott International „giftige Abfälle" entstehen. Es würde ein Unternehmen übrig bleiben – Host Marriott –, das die unerwünschten Immobilien und die Milliardenschulden lagern würde.

Begeistert war ich natürlich von – dem Giftmüll. „Wer zum Teufel will dieses Ding denn wohl haben?", dachte ich bei mir. Keine Institution, keine Privatperson, niemand und niemandes Mutter würde nach dem Spin-off Host Marriott behalten wollen. Der Verkaufsdruck würde gewaltig sein. Ich würde der Einzige sein, der sich dieses Aktien-Sonderangebot schnappen würde.

Nun behauptet ja so gut wie jeder, mit dem man über Geldanlage spricht, er sei Contrarian, also er handle gegen den Herdentrieb und gegen die herrschende Meinung. Natürlich kann per definitionem jedermann Contrarian sein. In diesem Sinne bin auch ich Contrarian. Das bedeutet jedoch nicht, dass ich mich vor einen vorbeirauschenden Schwerlaster werfe, nur weil niemand anders das tun will. Es bedeutet vielmehr, dass ich – nachdem ich eine Sache durchdacht habe – auch dann meiner Meinung folge, wenn die Masse anderer Meinung ist.

Für sich genommen bedeutete die Tatsache, dass nach dem Spin-off alle Welt Host Marriott verkaufen würde, nicht, dass die Aktie automatisch ein toller Kauf für Contrarians sein würde. Schließlich konnte die Masse ja auch recht haben. Host Marriott konnte auch genau das sein, wonach es aussah: ein vorbeirauschender Schwerlaster, voll beladen mit unverkäuflichen Immobilien und erdrückenden Schulden. Andererseits gab es in dieser Situation außer dem offensichtlichen Reiz für Contrarians (schrecklich!) noch ein paar Dinge, dank derer ich sie mir bereitwillig und sogar begeistert genauer anschaute.

Tatsächlich wies Host Marriott mehrere Merkmale auf, nach denen ich suche, wenn ich eine herausragende Spin-off-Chance haben will.

1. Institutionelle Anleger wollen es nicht haben (und das hat nichts mit der Qualität des Investments zu tun)

Es gab mehrere Gründe, weshalb institutionelle Portfoliomanager und Pensionsfonds Host Marriott nicht würden haben wollen. Die immensen Schulden und das ungeliebte Immobilienvermögen haben wir ja schon besprochen. Diese Argumente beziehen sich auf die Qualität des Investments und hätten gute Gründe dafür sein können, dass man Host Marriott nicht haben wollte. Allerdings wurde nach der öffentlichen Ankündigung der Transaktion im Oktober 1992 nur ein kleiner Teil der Informationen über Host Marriott offenbart. Wie wohlinformiert konnte eine Beurteilung des Investments in diesem frühen Stadium denn überhaupt sein?

In den ersten Zeitungsberichten gab Host Marriott allerdings ein derart fürchterliches Bild ab, dass es die meisten Institutionen von weiterem Research abhalten würde. Da vor der Durchführung des Spin-offs (der in schätzungsweise neun Monaten stattfinden sollte) mit Sicherheit eine Menge Informationen und Bekanntgaben erscheinen würden, nahm ich mir vor, alles zu lesen – erstens um zu sehen, ob Host Marriott so schlecht sein würde, wie es aussah, und zweitens, weil ich mir dachte, dass das sonst fast niemand tun würde.

Ein weiterer Grund, weshalb die institutionellen Anleger nicht sonderlich erpicht auf Host Marriott sein würden, war die Größe des Unternehmens. Das hing ebenfalls nicht unmittelbar mit der Qualität der Anlage zusammen. Laut den Analysten, die in den allerersten Zeitungsberichten zitiert wurden, sollten rund 10 bis 15 Prozent des aufzuteilenden Aktienwertes auf Host Marriott entfallen und der Rest auf das „gute" Unternehmen Marriott International. Eine hoch schuldenbelastete Aktie, deren Marktkapitalisierung nur einen Bruchteil der ursprünglichen zwei Milliarden Dollar der Marriott Corporation betragen würde, hatte für die meisten Marriott-Aktionäre vermutlich nicht ganz die richtige Größe.

Außerdem agierte Host Marriott eindeutig in einem anderen Geschäftsbereich als dem, in den die institutionellen Anleger beim Kauf von Marriott-Aktien investieren wollten. Host Marriott würde Hotels besitzen, während sich die meisten Marriott-Investoren vom Hotelmanagement angezogen fühlten. Der Besitz von gewerblichen Immobilien und insbesondere Hotels kann zwar durchaus ein gutes Geschäft sein, aber die Marriott-Investoren hatten größtenteils andere Interessen und würden ihre Host-Aktien wahrscheinlich verkaufen. Aktienverkäufe, die einzig aus diesem Grund stattfanden, würden nicht auf spezifischen Eigenschaften des Investments basieren und könnten somit eine Kaufgelegenheit darstellen.

(Anmerkung: Aus Gründen, die dem Fall Marriott eigentümlich sind, sollte zumindest technisch gesehen Marriott International als Spin-off gelten, obwohl seine Aktie den Löwenanteil des Gesamtunternehmens darstellen würde. Aus Gründen der Anschaulichkeit {und um in jeder Hinsicht außer der technischen genau zu sein}, wollen wir jedoch hier sinnvollerweise Host Marriott – die Gesellschaft, die 10 bis 15 Prozent des anfänglichen Aktienwertes umfassen würde – als Spin-off betrachten.)

2. Die Insider wollen es haben

Die Beteiligung der Insider ist einer der wichtigsten Bereiche, auf die man achten sollte, wenn man Spin-offs sucht und aussucht – für mich sogar der wichtigste Bereich. Haben die Manager des neuen Spin-offs die gleichen Anreize wie die Aktionäre? Bekommen sie einen großen Teil ihrer Entlohnung in Form von Aktien, von „Restricted Stock" [nicht für den amtlichen Handel zugelassenen Aktien; Anm. d. Übers.] und von Bezugsrechten? Gibt es einen Plan, gemäß dem sie noch mehr bekommen können? Wenn alle offiziellen Unterlagen zum Spin-off eingereicht wurden, sehe ich mir diesen Bereich normalerweise als Erstes an.

Im Fall von Host Marriott stach mir in den ersten Presseberichten etwas ins Auge: Stephen Bollenbach, der Architekt des Plans, sollte Vorstandsvorsitzender von Host Marriott werden. Natürlich stand in dem Bericht auch, dass er gerade Donald Trump geholfen hatte, das Ruder seines notleidenden Hotel- und Glücksspielimperiums herumzureißen. Insofern schien er ein prima Kandidat für den Job zu sein. Aber eine Sache stieß mir dabei auf: Es erschien unsinnig, dass der Mann, der für die erfolgreiche Rettung des sinkenden Schiffs verantwortlich war – indem er sich eine Möglichkeit überlegt hatte, die problematischen Immobilien und Schulden über Bord zu werfen –, freiwillig von dem nunmehr gesicherten Schiff in das sinkende Rettungsboot Host Marriott springen sollte.

„Tolle Idee, Bollenbach!", hätte die Story heißen müssen. „Ich glaube, Sie haben uns wirklich gerettet. Jetzt, wo Sie die Immobilien und die Schulden über Bord geworfen haben, können Sie ja gleich noch hinterherspringen! Ätsch! Sie können ja das schwankende Rettungsboot nehmen. Viel Spaß!"

Das wäre durchaus denkbar gewesen. Ich hielt es allerdings für wahrscheinlicher, dass Host Marriott doch kein hoffnungsloser Fall war und dass Bollenbach wohl gute Anreize bekommen hatte, das neue Unternehmen zum Laufen zu bringen. Ich nahm mir vor, sein Vergütungspaket durchzusehen, sobald die entsprechenden SEC-Unterlagen vorlagen. Je mehr Aktienanreize, desto besser. Dazu kam, dass die Familie Marriott nach dem Spin-off 25 Prozent von Host Marriott behalten sollte. Der Hauptgrund für den Spin-off war zwar die Befreiung von Marriott International von seiner Schulden- und Immobilienlast, aber nach dem Spin-off würde es immer noch der Familie zugutekommen, wenn die Aktie von Host Marriott blühte und gedieh.

3. Eine bislang verborgene Investmentchance wird geschaffen oder enthüllt

Es kann zum Beispiel sein, dass aus dem Spin-off ein großartiges Unternehmen oder eine statistisch preiswerte Aktie hervorgeht. Im Fall von Host Marriott erkannte ich allerdings eine anders geartete Chance: die ungeheure Leverage.

Wenn die Analysten recht behalten sollten, die in den ersten Presseberichten zitiert wurden, dann könnte die Aktie von Host Marriott drei bis fünf Dollar pro Aktie kosten, aber das neue Unternehmen würde gleichzeitig 20 bis 25 Dollar Schulden pro Aktie haben. Nehmen wir zu Beispielzwecken einmal an, der Marktwert von Host Marriott betrüge fünf Dollar und die Schulden pro Aktie würden sich auf 25 Dollar belaufen. Damit hätten die Vermögenswerte von Host Marriott einen Wert von rund 30 Dollar pro Aktie. Wenn der Wert von Host Marriotts Vermögenswerten um 15 Prozent zunehmen würde, könnte sich somit der Aktienkurs verdoppeln (0,15 x 30 $ = 4,50 $). Nicht schlecht, wenn das klappt. Und was wäre bei einem Wertverlust von 15 Prozent? Fragen Sie lieber nicht.

Ich bezweifelte allerdings, dass Host Marriott wirklich der Vergessenheit anheimfallen würde – jedenfalls nicht sofort. Ich wusste, dass alle neuen Host-Aktionäre einen guten Grund hatten, ihren Giftmüll so schnell wie möglich auf dem Markt abzuladen. Ich dachte mir aber auch, dass die Gläubiger, die Beschäftigten und die Aktionäre ja ihre Forderungen wohl erst einklagen müssten und dass eine schnelle Zerschlagung des Unternehmens nicht geplant war. Wenn man zudem bedachte, dass das „gute" Unternehmen Marriott International darauf festgenagelt war, Host Marriott 600 Millionen Dollar zu leihen, dass die Familie Marriott 25 Prozent von Host Marriott behalten würde und dass Bollenbach dem neuen Unternehmen vorstehen würde – dann lag es offensichtlich im Interesse aller, dass Host Marriott überlebte und möglichst auch florierte. Nachdem ich mir noch ein bisschen Mühe gemacht hatte, erschien es zumindest wahrscheinlich, dass die Aktie dank der hohen Leverage eine höchst reizvolle Spekulation war.

Ob Sie's glauben oder nicht, dass ein Spin-off mit ungeheuren Schulden beladen wird, ist bei Weitem kein Einzelfall, sondern das kommt häufig vor. Vergessen Sie nicht: Einer der wichtigsten Gründe, weshalb ein Unternehmen einen bestimmten Geschäftsbereich ausgliedert, ist der Wunsch, dem unerwünschten und schwerverkäuflichen Geschäft irgendwie Wert abzugewinnen. Und wie könnte man aus einem Spin-off besser Wert ziehen als dadurch, dass man einen Teil der Schulden der Muttergesellschaft auf die Bilanz des Spin-offs draufschlägt? Jeder Dollar Schulden, der auf die neue Spin-off-Gesellschaft verlagert wird, erhöht den Wert der Mutter um einen Dollar.

Daraus resultiert, dass viele Spin-offs eine gewaltige Leverage aufweisen. Da mag der Markt fünf oder sechs oder gar zehn Dollar Verschuldung des neuen Unternehmens vielleicht nur mit einem Dollar bewerten, aber ein Dollar ist dann auch Ihr maximaler Verlust. Privatanleger haften nicht für die Schulden einer Aktiengesellschaft. Man kann von dem Risiko, das mit der Investition in solche Unternehmen verbunden ist, halten was man will – der Lohn, den einem solide Überlegungen und sauberes Research bescheren können, vervielfacht sich, wenn eine derart hohe Leverage im Spiel ist.

Falls es Ihnen bislang entgangen sein sollte: Es ist uns soeben gelungen, eine gangbare und begründete Möglichkeit zu schaffen, in die Aktie von Host Marriott zu investieren. Fassen wir noch einmal zusammen, aus welchen Gründen Host Marriott eine gute Wahl sein könnte:

- *Die meisten normal denkenden institutionellen Anleger würden ihre Host-Marriott-Aktien unbesehen verkaufen und dadurch hoffentlich für einen Schleuderpreis sorgen.*
- *Entscheidende Insider, über die noch mehr herauszufinden wäre, hatten offensichtlich großes Interesse am Erfolg von Host Marriott.*

- *Falls sich Host Marriott aus irgendeinem Grund als attraktiver erweisen sollte, als es anfänglich den Anschein hatte, würde die ungeheure Leverage unseren Ertrag vergrößern.*

Wenn alles so kommen würde, wie wir uns das vorstellten, könnte uns Host Marriott mit ein bisschen Glück sogar mehr bringen als der durchschnittliche Spin-off.

Und wie ist es nun wirklich gekommen? Wie erwartet (und erhofft) wurden viele institutionellen Anleger ihre Host-Marriott-Aktien günstig los. Aus den SEC-Dokumenten ging hervor, dass die Insider sehr großes Interesse an dem Erfolg des Unternehmens hatten, denn fast 20 Prozent der Aktien des Unternehmens waren als Anreiz für die Manager und sonstigen Angestellten des Unternehmens vorgesehen. Und schließlich entpuppte sich die Schuldensituation von Host Marriott, die ja die meisten Menschen abschreckte – die wir aber als potenzielle Chance betrachteten –, als wesentlich attraktiver strukturiert, als es nach der Lektüre der ersten Zeitungsberichte geschienen hatte.

Und wie klappte es? Ziemlich gut, würde ich sagen. Die Aktie von Host Marriott (also der „Giftmüll") stieg nach dem Spin-off innerhalb von vier Monaten auf das Dreifache. Für eine Situation, die so gut wie jeder aufgegeben hatte, war das ein außerordentliches Ergebnis.

Wollen auch Sie lieber aufgeben? Zu viel Überlegung? Zu viel Arbeit? Diesen eventuellen Gewinnen können Sie nichts abgewinnen? Aber vielleicht – nur vielleicht – wollen Sie ja doch noch ein bisschen mehr erfahren.

VERBORGENE SCHÄTZE AUSGRABEN

Die einzige Arbeit, über die wir bisher konkret gesprochen haben, ist das Lesen über potenziell interessante Investmentsituationen in Zeitungen. Aber jetzt (Sie wussten, die Sache hat einen Haken) wird es ein bisschen konzentrierter. Ich schicke Sie gleich auf eine atemberaubende Reise in die geheimnisvolle Welt des Investment-Research, in der es unter anderem Hunderte Seiten lange Dokumente von den Unternehmen und Berge von Unterlagen der Securities and Exchange Commission (SEC, Börsenaufsicht) gibt.

Aber keine Panik, atmen Sie zuerst einmal tief durch. Sie brauchen nicht Ihre Arbeitsstelle zu kündigen. Sicher werden Sie einen gewissen Aufwand treiben müssen – hier ein bisschen stöbern und da ein bisschen lesen –, aber Sie brauchen sich nicht zu überanstrengen. Sehen Sie das einfach wie eine Schatzsuche. Niemand denkt über das eigentliche Graben nach – Schaufel einstechen, drauftreten, Erde über die Schulter werfen –, wenn ein kleiner Schatz in Aussicht steht. Wenn Sie beim „Graben" ein aufregendes Ziel in Aussicht haben, ändert sich die Aufgabe vollständig. Und dieses Denken greift auch hier.

Im Grunde geht es dabei um einen einfachen, zweistufigen Prozess. Im ersten Schritt finden Sie heraus, wo der Schatz (in unserem Fall die Gewinnchance) liegen könnte. Wenn Sie die Stelle gefunden (und am besten mit einem dicken roten x markiert) haben, dann – und nur dann – fangen Sie an zu graben. Es ergibt keinen Sinn (und macht keinen Spaß), die ganze Gegend umzugraben.

Auf jeden Fall sind Sie jetzt schon mal startbereit. Sie suchen in einer lukrativen Gegend: nach Spin-offs. Sie haben eine plausible Investmenthypothese, dank derer Sie vielleicht mehr Gewinn machen als mit einem durchschnittlichen Spin-off. Jetzt ist der Zeitpunkt gekommen, die Ärmel hochzukrempeln und ein paar Nachforschungen anzustellen, oder? Ja, das stimmt zwar – aber bitte nicht ganz so schnell.

Im Beispiel Marriott wurde der Spin-off-Plan ursprünglich im Oktober 1992 angekündigt. In den darauffolgenden Monaten berichtete die Presse zwar ausführlich darüber, aber die entscheidenden SEC-Dokumente kamen erst im Juni und im Juli 1993. Der eigentliche Spin-off fand erst Ende September statt – fast ein Jahr nach der ersten Ankündigung. Normalerweise dauert so etwas eher nur sechs bis neun

Monate, aber in manchen Fällen kann es eben auch ein ganzes Jahr oder länger dauern.

Wenn Sie eher der ungeduldige Typ sind und am liebsten schnell handeln, ist es vielleicht nicht das Richtige für Sie, auf die endgültige Durchführung von Spin-offs zu warten. In Las Vegas konnten sich Pferderennen nie richtig durchsetzen, weil die meisten Spieler nicht einmal zwei Minuten warten konnten, um ihr Geld zu verlieren. Es gab zu viele andere Orte, wo man das gleiche Ergebnis schneller erzielen konnte.

Auch die Finanzmärkte sind dafür bekannt, dass sie eher diejenigen anziehen, die den sofortigen Lohn vorziehen. Andererseits hat es für den durchschnittlichen nicht-professionellen Anleger ganz offensichtlich Vorteile, wenn er Zeit hat, in seinem eigenen Tempo und mit den ihm zur Verfügung stehenden Mitteln nachzudenken und zu recherchieren, sodass er nicht auf die allerneuesten Kommunikationstechnologien angewiesen ist. Und außerdem, wenn man einmal ein Jahr lang im *Wall Street Journal* (oder in einer der anderen zahllosen Wirtschaftspublikationen) nach interessanten Spin-off-Gelegenheiten Ausschau gehalten hat, müssten eigentlich zu jedem beliebigen Zeitpunkt ein oder zwei Spin-offs, die vor längerer Zeit angekündigt wurden, so weit sein, dass man weitere Recherchen anstellen und vielleicht bald investieren kann.

Und tatsächlich kommt hier schon das Nächste.

FALLSTUDIE

Strattec Security / Briggs & Stratton

Briggs & Stratton, ein Hersteller von kleineren Benzinmotoren (vor allem für Notstromaggregate, Rasenmäher et cetera) kündigte im Mai 1994 den Spin-off der Abteilung Autoschlösser an. Die Ausgliederung sollte Ende 1994 oder Anfang 1995 stattfinden. Die Autoschlossabteilung (später „Strattec Security") war eine kleine Abteilung und für nicht einmal zehn Prozent des Umsatzes und Gewinns von Briggs & Stratton verantwortlich.

Da das Mutterunternehmen Briggs mit einer Marktkapitalisierung von einer Milliarde Dollar zum S&P 500 gehörte, sah es danach aus, dass die institutionellen Anleger die Strattec-Aktien, die an die Briggs-Aktionäre verteilt wurden, wohl sofort wieder verkaufen würden. Das lag nicht nur daran, dass die Herstellung von Autoschlössern nichts mit dem Kleinmotorengeschäft von Briggs zu tun hatte; wahrscheinlich würde die Marktkapitalisierung von Strattec weniger als 100 Millionen Dollar betragen – eine Größe, die zu den meisten institutionellen Aktionären von Briggs & Stratton überhaupt nicht passte.

Strattec schien zwar das Zeug zur klassischen Spin-off-Gelegenheit zu haben, aber bis zum November 1994 lag es erst einmal auf Eis und dann wurde das sogenannte „SEC Form 10" veröffentlicht. Dabei handelt es sich um ein Dokument, das normalerweise die meisten wichtigen Informationen über neue Spin-off-Gesellschaften enthält. Ein „Form 10" wird in den Fällen herausgegeben, in denen das Spin-off-Unternehmen nur einen kleinen Teil des Mutterunternehmens darstellt; bei kleineren Transaktionen haben die Aktionäre kein Stimmrecht. Wenn der Spin-off hingegen einen größeren Teil der Vermögenswerte der Muttergesellschaft beinhaltet, wird eine Stimmrechtsvollmacht vorbereitet, damit die Aktionäre über die geplante Spaltung abstimmen können. In diesem Fall enthält die Stimmrechtsvollmacht so ziemlich die gleichen Informationen wie ein Form 10 (Sie brauchen sich jetzt noch keine Notizen zu machen, in Kapitel 7 wird erklärt, wie man an diese ganzen Unterlagen herankommt).

Aber erst im Januar 1995, als ein berichtigtes Form 10 herauskam, in dem ein paar Einzelheiten ergänzt und ein paar Lücken gefüllt wurden, war es an der Zeit, wirklich an die Arbeit zu gehen. Laut diesem Dokument sollten die Spin-off-Aktien am 27. Februar ausgegeben werden. Da ich bei solchen Sachen immer als Allererstes wissen will, was die Insider – das Topmanagement und/oder die Aktionäre mit Kontrollmehrheit – vorhaben, freute es mich sehr, dass die Antwort zum Teil schon auf der ersten Seite nach der Einleitung stand. Unter der Überschrift „Gründe für die Aufteilung“ enthüllte der Vorstand von Briggs den Hauptgrund für den Spin-off. Der Vorstand hatte die klassischen Motive: „[...] um seine wichtigsten Mitarbeiter anreizgesteuert zu entlohnen, und zwar kapitalorientiert und gebunden an den Wert der betrieblichen Leistung und der Aktienperformance [von Strattec] als separatem Unternehmen, statt als nicht getrennt wahrnehmbarer Abteilung von Briggs.“

Laut dieser Passage des Dokuments waren zwölf Prozent der Aktien des neuen Unternehmens für einen Incentive-Plan vorgesehen, der den Managern und anderen wichtigen Mitarbeitern zugutekommen sollte. Dem Außenstehenden mag ein Aktienanreiz dieses Ausmaßes großzügig erscheinen, aber meine Meinung ist: Je großzügiger der Entschädigungsplan des Vorstands, umso besser – falls die Großzügigkeit die Form von Bezugsrechts- oder „Restricted Stock“-Programmen annimmt.

Tatsächlich beruhen viele attraktive Investmentsituationen darauf, dass Management und Mitarbeiter motiviert werden, wie Besitzer zu handeln. Vermutlich würde es den Anlegern besser gehen, wenn Topmanager und Schlüsselmitarbeiter einen gesetzlich garantierten Mindestbesitzanteil am Unternehmen ihres Arbeitgebers hätten. Da aber eine solche staatliche Einmischung genauso unwahrscheinlich ist, wie sie wohl unklug wäre, erzielt man mehr oder weniger das gleiche Ergebnis, indem man sich auf die Anlage in Unternehmen wie Strattec beschränkt, wo das Management nur gemeinsam mit den Aktionären etwas gewinnt.

Neben der Überprüfung der Insider lohnt es sich normalerweise auch, etwas Zeit auf die ersten Seiten des Form 10, der Stimmrechtsvollmacht oder vergleichbarer Dokumente zu verwenden. Auf diesen

Seiten steht normalerweise ein detailliertes Inhaltsverzeichnis und danach eine fünf- bis achtseitige Zusammenfassung der nächsten 100 oder noch mehr Seiten. Hier findet man die interessantesten Punkte und kann entscheiden, womit man sich ausführlicher befassen will. Ehrlich gesagt sind Wiederholungen von Gilligans Insel* spannender als die vollständige Lektüre einer Stimmrechtsvollmacht oder eines Form 10 – also muss man auswählen. In solchen Dokumenten gibt es nicht nur ganze Abschnitte, die den verschiedenen wirtschaftlichen Interessen der Insider gewidmet sind, sondern irgendwo inmitten des Wortschwalls stehen auch die Pro-Forma-Gewinn-Verlust-Rechnung und die Pro-Forma-Bilanz des neuen Spin-offs (Pro-Forma-Abschlüsse zeigen, wie Gewinn und Bilanz des neuen Unternehmens ausgesehen hätten, wenn es schon in den Vorjahren existiert hätte).

Laut der Pro-Forma-Gewinn-Verlust-Rechnung im Zusammenfassungsteil des Form 10 von Strattec betrug der Gewinn in dem Geschäftsjahr, das im Juni 1994 endete, 1,18 Dollar pro Aktie. Unter Ausschluss mehrerer einmaliger Ausgaben war der Gewinn in dem darauffolgenden Halbjahreszeitraum bis zum Dezember 1994 zehn Prozent größer als im Vergleichszeitraum 1993. Mit diesen begrenzten Informationen bewaffnet versuchte ich über den Daumen zu peilen, wie ein fairer Preis für Strattec aussehen könnte, wenn der Handel mit der Aktie Ende Februar 1995 endlich beginnen würde.

Da Strattec in erster Linie Schlösser und Schlüssel für neue Pkws und Lkws herstellte, fiel es gemäß der Logik und gemäß dem Form 10 unter die Kategorie „Hersteller von Originalteilen" („Original Equipment Manufacturer", OEM) für die Automobilindustrie. Im nächsten logischen Schritt musste ich herausfinden, zu welchem Preis die meisten anderen Unternehmen dieser Branche im Verhältnis zu ihrem Gewinn gehandelt wurden. Wenn alle OEM-Zulieferer der Automobilindustrie

* Gilligan's Island; amerikanische Sitcom (1964–1967), die von sieben schiffbrüchigen Amerikanern handelt, die auf einer Schatzinsel stranden.

etwa zu dem Zehnfachen ihres Jahresgewinns verkauft würden (wenn sie also ein Kurs-Gewinn-Verhältnis von 10 hätten), dann wären zum Beispiel 11,80 Dollar (1,18 Dollar mal 10) ein fairer Preis.

Wir befassen uns im weiteren Verlauf dieses Buches noch mit mehreren Informationsquellen, die die erforderlichen Daten für Preisvergleiche liefern. In diesem Fall habe ich *Value Line* benutzt, weil dieses Angebot leicht erreichbar und einfach zu benutzen ist. Der Inhalt von *Value Line* ist nach Branchen gegliedert. In der Kategorie „Autoteile" stellte ich fest, dass der vernünftige KGV-Bereich für Unternehmen aus der gleichen Branche wie Strattec zwischen 9 und 13 lag. Das heißt, dass der vernünftige Preisbereich für Strattec irgendwo zwischen 10,62 Dollar pro Aktie (1,18 x 9 Dollar) und 15,34 Dollar (1,18 x 13) lag. Wenn ich aggressiver denken und berücksichtigen würde, dass der Gewinn von Strattec in den sechs Monaten nach Ende des Geschäftsjahres 1994 um zehn Prozent gestiegen war, könnte ich sagen, dass vielleicht auch zehn Prozent mehr noch ein angemessener Preis wären.

Diese Analyse ist ja schön und gut, aber wenn Strattec nicht aufgrund des intensiven Verkaufsdrucks für sechs oder sieben Dollar verkauft wurde, machte mich alles, was wir bis jetzt besprochen haben, nicht reich. Des Weiteren wusste ich zwar nicht viel über Strattecs Branche, aber eines wusste ich: Zulieferer von Automobilherstellern galten grundsätzlich als miese Unternehmen. Falls ich also beschließen sollte, Aktien von Strattec zu kaufen, würde mir Warren Buffett ganz bestimmt keine Konkurrenz machen (eigentlich kommen für Buffett grundsätzlich Einzelinvestitionen unter 100 Millionen Dollar gar nicht erst infrage, und hier sollte ja das gesamte Unternehmen weniger als 100 Millionen Dollar wert sein).

So richtig interessant wurde es aber, als ich die wenigen Seiten unter der Überschrift „Geschäftstätigkeit des Unternehmens" las. Das war nicht schwer zu finden. Es stellte sich heraus, dass Strattec der größte Schlösserlieferant von General Motors war und dass dieses Geschäft 50 Prozent von Strattecs Umsatz ausmachte. Außerdem lieferte Strattec fast alle Chrysler-Schlösser und dieses Geschäft stellte mehr als 16 Prozent der Gesamteinnahmen von Strattec dar. Da dachte ich mir, dass Strattec bestimmt ziemlich gute Schlösser baute. Aber die nächste Information weckte erst so richtig mein Interesse.

„Aufgrund der momentanen Auftragslage geht das Unternehmen [Strattec] davon aus, dass Ford im Geschäftsjahr 1996 [das im Juni 1996 endet] der zweitgrößte Kunde sein wird, falls die Aufträge erwartungsgemäß verbindlich werden." Da stand kein „Zong!", kein „Rooaarr!" und kein „Wumm!" wie in den alten Batman-Comics, aber die Wirkung war die gleiche. Da bislang in den Umsatz- und Gewinnzahlen Ford nicht vorkam, war ein Neukunde, der mehr Schlösser brauchte als die gesamte Chrysler Corporation, doch wirklich eine große Neuigkeit.

Da derzeit Chrysler Strattecs zweitgrößter Abnehmer war und für 16 Prozent des Gesamtumsatzes verantwortlich war, musste Ford, um den zweiten Platz zu übernehmen, natürlich mehr als 16 Prozent Neugeschäft bringen (und da GM mit 50 Prozent der größte Kunde war, musste das Ford-Geschäft weniger ausmachen). Kurz gesagt war das eine sehr interessante Information, die den Wert von Strattec erheblich steigerte. Ich hoffte, dass sich diese Information nicht im Aktienkurs von Strattec niederschlagen würde, bevor ich ein paar Schnäppchenaktien einsammeln konnte.

Auch vom qualitativen Standpunkt aus war Strattecs Geschäft attraktiv. Das Unternehmen war mit Abstand der größte Faktor am Markt für Autoschlösser. Mit dem Großteil der Aufträge von General Motors und mit allen Aufträgen von Chrysler hatte Strattec offenbar eine starke Nische gefunden. Und dass das Geschäft von Ford noch dazukam, bedeutete, dass Strattecs Produkte in die richtige Richtung gingen. Ich rechnete mir aus, dass die meisten anderen OEMs, die sich für Vergleiche eigneten, wohl kaum eine bessere Marktstellung haben konnten als Strattec. All das zusammengenommen bedeutete, dass für Strattec wohl ein KGV im oberen Bereich des Branchendurchschnitts angemessen wäre.

Natürlich hatte ich nicht die Absicht, Aktien im oberen KGV-Bereich zu kaufen, egal ob gerechtfertigt oder nicht. Aber wenn es möglich wäre, Strattec im unteren KGV-Bereich der Branche zu kaufen (vielleicht bei 9 oder so), ohne dass das Neugeschäft mit Ford berücksichtigt wäre – das wäre eine sehr interessante Investition.

Was dabei herauskam? Mehrere Monate nachdem die Aktie von Strattec auf den Markt gekommen war, wurde sie zu einem KGV von 10,5 bis 12 frei gehandelt. Das war eindeutig das untere Ende der Branchenspanne – ohne Folgendes zu berücksichtigen: (1) das Ford-Geschäft, (2) die deutlich überdurchschnittliche Marktnische von Strattec und (3) den Gewinnzuwachs von zehn Prozent im letzten halben Jahr. Kurz gesagt konnte man ganz einfach Strattec-Aktien zu einem höchst attraktiven Preis kaufen. Dies bestätigte sich, als Strattec noch vor Ende 1995 für 18 Dollar gehandelt wurde – mehr als 50 Prozent Kursgewinn in weniger als acht Monaten. Nicht schlecht – und zum Glück für eine Spin-off-Gelegenheit gar nicht so ungewöhnlich.

Okay, ich weiß, was Sie jetzt denken. Das Geld ist ja gut und schön, aber Autoteile! Das ist doch todlangweilig! Kein Problem. Sie können auch beides haben – Geld und Reiz –, denn als Nächstes betreten wir die wunderbare Welt des Homeshoppings!

DIE HOMESHOPPING-GOLDGRUBE – SO REICH WAREN DIE CARTWRIGHTS NIE!

Ich hatte nicht gedacht, dass mein Ausflug in die Welt des Homeshoppings so aufregend sein würde. Natürlich erhaschte auch ich wie jeder andere bei jedem dritten Zap durch die Kabelprogramme einen flüchtigen Blick auf einen Porzellanhund oder irgendwelche anderen nutzlosen Dinge. Da mein Haus mit lächerlichem Kitsch und allerlei Schnickschnack angefüllt ist – aus Gründen der Peinlichkeit größtenteils versteckt – und ich kein Kunde war, hatte ich wirklich keine Ahnung, wer diese ganzen Sachen kauft. Da die Aktie in den 1980er-

Jahren ständig in höheren Regionen schwebte und ich den Kanal aus Gewohnheit immer übersprang, hatte ich Home Shopping Network nie als potenzielles Investment betrachtet.

Ein Artikel in der Erstausgabe der Zeitschrift *Smart Money* im April 1992 änderte das. Unter der Überschrift „10 Aktien für die 90er" wurde unter anderem Home Shopping Network aufgeführt. Der Artikel ging von der Annahme aus, dass man eine Liste der Gewinner für die 1990er-Jahre zusammenstellen könnte, wenn man die Eigenschaften der größten Gewinner der 1980er-Jahre untersuchte, indem man überprüfte, wie sie im Jahr 1980 dagestanden hatten. Eine der ausgewählten Aktien – Home Shopping Network – fiel mir aus mehreren Gründen ins Auge.

Die meisten Auswahlkriterien für die Top-Ten-Liste entsprachen Ben Grahams Value-Maßstäben (niedriges Kurs-Gewinn-Verhältnis und/ oder Kurs-Cashflow-Verhältnis, niedriges Kurs-Buchwert-Verhältnis und so weiter). Es überraschte mich, dass ein ehemaliger Überflieger wie Home Shopping Network tief genug gefallen war, um als Value-Aktie zu gelten. Zweitens kostete die Aktie von Home Shopping nur fünf Dollar. An und für sich sollte ein einstelliger Aktienkurs zwar bedeutungslos sein, aber viele institutionelle Anleger kaufen nur ungern Aktien unter zehn Dollar. Da die meisten Unternehmen in den Vereinigten Staaten möchten, dass ihre Aktien zwischen 10 und 100 Dollar gehandelt werden, sind Aktien unter zehn Dollar häufig Aktien, die in Ungnade gefallen sind. Da die Marktkapitalisierung bei solchen Preisen relativ niedrig ist und weil Aktien, die aus höheren Bereichen so tief gefallen sind, von Natur aus unbeliebt sind, finden sich unter einstelligen Aktien häufig Gelegenheiten, denn sie werden tendenziell zu wenig analysiert und zu wenig gekauft, sodass sie tendenziell fehlbewertet sind.

Der letzte Grund, weshalb Home Shopping Network nach Potenzial aussah, war – Überraschung! – ein Spin-off (darum geht es uns ja hier vor allem, erinnern Sie sich noch?). Laut dem Artikel hatte Home Shopping vor, seine Sender-Vermögenswerte auszugliedern, um „die

Qualität der Gewinne zu verbessern". Was das heißen sollte, würde ich später noch herausfinden. Auf jeden Fall sah es so aus, als wären sowohl das Mutterunternehmen Home Shopping Network als auch die Spin-off-Gesellschaft Silver King Communications eine nähere Untersuchung wert.

Laut dem Form 10, das im August 1992 eingereicht wurde, schrieb das Management von Home Shopping unter der Überschrift „Gründe für die Aufteilung":

„Die Unternehmensleitung glaubt, dass die Finanzkreise und die Investment-Community nicht so recht wissen, wie sie HSN [Home Shopping Network] bewerten sollen. Das liegt zum Teil daran, dass die Gesellschaft sowohl ein Einzelhandelsunternehmen als auch ein Fernsehsender ist. Sendegesellschaften werden üblicherweise anhand des Cashflows bewertet, wohingegen Einzelhandelsgesellschaften üblicherweise anhand des Gewinns pro Aktie bewertet werden. Die Klassifizierung von HSN entweder als Fernsehgesellschaft oder als Einzelhandelsgesellschaft führt dazu, dass eine bestimmte Bewertungsmethode angewendet wird, obwohl es angebracht wäre, beide Methoden anzuwenden. So wird zum Beispiel die Bewertung des Einzelhandelsgeschäfts von HSN und somit die Bewertung von HSN als einzelhandelsorientierter Gesellschaft durch die Auswirkungen der beträchtlichen Tilgungs- und Abschreibungskosten beeinträchtigt, die aus den Sender-Vermögenswerten entstehen. Der Vorstand von HSN glaubt, dass die Trennung von HSN und dem Fernsehsender es den potenziellen Investoren ermöglicht, die Geschäfte der einzelnen Unternehmen besser zu verstehen; somit kann sie dazu führen, dass sich für beide Unternehmen mehr Investoren interessieren und dass mehr Analysten darüber berichten."

Es stellte sich heraus, das Home Shopping Network in den 1980er-Jahren zwölf unabhängige UHF-Fernsehsender gekauft hatte, um die

Reichweite seines Homeshopping-Programms zu vergrößern. Laut dem SEC-Dokument erreichten diese Sender etwa 27,5 Millionen Haushalte und damit „eine der größten Zuschauerschaften, die von unabhängigen in den Vereinigten Staaten betriebenen Sendegesellschaften erreicht werden“. Das Problem war nur, dass HSN für diese Sender viel Geld bezahlt hatte. Das war eigentlich nicht so schlimm, aber Fernsehsender haben keine großen materiellen Vermögenswerte. Ihr Wert besteht in dem Einnahmenstrom aus der Werbung (Homeshopping ist selbst eine endlose Werbesendung), nicht in der Sendeausrüstung, mit deren Hilfe das Programm ausgestrahlt wird.

Wenn man eine große Summe für etwas bezahlt, das relativ wenige materielle Vermögenswerte und Betriebskapital zur Erzeugung von Gewinn beinhaltet, wird normalerweise in der Bilanz des Käufers ein großer Betrag für Goodwill aufgeführt. Goodwill fällt an, wenn der Kaufpreis den Wert der bezifferbaren erworbenen Vermögenswerte übersteigt (bezifferbare Vermögenswerte sind zum Beispiel Sendeausrüstung, Forderungen und Senderechte). Die Differenz zwischen dem Kaufpreis und dem Wert der bezifferbaren Vermögenswerte muss über mehrere Jahre abgeschrieben werden (dieser Ausgabenposten ist mit der Abschreibung von Fabriken und Maschinen vergleichbar). Die Abschreibung von Goodwill ist eine unbare Ausgabe, die vom berichteten Unternehmensgewinn abgezogen wird (ausführliche Erklärungen dieser Begriffe finden Sie in Kapitel 7).

Da ein Fernsehsender ein klassisches Beispiel für ein Unternehmen ist, dessen Wert nicht direkt an die eingesetzten Vermögenswerte gebunden ist, werden Fernsehsender im Allgemeinen anhand ihres Cashflows bewertet (wobei die Kosten für die Abschreibung materieller und immaterieller Vermögenswerte wieder auf den Gewinn geschlagen werden) und nicht anhand des berichteten Gewinns. Einzelhandelsgesellschaften werden dagegen gemäß ihrem offiziellen Gewinn bewertet. In dem SEC-Dokument von Home Shopping stand, dass es sehr schwierig sei, ein korrektes KGV für das Gesamtunternehmen zu bestimmen. Laut dem Dokument sollte das Einzelhandelsgeschäft anhand des Gewinns und das Sendegeschäft anhand des Cashflows bewertet werden.

Schon ein kurzer Blick auf die Gewinn-und-Verlust-Rechnung von Silver King zeigte ganz klar, was damit gemeint war. Der Betriebsgewinn von Silver King betrug im letzten Berichtsjahr knapp über vier Millionen Dollar. Der Cashflow belief sich allerdings auf 26 Millionen Dollar (vier Millionen operativer Gewinn plus rund 22 Millionen an Abschreibungen). Da Sendeausrüstung nicht sehr oft erneuert werden muss, beliefen sich die Kapitalausgaben für Anlagen und Ausrüstung nur auf rund drei Millionen Dollar. Das heißt, dass Silver King vor Abzug von Zinsen und Steuern fast 23 Millionen Dollar erwirtschaftete: vier Millionen operativer Gewinn plus Abschreibungen von 22 Millionen minus drei Millionen an Kapitalinvestitionen (falls Sie das etwas verwirren sollte, können Sie gern im Abschnitt „Cashflow“ in Kapitel 7 nachschlagen).

Selbstverständlich konnte man aus dem Gewinn von Home Shopping nicht herauslesen, dass die Senderabteilung so viel Geld erwirtschaftete. Die Sendeanlagen trugen nur vier Millionen Dollar zum Betriebsgewinn bei, aber wie wir schon gesehen haben, erhöhte sie den operativen Cashflow von Home Shopping um gut 26 Millionen. Da rund 88 Millionen Aktien von HSN umliefen, äußerte sich die Ausgliederung der gesamten Senderabteilung in einer Minderung des operativen Gewinns pro Aktie um nur 4,5 Cent. Aber warten Sie, das ist noch nicht alles.

Laut den SEC-Unterlagen wollte Home Shopping im Zuge des Spin-offs außerdem noch mehr als 140 Millionen Dollar Schulden auf Silver King verlagern. Bei einem Zinssatz von neun Prozent bedeutete dies, dass HSN pro Jahr Zinskosten in Höhe von 12,6 Millionen Dollar (0,9 x 140 Millionen Dollar) sparen würde. Unter dem Strich würde also Home Shopping Network in den Augen der Wall Street ohne die Fernsehsender mehr Gewinn erzielen als mit ihnen (der Berichtsgewinn vor Steuern würde nach dem Spin-off um rund 8,6 Millionen höher liegen als vor dem Spin-off – 12,6 Millionen weniger Zinsausgaben, die jetzt in den Büchern von Silver King auftauchten, aber nur vier Millionen weniger operativer Gewinn aufgrund des Spin-offs).

Da die Fernsehsender von HSN enorm viel Geld brachten, war das natürlich nicht die richtige Art, die Dinge zu betrachten. Aber genau darum ging es Home Shopping. Die Unternehmensleitung glaubte, die Investoren würden den Wert der TV-Stationen bei der Bewertung des Aktienkurses von HSN nicht berücksichtigen. Es könnte sogar sein, dass sie wegen der hohen Verschuldung der Sender sogar noch Zinsen von dem Wert der Aktie abzogen – und dabei nur die vier Millionen operativen Gewinn berücksichtigten, nicht den vollen Cashflow.

Die Situation sah an allen Ecken und Enden nach einer Gelegenheit aus. Es war klar, dass Silver King das Zeug zu einem missverstandenen Spin-off hatte, über den zu wenig berichtet werden würde. In der Bilanz von Silver King würde eine Verschuldung von mehr als 140 Millionen Dollar stehen. Im Vergleich zum Anteil jedes Aktionärs an Home Shopping würde der Wert des Spin-offs eher klein sein – und das würde hoffentlich dazu führen, dass die Aktionäre, die die Aktien bekamen, sie für unpassend oder unwichtig hielten. (Der Spin-off sollte im Verhältnis eins zu zehn aufgeteilt werden – die Aktionäre von Home Shopping Network sollten auf zehn HSN-Aktien, die sie besaßen, je eine Aktie von Silver King Communications bekommen.) Zudem gehörte Silver King zu einer anderen Branche – Fernsehsender – als der Einzelhandelsbranche, auf die es die Aktionäre der Muttergesellschaft wohl eher abgesehen hatten. Aber vielleicht das Wichtigste war die Tatsache, dass Silver King tonnenweise Geld verdiente, von dem die Mehrheit der Home-Shopping-Aktionäre, die Aktien von Silver King bekamen, wahrscheinlich nichts wusste.

Damit war die Gelegenheit aber noch nicht erschöpft. Das Mutterunternehmen Home Shopping Network war durchaus auch einen Blick wert. Da ein Anleger, der HSN aufgrund des berichteten Gewinns kaufte, den Sender-Vermögenswerten vermutlich nicht viel Wert beimaß, würde die Aktie von HSN nach dem Spin-off vielleicht nicht viel fallen. In diesem Fall wäre die Summe des Wertes von HSN und des Spin-offs größer als der Wert von HSN vor dem Spin-off. Und da der berichtete Gewinn von HSN infolge des Spin-offs steigen würde, war es möglich, dass die HSN-Aktie ohne die Sender mehr kostete als ohne sie.

Bevor wir zu dem tatsächlichen Ausgang kommen, noch ein kurzer Punkt: Wenn ein Mutterunternehmen den Spin-off einer Abteilung ankündigt, die in einer stark regulierten Branche tätig ist (zum Beispiel Sendeanstalten, Versicherungen und Banken), lohnt es sich immer, einen genauen Blick auf die Muttergesellschaft zu werfen. Es kann natürlich sein, dass der Spin-off nur der Versuch ist, das Mutterunternehmen von den Einschränkungen zu befreien, die mit dem Besitz von Entitäten in regulierten Branchen verbunden sind. Allerdings sind Übernahmen von Unternehmen mit regulierten Tochterunternehmen sehr aufwendig und zeitraubend. Ein (unausgesprochener) Grund für die Ausgliederung regulierter Töchter kann also auch darin bestehen, die Mutter leichter verkäuflich zu machen. In anderen Fällen ist die Schaffung eines attraktiveren Übernahmeziels allerdings eine unbeabsichtigte Nebenwirkung.

Im Fall von Home Shopping bestand vielleicht ein Zusammenhang zwischen der Entscheidung für den Spin-off und Fusionsgesprächen. Im März 1992 hatte Home Shopping, nur Tage nach dem Scheitern von Fusionsverhandlungen mit seinem Rivalen im Homeshopping-Bereich, QVC Network, den Spin-off einer anderen Abteilung angekündigt – Precision Systems, ein verlustschreibender Hersteller von Telefonanlagen. Der Spin-off von Silver King wurde wenige Wochen danach angekündigt. Als die Fusionsgespräche abgebrochen wurden, spekulierten mehrere Analysten (im *Wall Street Journal*), QVC habe diese fremden Abteilungen nicht kaufen wollen. Zwar gab es für beide Spin-offs gute geschäftliche Gründe, die nichts damit zu tun hatten,

HSN zum attraktiven Übernahmeziel zu machen, aber beide sorgten sicherlich dafür, dass HSN ein einfacherer und verlockender Übernahmekandidat wurde.

Okay, jetzt der Ausgang: Im Dezember 1992, also noch vor Abschluss der Spin-off-Transaktion, unterzeichnete Liberty Media (seinerseits ein Spin-off des landesweit größten Kabelsenders Tele-Communications) einen Vertrag über die Übernahme einer Kontrollmehrheit von Home Shopping Network von dessen Gründer und größten Aktionär Roy Speer. Tage zuvor hatte Liberty schon die Kontrolle über QVC übernommen. Die Ausgliederung von Silver King sollte wie geplant durchgeführt werden, obwohl Liberty inzwischen den Kauf von Speers Silver-King-Aktien vertraglich zugesichert hatte; jetzt musste nur noch die Federal Communications Commission (FCC, Fernmeldebehörde) die Transaktion genehmigen. Da Kabelsender nur unter bestimmten Auflagen terrestrische Fernsehsender besitzen durften, war noch ungewiss, wer letztlich die Kontrolle über Silver King haben würde. Und tatsächlich gab Silver King am Vorabend des Spin-offs bekannt, dass Liberty Media den Kauf des Silver-King-Anteils wahrscheinlich nicht genehmigt bekam.

In dieser schnell wechselnden (und verwirrenden) Atmosphäre fand der Spin-off von Silver King im Januar 1993 statt. In den ersten vier Monaten nach dem Spin-off kostete die Aktie rund fünf Dollar. Das sah nach einem verlockenden Schnäppchen aus. Die Leverage war zwar hoch (was für uns allerdings manchmal ein Vorteil ist), aber mit fünf Dollar wurde die Aktie immer noch zu einem Kurs-Cashflow-Verhältnis (nach Zinsen und Steuern) von nicht einmal 5 gehandelt. Trotzdem war die Zukunft von Silver King ungewiss.

Früher hatten Silver Kings Sendeanstalten von Home Shopping Network als Bezahlung für die Ausstrahlung der Sendungen einen Anteil am Verkaufsumsatz bekommen. Was würde passieren, wenn Home Shopping seine Werbesendungen nicht mehr von Silver Kings Sendern ausstrahlen ließ? Der neue Mehrheitseigner Liberty Media hatte hervorragende Verbindungen in der Kabelbranche. Vielleicht konnte man ja HSN direkt per Kabel übertragen, ohne die Sender von Silver King zu nutzen. In diesem Fall hätte Silver King nichts mehr außer einem Netzwerk großer Fernsehstationen, die 27,5 Millionen Haushalte erreichten. Nun ja, das klang ja auch nicht schlecht.

Und was passierte wirklich? Nach ein paar Monaten im Preisbereich von fünf Dollar stieg Silver King im Laufe eines Jahres in den Bereich von 10 bis 20 Dollar. Das lag zum Teil daran, dass der übliche Verkaufsdruck nach dem Spin-off weggefallen war, und zum anderen Teil an Spekulationen (über die im *Wall Street Journal* berichtet wurde), Silver King wolle sich eventuell mit anderen Unternehmen zusammentun und einen fünften landesweiten Fernsehsender bilden. Ein paar Jahre danach übernahm der bekannte Medienmogul Barry Diller die Kontrolle über Silver King und benutzte es als Plattform für sein neues Medienimperium. Als ich Silver King kaufte, hatte ich diese Abfolge der Ereignisse ganz gewiss nicht vorausgesehen. Aber trotzdem, der Kauf eines vernachlässigten Besitzes zu einem niedrigen Preis ließ viel Spielraum für positive Ereignisse und für die späte Anerkennung des Wertes.

Und ja – auch Home Shopping zeigte nach dem Spin-off interessante Preisbewegungen. Die Aktie stieg ab dem Tag, an dem der Silver-King-Spin-off unter den HSN-Aktionären verteilt wurde. Wenn ein Spin-off im Wert von 50 Cent pro Aktie (die fünf Dollar, die Silver King kostete, geteilt durch zehn HSN-Aktien) an die Aktionäre der Muttergesellschaft ausgegeben wird, müsste die Aktie der Muttergesellschaft am Tag der Ausschüttung eigentlich um 50 Cent fallen. Stattdessen stieg Home Shopping aber um 25 Cent. Wenn man am Tag vor der Ausschüttung Home-Shopping-Aktien besessen hatte, wurde man also sogar noch für das Privileg bezahlt, dass man von diesem Unternehmen Silver-King-Aktien annahm. Der Gesamtwert der Aktie von Home Shopping Network und der ausgegliederten Silver-King-Aktie stellte für die HSN-Aktionäre einen Gewinn von zwölf Prozent an einem Tag dar. Ganz egal was die Gelehrten über die Effizienz des Aktienmarktes auch sagen mögen, es gibt eindeutig immer noch eine Menge ineffizient gepreister Gelegenheiten – das gilt natürlich nur für Anleger, die wissen, wo sie danach suchen müssen.

Eines habe ich fast vergessen: Erinnern Sie sich noch an Precision Systems? Sie wissen schon, der verlustbringende Hersteller von Telefonanlagen, den HSN vor Silver King ausgliederte? Nun, ich bemühe mich immer noch, ihn zu vergessen. Ich habe ihn mir nie angesehen. Nach dem Spin-off wurde die Aktie mehrere Monate lang unter einem Dollar gehandelt, innerhalb eines Jahres stieg sie auf fünf und im Laufe der nächsten zwei Jahre verdoppelte sie sich noch einmal. Man kann nicht alles haben (auch wenn das schon schön wäre).

Die Zehn Gebote

Eines der Zehn Gebote lautet: „Du sollst Vater und Mutter ehren." Daraus folgt logischerweise, dass man Eltern Aufmerksamkeit schenken sollte. Zufällig scheint dieser Rat auch für die Eltern von Spin-offs zu gelten. Wirklich nur Zufall? Ich glaube das nicht.

An der Home-Shopping-Situation hatte mich zwar unter anderem der Spin-off gereizt, aber nachdem ich den Artikel in *Smart Money* gelesen hatte und selbst ein bisschen daran gearbeitet hatte, beschloss ich, auch Aktien des Mutterunternehmens Home Shopping Network zu kaufen. Vor dem Spin-off von Silver King kostete die Aktie fünf Dollar, sodass sich nach Abzug des ursprünglichen Handelswertes von Silver King 4,50 Dollar ergaben. Bei der Untersuchung des Spin-offs fiel die Tatsache auf, dass die Muttergesellschaft Home Shopping Network preiswert gehandelt wurde. Bei der Prüfung des Anlagenutzens von Home Shopping studierte ich zu Vergleichszwecken auch seinen Hauptkonkurrenten QVC Network. Ich hielt Home Shopping für preiswert, aber QVC erschien sogar noch günstiger! Beide Aktien entpuppten sich im nächsten Jahr als Volltreffer.

Mir geht es hier nicht darum, von noch mehr großen Gewinnern zu berichten (glauben Sie mir, ich hatte auch genug Verlierer). Es geht vielmehr darum, dass man bei der näheren Betrachtung eines Mutterunternehmens, das sich von einer komplizierten Abteilung trennt, auf recht hübsche Investmentgelegenheiten stoßen kann. Also legen wir los!

FALLSTUDIE

American Express / Lehman Brothers

Im Januar 1994 wurde die Ankündigung von American Express allseits begrüßt, das Unternehmen beabsichtige, seine Tochter Lehman Brothers als eigenständiges Unternehmen auszugliedern. Der Spin-off Lehman Brothers war eigentlich das Überbleibsel einer althergebrachten Investmentbank von der Wall Street, die American Express Anfang der 1980er-Jahre gekauft hatte. Der vormalige Vorstandsvorsitzende hatte zum Zeitpunkt der Übernahme vorgehabt, American Express in einen „Finanz-Supermarkt" zu verwandeln. Da nach zehn Jahren immer noch niemand so recht wusste, was das bedeuten sollte, hatte der Vorstand beschlossen, die Überreste von Lehman an die Aktionäre auszugliedern. Als die entsprechenden Unterlagen im April bei der SEC eingereicht und veröffentlicht wurden, beschloss ich, einen genaueren Blick auf das „neue" Unternehmen Lehman Brothers zu werfen.

Laut den Dokumenten und ausführlichen Zeitungsberichten hatte Lehman Brothers in der Investmentbranche pro Dollar Umsatz die höchsten Kosten, es hatte im Vorjahr Verlust gemacht und hatte eine extrem wankelmütige Gewinn-Vorgeschichte. Dazu kam, dass die Insider zwar gute Gehälter und Sonderzahlungen bezogen, dass sie aber relativ wenige Aktien des neuen Spin-offs bekamen. In den meisten Unternehmen und ganz besonders an der Wall Street versuchen die Angestellten, ihre Bezüge zu maximieren. Das Vermögen der

Topmanager von Lehman war größtenteils nicht an das Schicksal der Lehman-Aktie gebunden. Meine Übersetzung: Wenn der Gewinn unter den Mitarbeitern und den Aktionären aufgeteilt wurde, würden die Aktionäre mit hoher Wahrscheinlichkeit den Kürzeren ziehen (Sie kennen das Spiel: zwei für mich, einer für dich – einer für dich, zwei für mich ...). Das würde mich also höchstens dann interessieren, wenn Lehman weit unter dem Buchwert und unter der Bewertung anderer Investmentfirmen gehandelt wurde.

Aber mir fiel dann etwas anderes ins Auge. Laut Zeitungsberichten bestand eines der Probleme von American Express darin, dass die großen institutionellen Investoren keine Ahnung hatten, wie sich der Gewinn des Unternehmens entwickeln würde. Der Hauptschuldige waren die schwankenden Gewinne von Lehman. Das Einzige, was die Wall Street noch mehr hasst als schlechte Nachrichten, ist Ungewissheit. Ziel des Lehman-Spin-offs war es, die Unvorhersehbarkeit des Gewinns zu überwinden. Die gleiche Überlegung hatte zuvor auch hinter dem Verkauf des Tochterunternehmens Shearson gestanden. Nach dem Spin-off würde American Express nur noch zwei hauptsächliche Geschäftsbereiche haben, die beide weniger schwankend waren als Lehman.

Der erste Geschäftsbereich, den American Express als „Travel Related Services" bezeichnet, beinhaltete die bekannte Bezahlkarte, das größte Reisebüro der Welt und die Reiseschecks. Unter dem neuen Vorstandsvorsitzenden sollte sich das Unternehmen auf diese Kernbereiche konzentrieren und sie weiter ausbauen. Zwar hatte die Konkurrenz von Visa und MasterCard in den letzten Jahren das Geschäft von American Express etwas aufgeweicht, aber das Problem lag anscheinend in der mangelnden Aufmerksamkeit der Unternehmensleitung. Das Basisgeschäft musste eindeutig neu ausgerichtet werden. Da das Hauptprodukt von American Express eine Bezahlkarte war, die jeden Monat voll ausgeglichen werden musste, stammten die Einnahmen vor allem aus den Gebühren, die die Karteninhaber und die

Händler bezahlten. Das erschien attraktiver als das Kreditkartengeschäft, das mit einem größeren Kreditrisiko behaftet ist. Kurz gesagt, American Express besetzte eine Nische im gehobenen Marktsegment, die aufgrund der Etablierung und des Markennamens nur sehr schwer oder gar unmöglich zu kopieren war.

Der zweite Geschäftsbereich hieß „Investors Diversified Services" (IDS) und verzeichnete seit fast zehn Jahren eine jährliche Gewinnzunahme von rund 20 Prozent. Dieser Geschäftsbereich bestand aus einem landesweiten Netz von Finanzplanern, die ihren Kunden je nach den individuellen Bedürfnissen Investment- und Versicherungspakete verkauften. Diese Finanzplaner verkauften häufig unternehmenseigene Produkte, zum Beispiel Annuitätendarlehen und Investmentfonds. Da das Finanzplanergewerbe weitgehend unreguliert ist und weil es von Einzelpersonen oder kleinen Gruppen dominiert wird, konnte IDS (inzwischen American Express Advisors) mehr Bequemlichkeit, Ressourcen und Finanzprodukte anbieten als die meisten anderen Organisationen. Dank der Möglichkeit, alle möglichen Dienstleistungen im Paket anzubieten, wuchs das Vermögen, das IDS verwaltete, sehr schnell. Die Einnahmen stammten größtenteils aus den Gebühren für die Investment- und Versicherungsprodukte, die an die Kunden verkauft wurden. Die Bilanz: Auch IDS schien ein wertvolles und schnell wachsendes Nischen-Unternehmen zu sein.

Das Aufregende daran war, dass man American Express während mehrerer Monate vor dem Spin-off von Lehman im Mai 1994 für 29 Dollar pro Aktie oder weniger bekommen konnte. In diesem Preis war auch der Lehman-Spin-off enthalten, den die Zeitungen auf drei bis fünf Dollar pro American-Express-Aktie bezifferten. Das bedeutet, dass das „neue" Unternehmen American Express nach dem Spin-off eigentlich für 24 bis 26 Dollar zu haben war. Da American Express laut den veröffentlichten Schätzungen im Jahr 1994 ohne Lehman Brothers einen Gewinn von 2,65 Dollar erwirtschaften würde, ergab sich ein Kurs-Gewinn-Verhältnis unter 10.

Ein Blick (bei *Value Line*) auf ein paar große Kreditkartengesellschaften zeigte, dass ihre KGVs im Bereich von 12 bis 15 lagen. Ich war mir zwar nicht sicher, dass das der perfekte Vergleichswert war, aber es schien demnach, als wäre American Express um 30 bis 40 Prozent zu niedrig bewertet. Das Bezahlkartengeschäft hatte unter dem bisherigen Management zwar Niederlagen einstecken müssen, aber die neue Konzentration auf den unersetzlichen Markennamen American Express und auf die Marktnische im gehobenen Segment flößten mir ein gewisses Vertrauen ein. Und wie schon erwähnt erschien mir die Gebührenstruktur der American-Express-Karte und der damit verbundenen Geschäfte attraktiver als die Kreditrisiken, die die Kreditkartengesellschaften in Kauf nehmen mussten, mit denen ich American Express verglichen hatte.

IDS, das für rund 30 Prozent der Einnahmen von American Express verantwortlich war, schien auf jeden Fall mehr als nur das Zehnfache seines Gewinns wert zu sein. Da das Unternehmen schon so lange eine Gewinnwachstumsrate von 20 Prozent hatte und da die verwalteten Vermögenswerte einen stetigen Einnahmenstrom gewährleisteten, erschien der Kauf dieses Geschäfts weit unter dem marktüblichen KGV (14 bis 15) als Schnäppchen. American Express besaß zwar außerdem noch eine internationale Bank (die höchstwahrscheinlich ein KGV von 10 verdiente), aber sie stellte nur zehn Prozent des gesamten Unternehmensgewinns.

Unter dem Strich ergab sich also Folgendes: Mit einem KGV unter 10 erschien American Express sehr günstig. Sobald die verwirrenden und schwankenden Gewinne von Lehman weg wären, müsste dies meiner Meinung nach auch den anderen Investoren klar werden. Da ich allerdings an Lehman nicht besonders interessiert war, stellte sich die Frage, ob ich die Aktie von American Express vor oder nach dem Spin-off kaufen sollte.

Als Grundregel kann man sagen, dass institutionelle Investoren auch dann den Abschluss des Spin-offs abwarten, wenn sie sich für ein

Mutterunternehmen sehr interessieren, weil ein unerwünschtes Geschäft ausgegliedert wird. Dadurch sparen sich die institutionellen Anleger den Verkauf des unerwünschten Spin-offs und es entfällt das Risiko, dass die Spin-off-Transaktion vielleicht doch nicht stattfindet. Häufig treiben die Institutionellen den Preis durch den Kauf der Muttergesellschaft sofort nach dem Spin-off tendenziell nach oben. Falls das Mutterunternehmen eine interessante Anlage zu sein scheint, lohnt es sich daher normalerweise, die Aktie der Mutter vor dem Spin-off zu kaufen. Auch wenn es ein bisschen aufwendiger ist, den Schnäppchenkauf zu ermöglichen, indem man die Aktie der Muttergesellschaft schon vor dem Spin-off kauft, so ist es doch gewöhnlich die zusätzliche Mühe wert – sogar wenn man beim Verkauf der Spin-off-Aktien keinen besonders tollen Preis erzielt.

Da ich im Fall Lehman froh war, dass ich American Express für 24 bis 26 Dollar „schaffen" konnte, fiel mir die Entscheidung leicht, die Aktie vor dem Spin-off für 29 Dollar zu kaufen. Ich behielt die Lehman-Aktie (ich hasse es, Spin-offs zu verkaufen) und sie wurde für 18,50 Dollar gehandelt (da für fünf American-Express-Aktien eine Lehman-Aktie ausgegeben wurde, ergab sich ein Wert von 3,75 Dollar pro American-Express-Aktie). American Express stieg am ersten Handelstag nach der Ausschüttung von Lehman um 1 5/8 und daher war es ein kluger Schachzug gewesen, vor dem Spin-off zu kaufen. American Express stieg im ersten Jahr nach dem Spin-off auf 36 Dollar und bescherte somit einen Jahresertrag von 40 Prozent.

Übrigens gab Warren Buffett etwas mehr als sechs Monate nach dem Spin-off bekannt, dass er knapp unter zehn Prozent von American Express gekauft hatte. Offensichtlich hatte der Spin-off und Verkauf der fremden Abteilung American Express als „Warren-Buffett-Unternehmen" entlarvt – ein verlockendes Schnäppchen mit einem guten Namen und einer attraktiven Marktnische.

Sehen Sie, wenn man den Eltern Aufmerksamkeit schenkt – wer hätte das gedacht?

TEIL-SPIN-OFFS

Ich mache mir nie allzu viel Mühe, ein Investment zu verstehen. Wenn eine potenzielle Investition zu kompliziert oder zu schwer zu durchschauen ist, lasse ich es lieber sein und suche etwas leichter Verständliches. Aus diesem Grund finde ich den Bereich partielle Spin-offs so interessant. Auf diesem Feld sind die Mathematikkenntnisse der ersten Klasse (vor allem die Subtraktion) entscheidend für den Erfolg.

Bei einer partiellen Spin-off-Transaktion beschließt ein Unternehmen, nur einen Teil einer Abteilung abzugeben. Es werden nicht 100 Prozent der Besitzanteile in Form von Aktien unter den Aktionären verteilt, sondern nur ein Teil der Aktien der Abteilung wird entweder unter den Aktionären der Muttergesellschaft verteilt oder auf dem Markt angeboten; die verbleibenden Aktien der Abteilung behält die Muttergesellschaft. Wenn beispielsweise die XYZ Corporation eine 20-prozentige Beteiligung an ihrer Dingsbums-Abteilung an die Aktionäre ausschüttet, werden 20 Prozent der umlaufenden Dingsbums-Aktien an der Börse gehandelt und 80 Prozent bleiben im Besitz von XYZ.

Ein Unternehmen kann für einen Teil-Spin-off verschiedene Gründe haben. Manchmal erscheint es attraktiv, einen Teil der Abteilung zu verkaufen und trotzdem das Management in der Hand zu behalten. Manchmal steht hinter einem partiellen Spin-off auch die Absicht, den Markt auf den wahren Wert einer bestimmten Abteilung aufmerksam zu machen. Es kann nämlich sein, dass dieser Wert zwischen den anderen Geschäftsbereichen des Mutterunternehmens untergeht und gewissermaßen verborgen liegt. Wenn es für die Abteilung einen separaten Aktienkurs gibt, können die Investoren sie unabhängig vom Rest bewerten. Außerdem erlaubt dies, die Manager der Abteilung entsprechend der Leistung der Abteilung zu entlohnen.

Die Erkundung von partiellen Spin-offs bringt einen zweifachen Nutzen. Erstens: Falls der partielle Spin-off direkt an die Aktionäre verteilt wird, sollten die neuen Aktien aus den gleichen Gründen eine gute Performance aufweisen wie bei einem hundertprozentigen Spin-off. Wenn die Beteiligung an der Abteilung hingegen direkt an die Allgemeinheit verkauft wird (in Form eines IPO, also einer Erstemission von Aktien), stehen die Chancen möglicherweise nicht ganz so gut. Das liegt daran, dass die Menschen, die die Erstemissionen zeichnen, keine Aktien bekommen, die sie nicht haben wollen. Ein Kursverlust aufgrund unüberlegter Verkäufe ist daher nicht zu erwarten.

Der zweite Nutzen hat eine andere Ursache. Hier können Sie mit Ihren Mathekenntnissen aus der ersten Klasse glänzen: Wenn die Aktie eines Teil-Spin-offs an der Börse gehandelt wird, hat der Markt die teilausgegliederte Abteilung bewertet. Wenn die Dingsbums-Abteilung von XYZ aus zehn Millionen Aktien besteht und zwei Millionen davon für 20 Dollar pro Stück auf dem Aktienmarkt verkauft werden, hält XYZ acht Millionen Dingsbums-Aktien mit einem Wert von 160 Millionen Dollar (acht Millionen Aktien mal den Aktienkurs von 20 Dollar – okay, das ist Rechnen zweite Klasse).

Und jetzt kommt die zweite Chance. Diese einfache Berechnung sagt Ihnen zwei Dinge: Dass Sie jetzt den Wert des 80-prozentigen Dingsbums-Anteils von XYZ kennen – 160 Millionen Dollar –, ist klar. Sie wissen dadurch aber auch, welchen Wert der Markt allen sonstigen Geschäftsbereichen von XYZ zumisst – den Marktwert von XYZ minus die 160 Millionen Dollar. Das geht so: Wenn XYZ einen Marktwert von 500 Millionen Dollar hat und seine 80-prozentige Dingsbums-Beteiligung 160 Millionen Dollar wert ist, folgt daraus, dass die restlichen Abteilungen von XYZ zusammen 340 Millionen Dollar wert sind. Und was bringt Ihnen diese banale Rechnung? Wollen doch mal sehen.

FALLSTUDIE

Der günstige Teil von Sears

Im September 1992 kündigte Sears den Verkauf 20-prozentiger Beteiligungen an zwei Tochtergesellschaften an. Die Unternehmensleitung von

Sears stand schon seit Jahren unter dem Druck, die Performance des Aktienkurses zu verbessern. Sears kam zu dem Schluss, dass der Wert zweier seiner Töchter – Dean Witter (einschließlich Discover) und Allstate Insurance – im Aktienkurs von Sears nicht angemessen zur Geltung kam. Was Dean Witter anging, gab Sears außerdem die Absicht bekannt, seinen eigenen 80-prozentigen Anteil zu einem späteren Zeitpunkt direkt an seine Aktionäre auszuschütten, irgendwann im Jahr 1993.

Wieso war das interessant? Vor dieser Bekanntgabe war Sears ein Konglomerat, das unter anderem Dean Witter, Allstate und die bekannte Kaufhauskette besaß. Es war kein Geheimnis, dass Sears diese Unternehmen schon seit Jahren besaß. Viele Analysten von der Wall Street beobachteten Sears. Wieso also war das auf einmal eine Investmentgelegenheit? Sears verkaufte beziehungsweise verteilte doch nur Geschäfte, die es schon lange besaß.

Die Antwort besteht darin, dass Sears damit nicht nur auf den Marktwert von Dean Witter und Allstate aufmerksam machte, indem es deren Aktien auf den Markt brachte – es enthüllte damit noch etwas anderes. Man konnte nämlich den Wert des restlichen Unternehmens Sears – vor allem der Kaufhauskette – berechnen, indem man den Wert der bei Sears verbleibenden Anteile an Dean Witter und Allstate von dem Marktwert des Gesamtunternehmens Sears abzog. Gutes Geschäft? Sehr gutes Geschäft! Wir werden gleich sehen, warum.

Im Februar verkaufte Sears 20 Prozent von Dean Witter und das Unternehmen hatte die Absicht, die verbleibende Beteiligung von 80 Prozent in den nächsten Monaten in Form eines Spin-offs unter seinen Aktionären aufzuteilen. Anfang Juni verkaufte Sears 20 Prozent von Allstate für 27 Dollar pro Aktie. Anfang Juli, kurz vor der Verteilung der restlichen Dean-Witter-Anteile, standen die Dinge folgendermaßen: Die Aktie von Dean Witter kostete etwa 37 Dollar, Allstate rund 29 Dollar und die Sears-Aktie stand bei 54 Dollar.

Die Rechnung sah so aus: Sears hatte angekündigt, es werde die verbleibenden 80 Prozent von Dean Witter verteilen. In der Ankündigung wurde erklärt, dass die Aktionäre auf 100 Sears-Aktien 40 Aktien von Dean Witter bekommen sollten (Sears schüttete 136 Millionen Aktien von Dean Witter aus und hatte selbst etwa 340 Millionen umlaufende Aktien – das Aufteilungsverhältnis betrug also 136/340 oder einfacher ausgedrückt 0,4). Somit würde jeder Sears-Aktionär Mitte Juli auf jede Sears-Aktie einen Aktienanteil an Dean Witter bekommen, der ungefähr 0,4 (das angekündigte Aufteilungsverhältnis) mal 37 Dollar (der Handelspreis der Dean-Witter-Aktie) wert sein würde, also rund 15 Dollar.

Da Sears vor dieser Aufteilung für 54 Dollar pro Aktie gehandelt wurde, ergab sich für den Rest des Unternehmens ein Wert von 39 Dollar pro Aktie. Aber was war dieser Rest? Das waren vor allem die verbleibende 80-prozentige Beteiligung an Allstate, die Kaufhäuser im In- und Ausland und diverse Immobiliengesellschaften (unter anderem Coldwell Banker). Und wir erfuhren noch etwas anderes, nämlich wie viel der 80-prozentige Anteil von Sears an Allstate wert war.

Sears besaß ungefähr 340 Millionen Aktien von Allstar und zufällig liefen auch rund 340 Millionen Aktien von Sears um. Das heißt, wenn man eine Aktie von Sears besaß, hatte man indirekt auch eine Aktie von Allstate. Da Allstate rund 29 Dollar kostete, bekam man also für zehn Dollar (39 Dollar Netto-Aktienkurs abzüglich 29 Dollar für die Allstate-Beteiligung) das Kaufhausgeschäft von Sears im In- und Ausland und das Immobiliengeschäft. Ob das ein Schnäppchen war?

Der renommierte Fondsmanager Michael Price dachte das jedenfalls. In einem Barron's-Interview (5. Juli 1993) erklärte er die Angelegenheit ganz offen:

„Diese 54 Dollar pro Aktie beinhalten eine Aktie von Allstate, die 28 Dollar kostet. Bleiben also 26 Dollar. Dann bekommt man noch das 0,4-Fache einer Aktie von Dean Witter, die bei 15 Dollar steht, bleiben also zehn oder elf Dollar. Dann entfallen zwei oder drei Dollar auf Sears

Mexiko und Sears Kanada. Bleiben also acht Dollar. Coldwell Banker ist zwei bis drei Dollar pro Aktie wert. Bleiben für das Einzelhandelsgeschäft also fünf Dollar pro Aktie oder insgesamt rund 1,5 Milliarden Dollar – bei einem Jahresumsatz von 27 Milliarden. Das neue Management scheint sehr zielstrebig zu sein. Sears ist eine fast schuldenfreie Einzelhandelskette mit enormen Immobilienchancen."

Ich habe Ihnen ja schon gesagt, dass ich mich nicht gern anstrenge, um ein Investment zu begreifen. Eine kurze Überprüfung zeigte, dass Price recht hatte. Sears war billig. Aus den 27 Milliarden Dollar Umsatz und der Anzahl der umlaufenden Aktien von 340 Millionen ergab sich ein Umsatz von 79 Dollar pro Aktie. Wenn man diesen Umsatz für fünf Dollar pro Aktie kaufen konnte (und das weitgehend schuldenfrei), entsprach der Aktienpreis lediglich gut sechs Prozent des Umsatzes (5 durch 79). Ein kurzer Blick auf das Vergleichsunternehmen J. C. Penney zeigte, dass rund 78 Dollar Umsatz pro Aktie zum Preis von 44 Dollar zu haben waren – also für 56 Prozent des Umsatzes. Natürlich gibt es noch viele andere Kennzahlen für den relativen Wert (zum Beispiel den Gewinn), aber alle deuteten darauf hin, dass man das inländische Einzelhandelsgeschäft von Sears zu einem unglaublich günstigen Preis kaufen konnte.

Nebenbei gesagt: Ich bin zwar sehr dafür, dass man die Arbeit möglichst selbst macht, aber das heißt nicht unbedingt, dass ich etwas dagegen hätte, die Ideen anderer Leute zu „klauen". Die Welt ist groß. Man kann nicht alles selbst beobachten. Das heißt, wenn Sie etwas über eine Investmentsituation lesen, die in eine der Kategorien fällt, über die ich in diesem Buch berichte, kann sich genaueres Hinsehen durchaus lohnen. Wenn die Situation zwingend logisch erscheint oder wenn die Empfehlung von einem wirklich zuverlässigen Experten stammt (Namen nenne ich später), kann „klauen" eine lohnenswerte Aktion sein.

Natürlich bezieht sich „klauen" nur auf eine Idee (technisch und ohne Gewaltanwendung) und man muss die entsprechenden Hausaufgaben leider trotzdem noch selbst machen. Im Falle von Sears gab es das erwähnte Interview mit Price in *Barron's* und ein ähnliches Interview der Zeitschrift *Fortune* mit ihm Mitte Juni. Das heißt, selbst wenn Sie die monatelange Berichterstattung über die Sears-Spin-offs in der Finanzpresse nicht verfolgt hätten – oder wenn Sie die Geschichte zwar verfolgt, aber nicht selbst gerechnet hätten –, dann hätten Sie trotzdem zwei leicht zugängliche Chancen gehabt, eine gute Idee zu kapern. Wenn man weiß, nach welchen besonderen Situationen man suchen muss – zum Beispiel nach partiellen Spin-offs –, findet man sie relativ leicht.

Das Geschäft mit der Sears-Aktie hat gut geklappt (zu den Verlierern kommen wir noch ... später). Nach der Verteilung der Dean-Witter-Beteiligung stiegen die 39 Dollar Rest-Investment in Sears in den nächsten Monaten um 50 Prozent. Allstate stieg im gleichen Zeitraum nur von 29 auf 33 Dollar. Offensichtlich nahm der Markt jetzt endlich von dem Wert der sonstigen Vermögenswerte von Sears Notiz.

(Für Fortgeschrittene: Ja, es war auch möglich, gleichzeitig Sears-Aktien zu kaufen und Allstate-Aktien zu shorten, damit man nur den Anteil von Sears kaufte, der eindeutig im Sonderangebot war. Ein solches Vorgehen kann in manchen Fällen klug sein, vor allem wenn der Wert des preiswerten Teils – eine Kaufhauskette für fünf Dollar pro Aktie – nur einen kleinen Teil des Kaufpreises darstellt, in diesem Fall nach der Dean-Witter-Ausschüttung 39 Dollar. Allerdings war in diesem Fall die Diskrepanz zwischen dem Schnäppchenpreis für die Kaufhausabteilung und ihrem wahren Wert derart riesig, dass solche ausgefuchsten Taktiken gar nicht nötig waren.)

Insider-Tipps zum Selberbauen

Insider. Ich habe bestimmt schon erwähnt, dass ein Blick auf die Aktivitäten der Insider eine gute Möglichkeit ist, attraktive Spin-off-Gelegenheiten zu finden (okay, vielleicht habe ich Sie damit eher vollgequatscht). Dahinter steht der Gedanke, dass Insider mit vielen

Aktien oder Bezugsrechten im Grunde die gleichen Interessen haben wie die Aktionäre. Aber wussten Sie schon, dass Insider manchmal auch etwas davon haben können, dass ein Spin-off zu einem niedrigen Preis gehandelt wird? Wussten Sie schon, dass die Insider manchmal etwas davon haben, wenn Sie die Aktien eines neuen Spin-offs nicht kaufen? Wussten Sie, dass es Ihnen große Vorteile bringen kann, solche Situationen zu erkennen? Nun, das ist alles wahr.

Spin-offs sind eigenartige Tiere. Im Normalfall, also wenn ein Unternehmen zum ersten Mal Aktien an der Börse verkauft, finden vorher ausführliche Verhandlungen statt. Das Emissionshaus (die Investmentfirma, die das Unternehmen an die Börse bringt) und die Besitzer des Unternehmens verhandeln über den Preis, zu dem die Aktie zum ersten Mal verkauft werden soll. Die Preisgestaltung basiert zwar auf Marktfaktoren, aber in den meisten Fällen gehört dazu auch ein großer subjektiver Anteil. Die Besitzer des Unternehmens wollen die Aktie möglichst teuer verkaufen, damit sie möglichst viel Geld erlösen. Das Emissionshaus bevorzugt gewöhnlich einen niedrigeren Preis, damit die Investoren, die die Emission zeichnen, einen gewissen Gewinn erzielen können (denn dann können sie den nächsten Börsengang, den sie organisieren, besser verkaufen). Auf jeden Fall finden harte Verhandlungen statt und es wird ein Preis bestimmt. Im Falle eines Spin-offs gibt es solche Diskussionen nicht.

Die Aktien eines Spin-offs werden einfach direkt an die Aktionäre des Mutterunternehmens verteilt und die Preisbildung wird den Marktkräften überlassen. Häufig richtet sich die Vergütung der Spin-off-Manager in Form von Aktienbezugsrechten nach dem ersten Marktpreis des Spin-offs. Je niedriger der Preis für das ausgegliederte Unternehmen, umso niedriger wird der Ausübungspreis für die Bezugsrechte angesetzt (wenn ein Spin-off einen Anfangspreis von fünf Dollar erzielt, erhalten die Manager das Recht, Aktien für fünf Dollar zu kaufen; würde die Spin-off-Gesellschaft einen Anfangspreis von acht Dollar erzielen, müssten die Manager für ihre Aktien acht Dollar bezahlen). In solchen

Fällen ist es für die Manager besser, erst dann das Interesse an der Spin-off-Aktie zu fördern, wenn der Markt schon einen Preis festgelegt hat – und nicht vorher.

Das heißt, bevor der Ausübungspreis für die Bezugsrechte der Insider feststeht, sollte man nicht mit optimistischen Äußerungen und Präsentationen rechnen. Dieser Zeitpunkt kann einen Tag nach Handelseröffnung sein, eine Woche danach, einen Monat danach oder noch später. Wenn sich die Unternehmensleitung über die Vorzüge eines neuen Spin-offs ausschweigt, muss das also kein schlechtes Zeichen sein; manchmal ist Schweigen in solchen Fällen sogar Gold. Wenn Sie sich für ein bestimmtes Spin-off interessieren, kann es sich lohnen, in den SEC-Dokumenten nachzusehen, wann der Ausübungspreis für die Bezugsrechte der Manager festgelegt wird. Wenn die Optionspakete der Manager von beträchtlicher Größe sind, ist es wohl eine gute Idee, einen Teil seiner Aktienposition schon aufzubauen, bevor das Management den Anreiz bekommt, die Aktie des neuen Spin-offs anzupreisen. Letztlich spielen Management und Aktionäre in der gleichen Mannschaft, aber es ist oft nützlich zu wissen, wann das Spiel überhaupt beginnt.

Es gibt in der Welt des Investments nur wenige Bereiche, in denen das Management eine derart einseitige Kontrolle über die Schaffung einer neuen Aktiengesellschaft hat. Aufgrund dieser einmaligen Eigenart lohnt es sich besonders, die Handlungen und Motive der Manager in Spin-off-Situationen zu analysieren. Da alle Aktionäre des Mutterunternehmens entweder einfach Aktien des Spin-offs erhalten oder das gleiche Recht haben, Aktien des Spin-offs zu kaufen, stellt sich bei der Aufteilung der Vermögenswerte und der Verbindlichkeiten zwischen Mutter und Spin-off kaum die Frage der Fairness. Trotzdem können die Manager die Tatsache, dass sie bei der Festlegung der Struktur und der Bedingung eines Spin-offs relativ freie Hand haben, zu ihrem Vorteil nutzen. Wenn Sie auf die Motive der Unternehmensleitung und anderer Insider achten, können Sie die Insidervorteile natürlich in eigene Vorteile verwandeln. Das gilt ganz besonders für die nächste Ausgliederungsmethode, die wir analysieren.

RECHTE AUSÜBEN, UND ZWAR ALLE!

Gelegentlich verteilt ein Mutterunternehmen die Aktien eines Spin-offs nicht einfach unter den Aktionären, sondern es gibt seinen Aktionären das Recht, Aktien eines Tochterunternehmens oder einer Abteilung zu kaufen. Eine der Möglichkeiten, dies zu bewerkstelligen, ist eine sogenannte Bezugsrechtsemission oder Bezugsrechtsausgabe. Die meisten Bezugsrechtsemissionen, jedenfalls die Art, die den meisten Investoren vertraut ist, haben nichts mit Spin-offs zu tun. Aber den seltenen Fällen, in denen ein Spin-off mittels einer Bezugsrechtsausgabe umgesetzt wird, sollte man besondere Aufmerksamkeit schenken. Weshalb? Also wirklich – das sollten Sie jetzt eigentlich schon wissen! (Okay, schon gut: Weil man damit viel Geld verdienen kann.)

Normalerweise benutzen Unternehmen Bezugsrechtsemissionen zur Beschaffung zusätzlichen Kapitals. Im Normalfall werden Bezugsrechte an die derzeitigen Aktionäre des Unternehmens verteilt. Diese Bezugsrechte erlauben es den Aktionären, gegen Geld oder Wertpapiere weitere Aktien des Unternehmens zu kaufen (gewöhnlich unter dem aktuellen Marktpreis). Indem die Gesellschaft allen Aktionären das Recht (nicht aber die Pflicht) gibt, günstige Aktien nachzukaufen, kann sie sich das benötigte Kapital beschaffen und gibt allen Aktionären die gleiche Chance, neu emittierte Aktien zu kaufen. Wenn sich die derzeitigen Aktionäre dafür entscheiden, ihre Bezugsrechte durch den Kauf zusätzlicher Aktien auszuüben, wird ihre Beteiligung an dem Unternehmen durch den Verkauf preiswerter Aktien durch das Unternehmen nicht verwässert. Und wenn sich die Aktionäre gegen den Kauf der neuen Aktien entscheiden, können sie die empfangenen Bezugsrechte häufig verkaufen und auf diese Weise ebenfalls von dem günstigen Preis profitieren. Rechte, die weder ausgeübt noch verkauft werden, verfallen nach einem festgelegten Zeitraum.

Zu ihrem Leidwesen sind auch die Besitzer von Geschlossenen Fonds mit dem Verfahren der Bezugsrechtsemission vertraut. Geschlossene Aktien- oder Anleihefonds sind im Grunde Investmentfonds, aber die Anzahl der Fondsanteile ist festgelegt (zum Beispiel werden 20 Millionen Anteile zu zehn Dollar emittiert und dann genauso gekauft und verkauft wie Stammaktien). Ein Geschlossener Fonds kann sein Kapital (und damit auch die Beratungsgebühren für den Fondsmanager) unter anderem dadurch erhöhen, dass er mittels Bezugsrechtsemission zusätzliche Anteile ausgibt. Von dieser Art Bezugsrechtsemission hat im Allgemeinen ausschließlich der Manager des Geschlossenen Fonds einen Vorteil.

Aber kommen wir lieber zu der guten Nachricht. Was Spin-offs angeht, können Bezugsrechtsemissionen für unternehmungslustige Anleger wie Sie außergewöhnliche Chancen darstellen. Bezugsrechtsemissionen sind eher obskure und zudem häufig verwirrende Angelegenheiten. Bedenkt man dazu noch die Nachlässigkeit und das Desinteresse, das die meisten institutionellen Anleger Spin-offs entgegenbringen, ergibt sich eine explosive Mischung. Normalerweise verteilt das Mutterunternehmen an seine Aktionäre einfach (kostenlos) Bezugsrechte, die ihnen das Recht geben, Aktien des Spin-offs zu kaufen. Sie können dann während der nächsten 30 oder 60 Tage Aktien des Spin-offs für einen festgelegten Preis in Dollar oder für eine festgelegte Menge anderer Wertpapiere kaufen. Gewöhnlich sind diese Bezugsrechte übertragbar, sodass Aktionäre, die keine Spin-off-Aktien kaufen wollen, ihre Rechte auf dem freien Markt verkaufen können; dadurch können sich auch Investoren, die keine Aktien des Mutterunternehmens besitzen, an der Bezugsrechtsemission beteiligen, indem sie die Bezugsrechte auf dem freien Markt kaufen.

Der zeitliche Ablauf, die Bedingungen und die Einzelheiten von Bezugsrechtsemissionen sind unterschiedlich. Wichtig ist dabei Folgendes: Wenn Sie etwas davon lesen, dass ein Spin-off mittels Bezugsrechtsemission abgewickelt werden soll, lassen Sie alles andere stehen und liegen und sehen Sie sich die Sache genauer an (keine Angst, das kommt eher selten vor). Wenn Sie das tun, begeben Sie sich bereits in eine (wenn auch merkwürdige) Elitegruppe, aber vor allen Dingen richten Sie dadurch Ihre Bemühungen auf einen Bereich, der noch lukrativere Chancen als gewöhnliche Spin-offs bereithält. Sie brauchen dafür auch keinen großen Aufwand zu treiben. Sie brauchen nicht gleich knietief in die Verwicklungen einer konkreten Situation hineinzuwaten, denn schon eine kurze Prüfung von ein paar oberflächlichen Aspekten der Bezugsrechtsemission sowie der Motive der Insider wird Sie entweder so begeistern, dass Sie gern weiterforschen, oder Sie sehen gleich, dass Sie Ihre Zeit an anderer Stelle sinnvoller nutzen können.

Aber wieso bietet die Kombination aus Spin-off und Bezugsrechtsemission so große Gewinnchancen? Schließlich fehlt ja hier das Schnäppchenelement eines Standard-Spin-offs – der wahllose Verkauf von Spin-off-Aktien durch die Aktionäre des Mutterunternehmens. Eigentlich findet bei einer Bezugsrechtsemission sogar das Gegenteil statt. Die Aktionäre, die ihr Recht zum Aktienkauf ausüben, entscheiden sich damit ausdrücklich für den Erwerb der neuen Spin-off-Gesellschaft. Und auch der Schnäppchenaspekt einer normalen Bezugsrechtsemission entfällt in dieser Situation. Im Gegensatz zu einer gewöhnlichen Bezugsrechtsemission garantieren die Bezugsrechte in dieser Situation nämlich keinen günstigeren Preis. Das liegt daran, dass zum Zeitpunkt der Emission noch nicht bekannt ist, ob der Spin-off über oder unter dem Preis gehandelt werden wird, der im Rahmen der Bezugsrechtsemission festgelegt wurde. Wo also kommt die Gewinnchance her?

Die Antwort liegt im Charakter von Bezugsrechtsemissionen. Wenn das Mutterunternehmen die Aktie eines neuen Spin-offs in Form einer Bezugsrechtsemission verkauft, hat es sich per definitionem gegen andere Alternativen entschieden. Zu diesen Alternativen gehören der

Verkauf der betreffenden Geschäftsbereiche an ein anderes Unternehmen und der Verkauf an die breite Öffentlichkeit in Form einer Erstemission von Aktien – und in beiden Fällen müssten die Direktoren des Mutterunternehmens als Treuhänder den höchstmöglichen Verkaufspreis für die Vermögenswerte des Spin-offs anstreben. Wenn jedoch das Mutterunternehmen den Verkauf des Spin-offs in Form einer Bezugsrechtsemission abwickelt, besteht keine Veranlassung, einen möglichst hohen Preis anzustreben. Die Beschränkung des ersten Käuferkreises auf die Aktionäre des Mutterunternehmens und auf Investoren, die Bezugsrechte am freien Markt kaufen, ist normalerweise wirklich nicht der beste Weg, den größtmöglichen Erlös aus dem Verkauf des Spin-offs zu ziehen. Aber da die Bezugsrechtsemission allen Aktionären der Muttergesellschaft die gleiche Chance auf den Kauf von Spin-off-Aktien bietet, werden alle Aktionäre zumindest gleich und gerecht behandelt, auch wenn die Spin-off-Gesellschaft zum Angebotspreis verkauft wird.

Zwar werden Spin-offs im Rahmen von Bezugsrechtsemissionen tendenziell zu attraktiven Preisen angeboten (zur Beachtung: Investoren, die Bezugsrechte am freien Markt kaufen, müssen den Preis des Bezugsrechts zu dem Preis der Emission addieren, wenn sie ihre Gesamtkosten kalkulieren), aber aus der Struktur einer Bezugsrechtsemission kann man interessante Hinweise ableiten. Ein verräterisches Anzeichen für ein Schnäppchenangebot ist die Möglichkeit der Überzeichnung. Das Überzeichnungsrecht gibt Investoren, die im Rahmen der Bezugsrechtsemission Spin-off-Aktien kaufen, das Recht, weitere Spin-off-Aktien zu kaufen, wenn die Emission nicht vollständig gezeichnet wird. Da Bezugsrechte eher unter Ausschluss der breiten Öffentlichkeit emittiert werden, weil sie zusätzliche Überlegungen erfordern und weil sie normalerweise für kleinere Geldbeträge illiquide gehandelt werden (jedenfalls im Vergleich zum Wert der Muttergesellschaft), kommt es oft vor, dass die Bezugsrechtsinhaber ihre Rechte weder ausüben noch verkaufen. Wenn beispielsweise Bezugsrechte für drei Millionen Aktien ausgegeben werden, aber die Rechte auf eine Million Aktien ungenutzt verfallen, können diejenigen Aktionäre, die im Zuge der Emission Aktien gekauft haben, dank des Überzeichnungsrechts die restliche Million Aktien anteilsmäßig nachkaufen.

Insider, die ihre Beteiligung an einem neuen Spin-off-Unternehmen preisgünstig erhöhen wollen, können dies tun, indem sie bei der Bezugsrechtsemission Überzeichnungsprivilegien einräumen. In manchen Fällen sind die Insider dann verpflichtet, ihre Überzeichnungsabsicht in den SEC-Unterlagen offenzulegen. Die Konsequenzen einer solchen Offenbarung liegen auf der Hand. Und bedenken Sie noch einen Punkt: Wenn die Möglichkeit der Überzeichnung besteht, gilt Folgendes: Je weniger die Bezugsrechtsemission publik gemacht wird (und je preiswerter die Bezugsrechte gehandelt werden), desto weniger wahrscheinlich ist es, dass Rechteinhaber Aktien kaufen, und desto mehr Chancen haben Insider und wagemutige Investoren, Spin-off-Aktien zum Schnäppchenpreis aufzulesen.

Wir wollen noch andere Möglichkeiten betrachten, wie man dank Bezugsrechtsoptionen aus Spin-off-Transaktionen große Gewinne ziehen kann, aber noch wichtiger ist es, dass man sich ein einfaches Konzept merkt: Egal wie eine Transaktion strukturiert ist, wenn man herausfindet, was die Insider davon haben, dann hat man den wichtigsten Schlüssel zur Auswahl der besten Spin-off-Chancen. Im nächsten Beispiel – einer der kompliziertesten und lukrativsten Spin-off-Transaktionen aller Zeiten – war der genaue Blick auf die Insider praktisch die einzige Möglichkeit herauszufinden, was wirklich vor sich ging.

Tatsächlich war dieser Spin-off derart komplex und so wenig einladend strukturiert, dass ich mich fragte, ob die Insider das wirklich so geplant hatten. Normalerweise versuche ich ja, schwer durchschaubare Investmentsituationen zu meiden, aber in diesem Fall gab es einen guten Grund, eine Ausnahme zu machen. Nachdem ich festgestellt hatte, dass die Insider allen Grund hatten zu hoffen, dass ich keine Aktien des neuen Spin-offs kaufen würde, hatte ich allen Grund, Zeit und Mühe zu investieren und zu begreifen, was da vor sich ging.

Die beschriebene Situation dürfte für die meisten Anleger zu komplex sein, aber darum geht es gar nicht. Selbst die Experten versagten hier. Das Einzige, was Sie daraus mitnehmen sollten, ist Folgendes: Vergessen Sie nicht, die Motive der Insider zu überprüfen. Diese Botschaft sollte klar und deutlich bei Ihnen ankommen. Dann schauen wir mal, wie man so richtig Geld verdient.

FALLSTUDIE

Liberty Media / Tele-Communications

Frage: Wie verdient man in weniger als zwei Jahren eine halbe Milliarde Dollar?

Antwort: Fangen Sie mit 50 Millionen Dollar an und fragen Sie John Malone. Der hat das gemacht.

John Malone, der Vorstandsvorsitzende von Tele-Communications, nutzte das Spin-off-Verfahren, um eine Situation zu schaffen, die sich als eine der großartigsten Spin-off-Gelegenheiten aller Zeiten erwies. Jeder, der sich an der Bezugsrechtsemission für Liberty Media, einem Spin-off von Tele-Communications, beteiligte, verdiente in weniger als zwei Jahren das Zehnfache seiner anfänglichen Investition. Obwohl alle Aktionäre des Mutterunternehmens Tele-Communications (TCI) die gleiche Chance hatten, sich an der Bezugsrechtsemission zu beteiligen (und obwohl alle Welt Bezugsrechte kaufen konnte), war diese Emission so geschickt gestaltet, dass sie einerseits den Teilnehmern größtmögliche Gewinnchancen bot, aber andererseits die meisten Investoren davon abbrachte, ihre Chance zu nutzen.

Das *Wall Street Journal* berichtete ausführlich über den gesamten Spin-off (viel davon auf der Titelseite), aber fast die gesamte Investment Community verpasste diese Chance, ein schnelles Vermögen zu verdienen. Wenn das nächste Mal eine Gelegenheit wie diese anrollt, rauschen hoffentlich wieder alle daran vorbei – alle außer Ihnen natürlich.

Die ganze Angelegenheit begann im Januar 1990. Tele-Communications, der größte Kabelnetzbetreiber des Landes, gab seine vorläufige Absicht bekannt, seine Programm-Vermögenswerte (wie QVC und den Family Channel) und seine Minderheitsbeteiligungen an anderen Kabelbetreibern auszugliedern – im geschätzten Wert von fast drei Milliarden Dollar. Diese Ankündigung war die Reaktion auf den fortgesetzten Druck aus Washington, den Einfluss der großen Kabelnetzbetreiber, und insbesondere Tele-Communications, auf die Kabelbranche zu verringern. Tele-Communications war unter der Führung von Malone zu einem regelrechten Moloch geworden, der seine beträchtliche Macht unter anderem ausnutzte, um zu diktieren, welche Programmanbieter zu welchen Bedingungen Sendungen über sein Netz übertragen durften. Aufgrund seiner Größe (fast 25 Prozent aller Haushalte mit Kabelanschluss) konnte TCI in vielen Fällen über das Schicksal neuer Kabelprogramme entscheiden und in manchen Fällen konnte es dank seiner Macht Beteiligungen an den neuen Kanälen erwerben. Als Reaktion auf die straffe Kontrolle, die Malone mutmaßlich über die Branche ausübte, wurde in Washington unter anderem über gesetzliche Regelungen diskutiert, die die Beteiligung von Kabelnetzbetreibern an Programmanbietern beschränkten.

Mit dem Spin-off war die ausdrückliche Hoffnung verbunden, dass Washington den Druck lockern und dass Tele-Communications durch die Trennung von Programm und Kabel flexibler werden könnte. Der dritte Grund, der für den Spin-off angegeben wurde, war eher typisch – Shareholder Value. Man hoffte, durch den Spin-off würde der Wert der Beteiligungen an Programmanbietern und der Minderheitsbeteiligungen an anderen Netzbetreibern deutlicher hervortreten. Man dachte, diese Beteiligungen würden im umfangreichen Portfolio von TCI untergehen.

Im März 1990 berichtete das *Wall Street Journal* von einer neuen Entwicklung. Anstatt einen normalen Spin-off zu organisieren hatte sich Tele-Communications dazu entschlossen, seine Programm- und Kabelbeteiligungen in Form einer Bezugsrechtsemission auszugliedern. Die Aktionäre sollten Bezugsrechte bekommen, die sie berechtigten, einen Teil ihrer TCI-Aktien gegen Aktien des neuen Unternehmens einzutauschen. Der Grund für die Wahl der Bezugsrechtsemission waren steuerliche Ersparnisse (wenn eine Bezugsrechtsemission korrekt strukturiert ist, müssen die Aktionäre nur den Wert der empfangenen Rechte versteuern).

Außerdem wurde im Zuge der Ankündigung im März noch etwas offenbart: Der Spin-off würde nicht annähernd so groß ausfallen wie ursprünglich angekündigt. TCI hatte jetzt nicht mehr vor, seine Beteiligung an Turner Broadcasting im Wert von einer Milliarde Dollar auszugliedern. Und im Oktober 1990, kurz vor Einreichung der vorläufigen Unterlagen bei der SEC, wurde die Ausschüttung des 50-prozentigen Anteils an Discovery Channel vom Tisch genommen. Der Wert des künftigen Spin-off-Unternehmens betrug nun deutlich weniger als die Hälfte der anfänglichen Erwartungen. Aus den SEC-Dokumenten, die im November 1990 eingereicht und im Januar 1991 revidiert wurden, ging schließlich hervor, dass sich die Vermögenswerte, die in die neue Gesellschaft Liberty Media ausgegliedert werden sollten, nur noch auf rund 600 Millionen Dollar beliefen. Da die Marktkapitalisierung von TCI insgesamt 15 Milliarden Dollar betrug (rund sechs Milliarden in Aktien und etwa neun Milliarden in Schuldpapieren), stellte der Liberty-Spin-off im Verhältnis zu der Größe des Unternehmens Tele-Communications nur einen Tropfen auf den heißen Stein dar. Mit anderen Worten würde Liberty Media für die meisten institutionellen Anleger nur ein unwichtiger Nebenschauplatz werden (und für unsereinen vielleicht eine klassische Spin-off-Gelegenheit).

Laut Zeitungsberichten vom Januar 1991 sollte das Vermögensportfolio von Liberty Media Minderheitsbeteiligungen an 14 Kabelgesellschaften mit 1,6 Millionen Abonnenten sowie Beteiligungen an 26 weiteren Unternehmen beinhalten, unter anderem an elf regionalen Sportsendern, und Minderheitsbeteiligungen an The Family Channel, American Movie Classics, Black Entertainment Television und QVC Shopping Network. Tele-Communications schätzte den Wert dieser Vermögenswerte auf ungefähr 600 Millionen Dollar, die sich mehr oder weniger gleichmäßig auf Kabel- und Senderbeteiligungen verteilten. Das *Wall Street Journal* berichtete: „Liberty wird ein viel kleineres Unternehmen, als mancher erwartet hatte, und es werden nur rund zwei Millionen Aktien ausgegeben. Tele-Communications hat – vollständig verwässert – rund 415 Millionen umlaufende Aktien." Laut dem *Journal* bezeichneten Analysten den fast 400-seitigen Emissionsprospekt als „eine der komplexesten Transaktionen dieser Art" und als verwirrend für die Anleger. Da TCIs Beteiligungen an Turner Broadcasting und an Discovery Channel ausgeschlossen waren, fanden manche Analysten: „Liberty könnte als weniger attraktives Investment wahrgenommen werden." Und weiter hieß es im *Journal*: „Liberty vermeldet für die neun Monate bis zum 30. September 1990 einen Pro-Forma-Verlust von 20,4 Millionen Dollar, nachdem Dividenden auf Vorzugsaktien ausgeschüttet werden mussten, und einen Verlust pro Aktie von 9,77 Dollar."

Das Bild von Liberty, das für die meisten Investoren gezeichnet wurde, rief also nicht unbedingt: „Kommt rein, das Wasser ist wunderbar!" Falls diese grundsätzliche Beschreibung noch nicht abschreckend genug war – es kam noch einiges mehr. Die Aktionäre von Tele-Communications sollten für je 200 Aktien ein übertragbares Bezugsrecht bekommen. Ein Bezugsrecht zuzüglich 16 Aktien von Tele-Communications konnte dann gegen eine Aktie von Liberty Media eingetauscht werden (die Bezugsrechte verfielen nach 30 Tagen). Bei einem TCI-Aktienkurs von 16 Dollar ergab sich so für Liberty Media ein Kaufpreis von 256 Dollar pro Aktie (16 TCI-Aktien zu 16 Dollar). Da wie gesagt 415 Millionen voll verwässerte TCI-Aktien umliefen, ergab sich durch die Ausschüttung eines Bezugsrechts (für den Kauf einer Liberty-Aktie) pro 200 TCI-Aktien die Ausgabe von rund 2,1 Millionen Liberty-Media-Aktien.

Für eine Institution, die Aktien eines Unternehmens mit mehr als 400 Millionen besitzt, wäre eine Aktie mit einer Kapitalisierung von nur zwei Millionen Aktien im Allgemeinen nicht nur riskant und unpassend, sondern auch definitiv zu illiquide, um in das Portfolio aufgenommen zu werden. Auch ein Preis über 250 Dollar gilt als sehr lästig. Nur sehr wenige Institutionen würden bereit sein, eine sehr liquide Aktie mit 400 Millionen umlaufenden Stücken gegen eine kleine Anzahl sehr illiquider Aktien einzutauschen. Die Durchsuchung der SEC-Unterlagen nach einer Erklärung für den Wunsch, nur zwei Millionen Liberty-Aktien für 256 Dollar auszugeben – statt der üblicheren Menge von 20 Millionen Aktien zu rund 26 Dollar oder 40 Millionen Aktien zu rund 13 Dollar –, brachte folgende Aussage zutage: „Das Tauschverhältnis, in dem [Liberty-]Aktien im Austausch gegen [TCI-] Aktien ausgegeben werden, wurde ausschließlich deshalb gewählt, weil die Anzahl der anfänglichen [Liberty-]Aktien auf rund zwei Millionen beschränkt werden sollte. Das Tauschverhältnis soll nichts über den Wert der [Liberty-]Papiere aussagen." Meine Übersetzung: „Wir haben uns für zwei Millionen Aktien entschieden, weil die Liberty-Aktie in den Augen der TCI-Aktionäre unattraktiv erscheinen soll."

Warum ich das sage? Welchen Vorteil bringt es wohl Liberty Media, unattraktiv zu erscheinen? Zunächst einmal war die Bezugsrechtsemission so strukturiert, dass die Anzahl der Liberty-Aktien der Anzahl der ausgeübten Bezugsrechte entsprach. Anders gesagt, wenn nur eine Million Rechte zum Kauf von Liberty ausgeübt würden, dann wurden auch nur eine Million Liberty-Aktien ausgegeben – und nicht die theoretische Höchstmenge von zwei Millionen, die zustande käme, wenn alle TCI-Aktionäre ihre Bezugsrechte ausüben würden. Der

Verkauf von einer Million Aktien gegen TCI-Aktien im Wert von 256 Dollar würde Liberty Media somit einen Gesamtwert von 256 Millionen geben (statt der potenziellen 512 Millionen beim Verkauf aller Aktien). Da Liberty trotzdem die gleichen Vermögenswerte besitzen würde – egal ob eine Million oder zwei Millionen Aktien ausgegeben wurden –, konnte es jedem, der in erster Linie an dem Kursgewinnpotenzial von Liberty interessiert war, ja nur recht sein, dass sich dieses Potenzial auf weniger Aktien verteilte.

Und der Deal beinhaltete noch einen weiteren Kniff. Etwaige Stammaktien (Aktien, die jegliche Wertsteigerung von Liberty Media mitmachen), die nicht im Zuge der Bezugsrechtsemission gekauft wurden, sollten durch Vorzugsaktien ersetzt werden, die Tele-Communications gehören würden. Da TCI wie gesagt die gleichen Vermögenswerte auf Liberty übertragen würde – unabhängig davon, ob Liberty-Aktien im Wert von 250 oder von 500 Millionen verkauft wurden –, würden die fehlenden 250 Millionen Dollar durch die Ausgabe von Vorzugsaktien im Wert von 250 Millionen Dollar an TCI wettgemacht. Je weniger Aktionäre sich an der Bezugsrechtsemission von Liberty beteiligten, umso größer war die Leverage für das Gewinnpotenzial der Liberty-Aktie. Und was noch besser war: Die Leverage des Gewinnpotenzials würde nicht durch die Ausgabe von Schuldpapieren erreicht werden, sondern durch die Ausgabe kostengünstiger Vorzugsaktien. Da für die Vorzugsaktien 15 Jahre lang keine Barzahlungen anfielen, da sie nur mit sechs Prozent verzinst waren und da sie einen fixen Rücknahmepreis hatten (also kein Gewinnpotenzial), war das eindeutig eine attraktive Möglichkeit, den Nutzen des Leverage-Hebels für die Stammaktien von Liberty Media zu erzielen – ohne die Risiken einzugehen, die mit der Aufnahme von Schulden verbunden sind.

Und was taten die Insider von TCI inmitten dieser Konfusion? Auf jeden Fall gaben sie keine kostenlosen Ratschläge. Das *Wall Street Journal* schrieb: „Die beiden Topmanager von Tele-Communications, der Aufsichtsratsvorsitzende Bob Magness und der Vorstandsvorsitzende John Malone, teilten dem Unternehmen mit, sie hätten derzeit die Absicht, mindestens 50 Prozent ihrer Tauschrechte auszuüben." Das war nicht gerade eine stürmische Unterstützung, aber wenn man etwas näher hinsah, fand man hilfreiche Hinweise.

In dem Prospekt, der für die Bezugsrechtsemission herausgegeben wurde, stand unter der Überschrift „Vergütung der Manager" folgende Aussage: „Entsprechend seinem Anstellungsvertrag erhält Dr. Malone als Entschädigung für seine Dienste für [Liberty] statt Geldzahlungen nicht übertragbare Bezugsrechte für den Kauf von 100.000 [Liberty-Aktien] zum Preis von 256 Dollar pro Aktie." Das bedeutete, dass Malone abgesehen von den Aktien, die er im Zuge der Bezugsrechtsemission kaufen würde, das Bezugsrecht für Liberty-Aktien im Wert von mehr als 25 Millionen Dollar bekam. Da Malone laut dem gleichen SEC-Dokument TCI-Aktien im Wert von rund 50 Millionen Dollar besaß, musste der Erfolg von Liberty sogar für ihn erhebliche Bedeutung haben. Wenn zwei Millionen Liberty-Aktien ausgegeben wurden, bedeutete ein Bezugsrecht für 100.000 Aktien eine Option auf fünf Prozent des Gesamtunternehmens. Wenn nur eine Million Liberty-Aktien umlaufen würden, ergäbe sich daraus eine zehnprozentige Beteiligung an dem Gewinnpotenzial von Liberty.

Und wenn man noch ein wenig genauer hinschaute, stand Liberty nicht annähernd so schlecht da, wie es die Zusammenfassungen in den Zeitungen aussehen ließen. Der Pro-Forma-Verlust von 9,77 Dollar pro Aktie im letzten 9-Monats-Zeitraum war nämlich nicht die ganze Wahrheit. Die Gewinne (beziehungsweise die abwesenden Gewinne), die in den Pro-Forma-Abrechnungen erschienen, beinhalteten nur einen sehr kleinen Teil der Vermögenswerte von Liberty Media. Da der größte Teil des Vermögens von Liberty Media in Kapitalbeteiligungen an anderen Unternehmen bestand, gingen die meisten Umsätze und Gewinne nicht in den konsolidierten Abschluss von Liberty ein (diese Beteiligungen tauchten nur in der Bilanz als Passiva auf). Das entging sogar *Forbes*, einer Zeitschrift, die ich gern lese, vollkommen.

Forbes führte die geringen Umsätze und Gewinne von Liberty an (ich nehme an, die haben die SEC-Unterlagen nicht gelesen) und schrieb: „Wenn Sie TCI-Aktien besitzen, lassen Sie das Tauschgeschäft [den Austausch von TCI-Aktien gegen Liberty-Aktien im Rahmen der Bezugsrechtsemission] fahren. Wenn Sie den Gedanken hegen, Liberty[-Aktien] zu kaufen [...], übereilen Sie nichts." Es ist zwar sehr gut, Wirtschaftsmagazine zu lesen, damit man neue Ideen findet, aber es lohnt sich immer, Regel 1 zu beherzigen: Machen Sie die Arbeit selbst (tut mir Leid, aber zu dieser Arbeit gehört es auch, dass man die Pro-Forma-Abschlüsse zumindest einmal durchliest).

Und dann war da noch etwas, das Liberty sehr aufregend zu machen schien. Laut dem Prospekt hegte die Unternehmensleitung von TCI „die Erwartung, dass die Stammaktie [von Liberty] anfangs nur das Interesse an dem künftigen Wachstum von [Liberty] verkörpert". Was war das wert? Wollen mal sehen. Tele-Communications besaß Kabelnetze im Wert von rund 15 Milliarden Dollar. Liberty würde von der gleichen Gruppe von Managern kontrolliert werden wie Tele-Communications. Liberty war als Vehikel für die Programm-Projekte von TCI gedacht. Wenn John Malone einen großen Brocken von Libertys Wachstum abbekommen würde, dann könnte ja TCI vielleicht ein paar seiner gewaltigen Muskeln spielen lassen, um dem kleinen Liberty Media zu helfen. Bestimmt konnte ein kleiner Kabelkanal davon profitieren, wenn Liberty ein bisschen an seinem Kapital beteiligt war. Vielleicht würde dies die Chancen des Kanals steigern, über das immense Kabelnetz von Tele-Communications übertragen zu werden. Vielleicht könnte Liberty eigene Kabelkanäle ins Leben rufen. Und diese Kabelkanäle hätten dann von vornherein einen enormen Vorsprung, wenn sie allen TCI-Kunden zugänglich wären. Hmmm ... und wie würde dieses ganze Wachstumspotenzial verteilt werden?

Die Antwort lautete: Das kam darauf an, wie die Aktionäre von TCI mit ihren Rechten umgehen würden, TCI-Aktien gegen Liberty-Aktien einzutauschen. In einem Pressebericht wurde die vorherrschende Meinung schön zusammengefasst: „Zu den Problemen von Liberty zählen eine illiquide Aktie, eine schrecklich komplizierte Vermögens- und Kapitalstruktur sowie der mangelhafte Cashflow aus seinen Investments." Ein Analyst von Bear Stearns schrieb außerdem noch: „Wir finden, dass diese Emission für die meisten Fondsmanager von sehr begrenztem Interesse ist." Shearson Lehman meinte: „[TCI] aufzugeben, um sich an Liberty zu beteiligen, ist unserer Meinung nach für die meisten institutionellen Anleger zu praktisch keinem Preis ein besonders gutes Geschäft." Daher konnte es nicht überraschen, dass nur rund 36 Prozent der Bezugsrechte für den Kauf von Liberty-Aktien ausgeübt wurden, sodass von den theoretisch möglichen zwei Millionen Liberty-Aktien nur knapp über 700.000 ausgegeben wurden.

Die Rechte auf den Kauf von Liberty-Aktien gegen TCI-Aktien im Wert von 256 Dollar waren frei handelbar und jeder, der das wollte, hätte sie innerhalb von 30 Tagen kaufen können. Der Preis betrug nicht einmal einen Dollar pro Bezugsrecht – das heißt, wer 200 Aktien von TCI besaß (im Wert von 3.000 Dollar), bekam ein Bezugsrecht, das nicht einmal einen Dollar wert war.

Die meisten Aktionäre von TCI übten ihre Rechte weder aus noch verkauften sie sie. Bob Magness und John Malone, die beiden Spitzenmanager von Tele-Communications, übten am Ende natürlich doch alle ihre Bezugsrechte für Liberty-Aktien aus. Zusammen mit seinen 100.000 Bezugsrechten konnte sich Malone fast 20 Prozent des Gewinnpotenzials von Liberty Media sichern, während er bei TCI nur zu zwei Prozent beteiligt war. Malone war zwar der Vorstandsvorsitzende beider Unternehmen, aber er war eindeutig motiviert, TCIs beträchtlichen Einfluss in der Kabelbranche dafür zu nutzen, dass Liberty Media florierte. Man konnte trotzdem sagen, dass alle Aktionäre von TCI die gleiche Chance gehabt hatten, an der Zukunft von Liberty Media teilzuhaben – auch wenn sie nicht gerade dazu angeleitet wurden.

Die Branchenpublikation *Multichannel News* schrieb:

„Die TCI-Vertreter erwarteten ohnehin, dass weniger als 50 Prozent der berechtigten Aktionäre teilnehmen würden. Aber als TCI die Einzelheiten des Plans enthüllte, fühlte sich die Wall Street von der illiquiden Aktie, von der komplizierten Vermögens- und Kapitalstruktur und von dem mangelhaften anfänglichen Cashflow abgeschreckt.

John Malone, Aufsichtsratsvorsitzender von Liberty sowie Geschäftsführer und Vorstandsvorsitzender von TCI, sagte dazu, die mangelnde Begeisterung der Wall Street sei keine Enttäuschung für ihn, sondern sie sei ihm gleichgültig.

Zu der Tatsache, dass man die Aktionärsversammlungen von Liberty Media ‚in einer Telefonzelle' abhalten könnte, sagte Malone, den Managern von TCI sei bei der Organisation des Deals klar gewesen, dass dies nicht jedermanns Sache sein würde.

‚Die Entscheidung blieb den Menschen selbst überlassen', so Malone. ‚Man kann sich Ärger einhandeln, wenn man die Menschen dazu überredet, irgendwo mitzumachen.'"

Sicher. Klingt schon sinnvoll. Wenn sich eine Investition in nicht einmal zwei Jahren verzehnfacht (fairerweise muss man sagen, dass damit wohl nicht einmal Malone gerechnet hat) – stellen Sie sich einmal die schrecklichen Steuerprobleme vor, die man damit den arglosen Anlegern beschert hätte.

PS: Weniger als ein Jahr nach der Bezugsrechtsemission nahm Liberty Media einen Aktiensplit im Verhältnis 20:1 vor, weil größere Liquidität sowohl institutionelle Investoren als auch Analysten anlockt.

SPIN-OFFS: KURZE ZUSAMMENFASSUNG

Bevor wir das Feld der Spin-offs verlassen, nehmen wir uns einen Augenblick Zeit und betrachten wir noch einmal die wichtigsten Punkte:

1. *Spin-offs übertreffen im Allgemeinen den Marktdurchschnitt.*
2. *Wenn man sich in der Welt der Spin-offs die Rosinen herauspickt, kann man noch bessere Ergebnisse als mit durchschnittlichen Spin-offs erzielen.*
3. *Folgende Merkmale deuten auf eine außergewöhnliche Spin-off-Gelegenheit hin:*
   a. *Institutionelle Anleger wollen den Spin-off nicht haben (und das nicht wegen der Qualität des Investments).*
   b. *Die Insider wollen den Spin-off haben.*
   c. *Der Spin-off offenbart eine vorher verborgene Investmentgelegenheit (beispielsweise eine preiswerte Aktie, ein großartiges Unternehmen, Leverage auf Chance und Risiko).*
4. *Man findet neue aussichtsreiche Spin-offs in der Wirtschaftspresse und kann sie anhand der SEC-Unterlagen weiter analysieren.*
5. *Es kann sich hübsch lohnen, wenn man den „Müttern" Aufmerksamkeit schenkt.*
6. *Partielle Spin-offs und Bezugsrechtsemissionen schaffen einmalige Investmentchancen.*
7. *Ach ja, behalten Sie die Insider im Auge. (Habe ich das schon erwähnt?)*

Und dann noch ein paar Extrapunkte:

1. *Wiederholungen von „Gilligans Insel" sind langweilig.*
2. *„Klauen" kann eine gute Sache sein.*
3. *Stellen Sie im Lutèce keine dummen Fragen.*

He! Warum habe ich das denn nicht gleich gesagt?

4

BITTE NICHT ZU HAUSE AUSPROBIEREN!

Risikoarbitrage und Fusionspapiere

„Probier das bloß nicht zu Hause aus!“

– Der Base Coach zu einem Läufer, der gerade die dritte Base gestohlen hat.

RISIKOARBITRAGE

Risiko- oder Fusionsarbitrage ist der Kauf von Aktien eines Unternehmens, das an einer angekündigten Fusion oder Übernahme beteiligt ist. Entgegen der populären Auffassung (gefördert von den Taten des berüchtigten Arbitrageurs Ivan Boesky und zahlreichen anderen Börsenskandalen) wird bei der Risikoarbitrage die Aktie normalerweise erst nach der Ankündigung des Mergers gekauft. Im einfachsten Fall gibt Unternehmen A bekannt, dass es mit Unternehmen B übereingekommen ist, alle seine Aktien zum Preis von 40 Dollar pro Stück zu übernehmen. Vor dieser Ankündigung kostete die Aktie von Unternehmen B 25 Dollar; nach der Ankündigung kostet die Aktie 38 Dollar, also nicht ganz den vorgeschlagenen Übernahmepreis von 40 Dollar. Der Risikoarbitrageur (ein schönes Wort für den Kerl, der die Aktie für 38 Dollar kauft) versucht, diese Diskrepanz auszunutzen. Das ist keineswegs eine risikolose Transaktion, der Arbitrageur nimmt sogar zwei Risiken auf sich.

Erstens kann der Deal aus verschiedenen Gründen nicht durchgehen. Das können regulatorische Gründe sein, Finanzierungsschwierigkeiten, außergewöhnliche Änderungen in den Geschäften eines Unternehmens, Punkte, die bei der Prospektprüfung aufgedeckt werden (falls Sie je ein Haus gekauft haben: Das ist die Hausinspektion der Fusionswelt), personelle Probleme oder beliebige legitime Gründe, die Menschen eben anführen, wenn sie ihre Meinung ändern. Falls der Deal platzt, kann der Preis der Aktien von Unternehmen B auf den früheren Preis von 25 Dollar oder noch tiefer fallen, was dem Arbitrageur schwere Verluste beschert. Das zweite Risiko, dem sich der Arbitrageur aussetzt, ist das zeitliche Risiko. Je nach Art des Deals und je nach Branche kann es 1 bis 18 Monate dauern, bis der Merger abgeschlossen ist. Die Gewinnspanne des Arbitrageurs von zwei Dollar ist die Bezahlung dafür, dass er bis zum Abschluss des Deals (bis der Übernehmer alle Aktien von Unternehmen B für 40 Dollar kauft) sozusagen 38 Dollar auslegt. Es gehört zu den Aufgaben des Arbitrageurs abzuschätzen, wie lange der Merger dauern wird.

Im Laufe des letzten Jahrzehnts haben sich Dutzende von Investmentgesellschaften auf das Feld der Risikoarbitrage begeben, das einst als toter Seitenarm des Investmentgeschäfts galt. Dadurch ist die Risikoarbitrage trotz des hohen Volumens von Fusionen zu einem umkämpften Markt geworden. Die betreffenden Unternehmen können die Entwicklung des Deals den ganzen Tag lang verfolgen, sie können den Rat von Kartellrechtlern, Börsenrechtlern und Investmentexperten für bestimmte Branchen einholen – deshalb ist es für den Privatanleger sehr schwierig, diese Investmentstrategie zu Hause auszuprobieren. Dazu kommt noch, dass die Preisspanne zwischen dem Aktienkurs und dem Übernahmepreis aufgrund der großen Konkurrenz relativ niedrig ist; daher ist es schwer, risikobereinigt vernünftige Gewinne zu erzielen.

Sie wollen trotzdem mitmachen? Sie meinen, ich wollte Ihnen nur den Spaß daran verderben? Ihnen gefällt der Klang des Wortes – Risikoarbitrageur? Völliger Blödsinn? Vielleicht sind Sie ja nach den nächsten Beispielen der gleichen Meinung wie ich.

FALLSTUDIE

Florida Cypress Gardens / Harcourt Brace Jovanovich

Das ist einer der ersten Deals, in die ich investierte, als ich in dieses Geschäft eingestiegen bin. Im April 1985 meldete der Buchverlag und Besitzer von Sea World – Harcourt Brace Jovanovich (HBJ) –, er habe mit Florida Cypress Gardens ein Übernahmeabkommen geschlossen.

Da ich gute Erinnerungen daran hatte, wie ich als Kind die Cypress Gardens besucht hatte, verursachte mir der Gedanke, Aktien von Florida Cypress Gardens zu kaufen, ein angenehmes, warmes Kribbeln; außerdem war das ein Unternehmen, das ich gut kannte und durchschaute. Mit seinen speziellen exotischen Gärten, den schön gestalteten Landschaften zum Spazierengehen und mit den spektakulären Wasserski-Vorführungen (einschließlich Wasserski fahrender Weihnachtsmänner und Revuetänzerinnen) war Cypress Gardens eine Besonderheit unter den Freizeitparks (ach, hören Sie doch auf – ich war damals erst sieben und ich will Ihnen hier eine Geschichte erzählen).

Gemäß den Konditionen des Übernahmeabkommens sollte jede Aktie von Florida Cypress Gardens gegen 0,16 Aktien von Harcourt Brace getauscht werden. Bevor der Deal durchgeführt werden konnte, mussten allerdings noch ein paar Bedingungen erfüllt werden, unter anderem mussten ihm die Aktionäre von Florida Cypress Gardens noch zustimmen. Etwa drei Monate nach Unterzeichnung des Mergervertrags sollte eine Aktionärsversammlung stattfinden. Da sich 44 Prozent der umlaufenden Aktien im Besitz des Vorstands von Cypress Gardens befanden, hielt ich die Genehmigung durch die Aktionäre kaum für eine Gefahr. Was HBJ betrifft, war der Wert des Deals im Verhältnis zur Größe von Harcourt Brace so gering, dass nicht einmal eine Abstimmung der Aktionäre nötig war.

Für die Aktionäre von Florida Cypress Gardens schien das Geschäft auf jeden Fall sinnvoll zu sein. Vor Ankündigung der Übernahme kostete die Aktie nur 4,50 Dollar. Da die Aktie von Harcourt Brace für 51,875 Dollar gehandelt wurde, ergaben 0,16 HBJ-Aktien einen Übernahmepreis von 8,30 Dollar pro Aktie (0,16 x 51,875 Dollar). Nach der Ankündigung stieg die Aktie von Cypress Gardens um drei Dollar auf 7,50 Dollar. Das bedeutete, dass man als Arbitrageur trotz des dramatischen Anstiegs um 66 Prozent (drei Dollar zu den anfänglichen 4,50 Dollar) noch Aussicht auf einen beträchtlichen Gewinn hatte. Als Arbitrageur konnte man die Aktie von Cypress Gardens für 7,50 Dollar kaufen und falls der Deal zustande kam, konnte man daran 80 Cent (die Preisdifferenz) pro Aktie verdienen. Nach rund drei Monaten würde man die für 7,50 Dollar gekauften Aktien gegen HBJ-Aktien im Wert von 8,30 Dollar eintauschen. Ein Gewinn von 80 Cent auf einen Kaufpreis von 7,50 Dollar ergab einen Ertrag von 10,67 Prozent in drei Monaten; auf das Jahr gerechnet ergab das einen kumulierten Ertrag (1,1067 x 1,1067 x 1,1067 x 1,1067, rechnen dürfen Sie selbst, nicht schlecht, oder?) von fast 50 Prozent.

Die Gleichung hatte nur einen einzigen Fehler, denn der Übernahmepreis von 8,30 Dollar wurde nicht in Geld, sondern in Aktien bezahlt. Falls die Aktie von HBJ in den drei Monaten vor Durchführung des Deals auch nur um fünf oder zehn Prozent fallen würde, könnte sich der erwartete Gewinn von 80 Prozent erheblich reduzieren oder gar vollständig wegfallen. Um dieses Risiko zu beseitigen, shortet man als Arbitrageur in so einem Fall normalerweise die HBJ-Aktie gleichzeitig mit dem Kauf der Aktie von Florida Cypress Gardens. Die HBJ-Aktie zu shorten – oder „leer zu verkaufen“ – bedeutet, dass man sich von einem Broker HBJ-Aktien leiht und diese am freien Markt verkauft. Wenn man Aktien leer verkauft, ist man verpflichtet, die geliehenen Aktien zu einem späteren Zeitpunkt zu ersetzen. An der Wall Street gibt es einen alten warnenden Spruch: „Wer etwas verkauft, das ihm nicht gehört, muss es zurückkaufen oder ins Gefängnis wandern.“ Im Fall des Arbitrageurs läuft das allerdings ein bisschen anders.

Der Arbitrageur shortet für jede Aktie von Florida Cypress Gardens, die er für 7,50 Dollar kauft, 0,16 Aktien von HBJ (für die er 8,30 Dollar bekommt). Das heißt, für 5.000 gekaufte Aktien von Florida Cypress Gardens verkauft er 800 Aktien von HBJ. Falls der Merger zustande kam, würden die Aktionäre von Cypress Gardens für jede Aktie 0,16 Aktien von HBJ bekommen: Ein Besitzer von 5.000 Cypress-Gardens-Aktien würde 800 HBJ-Aktien bekommen. Der Arbitrageur würde dann die geliehenen HBJ-Aktien durch die HBJ-Aktien ersetzen, die er im Zuge des Mergers bekommen hat. (Sie sehen also, dass er die geliehenen Aktien zwar durchaus zurückgeben muss, aber er braucht sie nicht unbedingt zurückzukaufen.) Nach Abschluss der Fusion hat der Arbitrageur keine Aktienposition mehr, aber einen Gewinn von 80 Cent (einen annualisierten Ertrag von 50 Prozent!) auf jede Aktie von Florida Cypress Gardens, die er gekauft hat.

Und was ist jetzt daran schlecht? Klingt doch alles toll, oder? Keine Fettnäpfchen? Nun, mir scheint, wir haben da eine Kleinigkeit vergessen – das Risiko. Falls der Deal nicht zustande kommt, hat der Arbitrageur nämlich keinen saftigen Gewinn von 80 Cent, sondern einen fetten Verlust von drei Dollar (und das auf einen Aktienpreis von 7,50 Dollar). Und falls HBJ beschließen sollte, von dem Deal Abstand zu nehmen, könnte das ja daran liegen, dass das Unternehmen festgestellt hat, dass bei Cypress Gardens etwas schwer im Argen liegt: Der „echte" Weihnachtsmann kann gar nicht Wasserski fahren, die Blumen sind aus Plastik, die Bücher sind frisiert – halt das Übliche, Sie kennen das. Das könnte dann bedeuten, dass der Aktienkurs noch unter 4,50 Dollar fällt und dass das Risiko weit über drei Dollar liegt.

In diesem konkreten Fall war allerdings die Wahrscheinlichkeit, dass der Deal scheitern könnte, minimal. Zunächst einmal erschien das Geschäft sehr sinnvoll. Harcourt Brace hatte in Orlando, nicht weit von Cypress Gardens entfernt, einen Sea-World-Freizeitpark. Daher kannte sich HBJ mit dem Betrieb von Touristenattraktionen aus und in manchen Zeitungsberichten wurde erwähnt, dass die beiden Unternehmen teilweise kombiniertes Marketing betreiben könnten. Zweitens war mit dem Deal kein Finanzierungsrisiko verbunden. Harcourt Brace kaufte Cypress Gardens mit Stammaktien und außerdem war Cypress Gardens angesichts der Größe von HBJ eine winzige Erwerbung, bloß ein Punkt auf dem Radarschirm. Dazu kam, dass ich keine regulatorischen Probleme ausmachen konnte. Vermutlich würden kartellrechtliche Fragen keine Rolle spielen. Und wie schon gesagt war die einzige Abstimmung, die erforderlich war, nämlich die der Aktionäre von Cypress Gardens, eigentlich schon gegessen.

Und was passierte? Och, nichts Besonderes. Nur dass Cypress Gardens ein paar Wochen vor dem geplanten Abschluss des Deals in einen Erdfall fiel. Bevor das passierte, hatte ich keine Ahnung, was ein Erdfall ist (in manchen Gegenden des Landes kommt es offenbar vor, dass an manchen Stellen plötzlich der Boden nachgibt und ein großes Loch entsteht). „Erdfallrisiko" stand nicht auf meiner Checkliste für die Entscheidung, ob ich in einen bestimmten Merger-Deal investieren sollte oder nicht. Der Reporter vom *Wall Street Journal* hatte offensichtlich keine Aktien von Cypress Gardens und konnte der Situation einen gewissen Humor abgewinnen. „Harter Arbeitstag für Florida Cypress Gardens", hieß es in der ersten Zeile. Wie sich herausstellte, war in Wirklichkeit „nur" der Hauptpavillon in den Erdfall geraten. Laut dem Präsidenten des Unternehmens „[…] war Lärm zu hören und man sah an der Seite Betonblöcke herausfliegen". Dazu hieß es im *Wall Street Journal*:

„Niemand wurde verletzt. […] Aber aus dem Unternehmen verlautete, der Verlust des Gebäudes führe wahrscheinlich zu ‚einem Rückgang der laufenden Einnahmen, in welchem Ausmaß ist zu diesem Zeitpunkt noch nicht bekannt'.

Außerdem hieß es aus dem Unternehmen, dies könnte das *provisorische Abkommen* [Hervorhebung von uns] über die Übernahme durch Harcourt Brace Jovanovich Inc. beeinträchtigen. Es dauert mindestens 45 Tage, bis der Schaden beziffert und bekannt ist, wie viel die Versicherung abdeckt. Florida Cypress rechnet nach eigenen Angaben damit, dass sich die Einreichung von Unterlagen bei der Securities and Exchange Commission und die Ausgabe der Stimmrechtsvollmachten im Zusammenhang mit dem Merger mit Harcourt dadurch verzögern und dass es vielleicht auch Änderungen geben wird."

Ich hatte damit so meine Probleme. Zunächst einmal – was sollte das Gerede von einem „provisorischen Abkommen"? Ein Deal ist ein Deal, so sehe ich das. Zweitens vergaß ich, noch ein anderes Risiko zu erwähnen. In der Zeit zwischen der Ankündigung der Übernahme, als ich meine schlaue Arbitrage-Position gekauft hatte (Cypress Gardens gekauft und HBJ geshortet), und dem großen Erdfallfiasko war die Aktie von Harcourt Brace auf 60,75 Dollar geklettert. Wenn der Deal abgesagt wurde und ich die HBJ-Aktien, mit denen ich gerechnet hatte, nicht bekam, dann wäre ich gezwungen, die geshorteten HBJ-Aktien zurückzukaufen oder ins Gefängnis zu gehen, Sie erinnern sich? Da entstand nun das Problem, dass mich die Aktien, die ich für 8,30 Dollar verkauft hatte (0,16 mal den HBJ-Kurs von 51,875 Dollar), beim Rückkauf jetzt 9,72 Dollar kosten sollten (0,16 x 60,75 Dollar). Das heißt, dass ich zusätzlich zu den drei Dollar Verlust pro Cypress-Gardens-Aktie noch einmal 1,42 Dollar verlieren würde (Kaufpreis 9,72 minus Verkaufspreis 8,30 Dollar). Wären also 4,42 Dollar Verlust auf eine Aktie für 7,50 Dollar – doch halt: Wenn die Anlagen von Cypress Gardens so schwer beschädigt waren, dass der Deal zurückgenommen wurde, dann konnte die Aktie ja auch auf 3,50 oder gar 2,50 Dollar fallen. Wenn Florida Cypress Gardens für 2,50 Dollar gehandelt würde, dann hätte ich mit einer Aktie für 7,50 Dollar einen Verlust von 6,42 Dollar gemacht. Und dieses ganze Risiko für den satten Gewinn von 80 Cent. Das angenehme, warme Kribbeln und die Kindheitserinnerungen waren irgendwie alle in den gleichen Erdfall geraten.

Ganz so schlimm ging es am Ende allerdings doch nicht aus. Offensichtlich war Cypress Gardens doch kein ernster langfristiger Schaden entstanden. Nach einem nervenaufreibenden Monat wurde der Deal von 0,16 HBJ-Aktien auf HBJ-Aktien im Wert von 7,90 Dollar geändert (errechnet aus dem 10-Tages-Schnitt von HBJ vor Abschluss des Mergers). Die Aktionärsabstimmung über die Fusion wurde für Mitte August neu anberaumt. Da ich zum Zeitpunkt der Erdfallmeldung die geshorteten HBJ-Aktien zurückkaufen musste, weil ich sonst weitere Verluste riskiert hätte, wenn HBJ weitersteigen würde, verlor ich nur ungefähr die 1,42 Dollar (pro gekaufter Aktie von Florida Cypress Gardens), die ich schon erwähnt habe. Und dann verdiente ich tatsächlich die 40 Cent, die zwischen meinem Kaufpreis von 7,50 Dollar und den HBJ-Aktien im Wert von 7,90 Dollar lagen, die ich für jede Aktie von Florida Cypress Gardens bekam. Unter dem Strich hatte ich es also geschafft, in fünf Monaten mit meiner Investition von 7,50 Dollar einen Dollar Verlust zu machen. Angesichts dessen, was ich hätte verlieren können, war ich ziemlich erleichtert, als der Deal endlich vollzogen war. Und was meine Kindheitserinnerungen betrifft ... so etwas kann man nicht mit Geld aufwiegen – schon gar nicht mit einem lumpigen Dollar pro Aktie.

NOCH MEHR ÜBLES ÜBER RISIKOARBITRAGE

Diese Beinahe-Katastrophe ist natürlich schon über zehn Jahre her. Jetzt, wo die Sache mit dem Erdfall auf allen Checklisten steht, könnte man sich da nicht wieder ins Wasser wagen? Ist etwas dagegen einzuwenden, nur ein bisschen mit den Füßen hineinzugehen? Die Wahrheit ist, dass das Geschäft mit der Risikoarbitrage nur noch schlimmer geworden ist. Wenn der Cypress-Gardens-Deal heute zu den gleichen Konditionen wie damals angekündigt würde, läge die Gewinnspanne nicht bei 80 Cent, sondern eher bei 30 Cent (was einem kumulierten Jahresertrag von 17 Prozent entspricht). Diese Schrumpfung beruht zum Teil auf den niedrigeren Zinsen, aber vor allem ist sie das Ergebnis der wachsenden Konkurrenz auf dem Gebiet der Risikoarbitrage. Vergessen Sie nicht, dass die Ertragsrate nur ein Element der Gleichung ist. Das Risiko-Ertrags-Verhältnis – wie viel man in einer bestimmten Situation verlieren und wie viel man gewinnen kann – ist bei der Bestimmung der langfristigen Profitabilität ein viel wichtigerer Faktor. In Bereichen, in denen die Konkurrenz immer stärker wird, übersieht man diesen Faktor gern, wenn man vermeintlich hohe kurzfristige Gewinne anstrebt. Das gilt ganz besonders für Bereiche wie Banken, Versicherungen und den Aktienmarkt, wo die Rechenmaschine nur allzu leicht echte Gedanken ersetzt. Das ist der Grund, weshalb ich versuche, Sie in Investmentbereiche zu führen, die aufgrund der Funktionsweise des Systems weiterhin außerordentliche Chancen bieten. Ganz ehrlich: Die Risikoarbitrage zählt nicht dazu.

Es mag sein, dass ich eine übermäßige Abneigung gegen diesen Bereich habe – mir sind einmal sieben Deals zur gleichen Zeit geplatzt –, aber angesichts der notwendigen ständigen und korrekten Überwachung der Investments und da einem als Privatanleger andere Möglichkeiten offenstehen, glaube ich, dass sich die meisten Anleger von diesem Bereich fernhalten sollten. Aber wenn Sie immer noch nicht überzeugt sind …

FALLSTUDIE

Combined International / Ryan Insurance Group

Erinnern Sie sich noch an das Kind, das immer im Right Field* fertiggemacht wurde? Sie wissen schon, das Kind, das immer unter dem Ball herumrannte und rief: „Ich hab ihn! Ich hab ihn! – Hoppla, ich hab ihn nicht." Nun, am Ende des nächsten Deals, den ich beschreibe, war ich dieses Kind. Und ich kann Ihnen sagen, das macht keinen Spaß.

Im Juli 1982 schloss Combined International ein Abkommen über die Übernahme von Ryan Insurance Group entweder für 34 Dollar Cash oder Combined-International-Aktien im Wert von 34 Dollar. Gemäß dem Plan sollte Patrick Ryan, der Aufsichtsratsvorsitzende von Ryan Insurance, der neue Vorstandsvorsitzende des fusionierten Unternehmens werden. Der Gründer von Combined, der 80-jährige W. Clement Stone, sollte nach Abschluss des Deals planmäßig den Vor-

* Teil des Spielfelds im Baseball

standsvorsitz abgeben. Es musste noch ein definitiver Vertrag unterzeichnet werden, die Aktionäre beider Unternehmen mussten dem Deal noch zustimmen und es fehlten noch die üblichen Genehmigungen der Regulierungsbehörde. Da Patrick Ryan und seine Familie etwa 55 Prozent der Aktien von Ryan Insurance Group besaßen, wäre zumindest eine der Aktionärsabstimmungen problemlos.

Der Deal wurde in Rekordzeit durchgezogen und die Abstimmungen beider Unternehmen waren für August angesetzt. Obwohl dieser Deal keine große Kursspanne aufwies (ich bezahlte für meine Aktien etwa 32 Dollar), erschien der Ertrag attraktiv. Zwei Dollar Gewinn auf eine Aktie für 32 Dollar, das ergab immerhin einen Ertrag von 6,25 Prozent und entsprach somit einem kumulierten Jahresertrag von 44 Prozent. Das war nicht schlecht, auch wenn Ryan vor Bekanntgabe des Deals nur 18 Dollar gekostet hatte. Irgendwie überwogen die 44 Prozent Ertrag die Tatsache, dass ich zwei Dollar Gewinn anstrebte, aber 14 Dollar riskierte, falls der Deal nicht durchging. Mir war das Verlustrisiko zwar bewusst, aber der Deal erschien mir trotzdem relativ risikolos. Als dann Ende August die Aktionärsversammlungen näher rückten, reihten sich alle Entlein hübsch hintereinander auf (aber natürlich passierte das alles, bevor ich wusste, was ein Erdfall ist).

Bei einem unstrittigen Merger bringt es gewöhnlich nicht viel, zu der Aktionärsversammlung zu gehen. Die ist nämlich normalerweise reine Formsache und der Ausgang ist im Voraus klar. Aber unglücklicherweise war W. Clement Stone anderer Ansicht. Stone, der vor allem durch seine PMA-Philosophie (PMA = Positive Mental Attitude = positive geistige Einstellung) und als großer Spender für Nixons Wahlkampf berühmt war, hatte keine Lust, im Stillen abzutreten. Laut einem Bericht von der Versammlung schnappte sich Stone ein Mikrofon und sagte, „kein Pat Ryan oder sonst jemand“ sei in der Lage, Combined zu leiten. Stone meinte, vielleicht sollte er doch Vorstandsvorsitzender bleiben. Ein Beobachter dazu: „Der 80-jährige Mann bekam in der letzten Minute kalte Füße und wollte nicht mehr zurücktreten. Man sah es seinem Gesicht an." Nun, ich habe leider nichts davon gesehen. Ich saß an meinem Schreibtisch, den Handschuh in der Hand, und wartete, dass der Ball sauber geflogen kam.

Dank eines „Freundes" erfuhr ich an jenem Nachmittag nur, dass es irgendwelche Probleme gab und dass die Versammlung vertagt worden war. Ich war damals Angestellter und das war mein Deal und deshalb muss ich wohl etwas grün im Gesicht geworden sein. Ich weiß das, weil mein Chef mich fragte, was denn los sei, obwohl ich gar nichts gesagt hatte. Sehen Sie, mit Risikoarbitrage zwei Dollar zu verdienen ist nichts Besonderes. So läuft dieses Geschäft eben. Ein Dollar hier, zwei Dollar da, und das summiert sich dann. Aber auf einen Schlag 14 Dollar verlieren, das ist durchaus etwas Besonderes. Wenn einem das öfter passiert, hält man sich nicht lange. Es kann sein, dass man zehn gute Deals braucht, um den einen Verlust wieder wettzumachen. Da ich zwei Monate lang immer zuversichtlich gesagt hatte, „ich hab ihn, ich hab ihn", konnte ich jetzt schlecht „hoppla" sagen. Als mich mein Chef fragte, was denn los sei, brachte ich irgendeine wirre Antwort heraus, so etwa in der Richtung: „Da gibt es ein kleines Problem, aber das wird schon wrdlbrmpft." Aber mein Magen fühlte sich ganz und gar nicht wrdlbrmpft.

Am Ende gelang es Stone und Ryan, die Sache glattzubügeln, und die Versammlung wurde noch am gleichen Tag erfolgreich zu Ende gebracht, aber erst nach Handelsschluss.

Zwar hatte dieser Deal ein Happy End, aber das Problem bei der Risikoarbitrage ist – mit den Worten von Yogi Berra ausgedrückt: „Vorbei ist es erst, wenn es vorbei ist." Es müssen einfach zu viele Dinge zu oft klappen. Wenn man sich den ganzen Tag lang damit befasst und mit durchschnittlichen Ergebnissen zufrieden ist, dürfte man durchaus einen vernünftigen Ertrag erzielen. Das liegt daran, dass zwar alles Mögliche schiefgehen kann, dass aber die meisten Deals trotzdem klappen. Allerdings kann eine Pechsträhne oder ein makroökonomisches Ereignis (zum Beispiel ein Börsencrash oder ein Ölpreisschock) ein

Portfolio, das mit Risikoarbitrage angefüllt ist, viel schneller und dauerhafter abstürzen lassen als ein Portfolio, das aus speziellen Situationen wie zum Beispiel Spin-offs besteht. Wenn ein Deal platzt, ist das immer unerwartet. Es bringt einfach nichts, sich selbst, seinem Geld und seinem Magen diesen Zirkus anzutun. Wenn Sie unbedingt mit der Schere in der Hand durchs Haus laufen wollen, bitte sehr. Aber es gibt leichtere und sicherere Möglichkeiten, Geld zu verdienen. Zum Beispiel …

FUSIONSPAPIERE

Jetzt kommt etwas, das Sie vielleicht doch einmal zu Hause ausprobieren könnten – Fusionspapiere. Zwar werden die Aktionäre im Zuge von Fusionen und Übernahmen meistens in Form von Geld oder Aktien bezahlt, aber manchmal entscheidet sich der Erwerber dafür, die Übernahme mit anderen Wertpapieren zu bezahlen. Das können alle Arten von Anleihen, Vorzugsaktien, Optionsscheinen* und Bezugsrechten sein. Üblicherweise werden diese „sonstigen" Wertpapiere nur für einen Teil der Bezahlung verwendet und der größte Teil der Übernahme wird trotzdem in Cash und/oder Aktien abgegolten. Der Grund, weshalb für die Bezahlung der Aktionäre des Übernahmeziels Fusionspapiere verwendet werden, ist häufig die Tatsache, dass die Fähigkeit des Erwerbers erschöpft ist, Geld zu beschaffen, oder seine Bereitschaft, zusätzliche Stammaktien auszugeben. In anderen Fällen werden Fusionspapiere sozusagen als Extra-„Bonbon" zur Festigung des Deals eingesetzt oder um einen anderen Bieter auszustechen.

Als Grundregel kann man sagen, dass niemand Fusionspapiere haben will. Sie werden genauso wenig respektiert wie Rodney Dangerfield**. Denken Sie daran. Sie spazieren so vor sich hin (und denken na-

---

* Der Autor verwendet „Optionsschein" (Warrant) im klassischen Sinne: Eigenemission eines Termingeschäfts zur Finanzierung von Unternehmen. Im aktuellen Sprachgebrauch wird mit „Optionsschein" jedoch überwiegend die verbriefte und von Banken emittierte Variante bezeichnet.

** (1921–2004) amerikanischer Komiker, der für sein Motto „Ich werde nicht respektiert" bekannt war.

türlich über Ihre Geschäfte nach), da wird plötzlich ein Übernahmeangebot für Ihr Lieblingsunternehmen gemeldet, das auch Ihre größte Aktienposition ist, Spitzenkartoffel. Da sich die Erdapfel AG von der Verbindung beider Unternehmen große Synergieeffekte verspricht, hat sie sich soeben bereit erklärt, Ihre Spitzenkartoffel-Aktien für 22 Dollar in Cash und für einen Nennwert von drei Dollar in neunprozentigen Erdapfel-Anleihen mit Fälligkeit 2010 zu kaufen. Da die Spitzenkartoffel-Aktien gerade 16 Dollar kosten, sieht das in Ihren Augen sehr gut aus. Aber was machen Sie mit dem Erlös, wenn der Deal abgeschlossen ist? Nun ja, was Sie mit dem Geld machen, wissen Sie – das ist ja ganz einfach. Entweder kaufen Sie damit Aktien eines anderen Unternehmens (zum Beispiel von der Ersten Allgemeinen Kartoffelgesellschaft) oder Sie kaufen zur Feier des Tages alles, was Home Shopping gerade anbietet. Aber was machen Sie mit den Anleihen – Sie wissen schon, Nennwert drei Dollar, Verzinsung neun Prozent, fällig 2010? (Bis zum Jahr 2010 bekommen Sie auf den Nennwert von drei Dollar neun Prozent Zinsen und im Jahr 2010 bekommen Sie den Nennwert von drei Dollar bezahlt.)

Die Anleihen könnten durchaus ein gutes Geschäft sein. Oder vielleicht auch nicht. Unter dem Strich muss man sagen – das ist Ihnen eigentlich völlig egal. Als Sie Ihr Geld in Spitzenkartoffel investiert haben, wollten Sie Aktien eines Kartoffelunternehmens haben oder eine preiswerte Aktie oder einen potenziellen Übernahmekandidaten oder alle drei – nicht aber neunprozentige Anleihen irgendeines anderen Unternehmens, die irgendwann fällig sind. Aber Sie wissen schon, was Sie mit den Anleihen machen – Sie wollen sie verkaufen. Und zwar wollen Sie sie verkaufen, sobald Sie sie haben. Sie haben einfach ein ungutes Gefühl, wenn dieses komische Zeug bei Ihnen herumliegt. Sie werden Ihren Broker anrufen und ihn anbrüllen: „Hallo, ich will diese Dinger nicht haben, beschaffen Sie mir richtiges Geld."

So, was Sie machen werden, wissen wir jetzt. Aber was ist mit den ganzen feinen Institutionen? Die zücken bestimmt ihre Taschenrechner, errechnen die Gesamtrendite der Fusionsanleihen, rechnen die

Zinsausschüttungen durch und nehmen dann eine gründliche Analyse der Synergien und der strategischen Position des Anleiheemittenten, des neuen Erdapfel-und-Grundbirnen-Königs, vor. Das klingt auf jeden Fall vernünftig. Schließlich werden die echten Profis ja dafür bezahlt, dass sie solche kompliziert klingenden Sachen machen, oder? Nun, ob es gut klingt oder nicht – das tun sie nicht im Entferntesten. Sie verkaufen nämlich ihre Anleihen – genau wie Sie, allerdings sogar noch schneller als Sie.

Institutionelle Investoren, die Aktien einer Kartoffelgesellschaft besitzen, haben nicht nur kein Interesse an den Anleihen des neuen Konglomerats; in den meisten Fällen ist es ihnen nicht einmal erlaubt, sie zu besitzen. Die überwiegende Mehrheit der Pensionsfonds- und Investmentfondsmanager ist entweder auf Aktien oder auf Anleihen spezialisiert. Im Allgemeinen haben sie den konkreten Auftrag, in das eine oder in das andere zu investieren, nicht aber in beides. Und selbst wenn sie sowohl Aktien als auch Anleihen kaufen dürfen, ist es unglaublich unwahrscheinlich, dass von allen denkbaren Anleihe-Investments die neue Erdapfel-Anleihe ganz oben auf ihrer Liste steht. Am Ende ist es also so, dass fast alle Empfänger von Fusionspapieren – egal ob unwissende Privatperson oder ausgefuchste Institution – das gleiche Ziel haben: Alle wollen aussteigen.

Es dürfte Sie jetzt nicht mehr überraschen, dass dies der Punkt ist, an dem Sie ins Spiel kommen. Nicht unähnlich (in der Tat sogar sehr ähnlich) der Dynamik einer Spin-off-Situation erzeugt der wahllose Verkauf von Fusionswertpapieren in der Mehrzahl der Fälle eine enorme Kaufgelegenheit. Sowohl Spin-offs als auch Fusionspapiere werden an Investoren verteilt, die eigentlich in etwas ganz anderes investieren wollten. Sowohl Spin-offs als auch Fusionspapiere sind bei den Anlegern, die sie erhalten, im Allgemeinen unerwünscht. Sowohl Spin-offs als auch Fusionspapiere werden normalerweise unabhängig von ihrem Wert als Investition verkauft. Aus diesem Grund können Ihnen sowohl Spin-offs als auch Fusionspapiere (große Überraschung!) viel Geld bringen. Hoffentlich fangen Sie jetzt an, mir zu glauben, aber sehen wir uns sicherheitshalber ein paar echte Beispiele an.

FALLSTUDIE

Super Rite Foods

Wollten Sie schon immer mal ein großer Finanzbonze sein? Sie meinen, dafür bräuchte man eine Menge Geld? Nun, jetzt kommt eine Situation, in der das Busgeld für eine Fahrt mit den großen Tieren gereicht hat. Die gute Nachricht ist, dass diese Gelegenheit in frei zugänglichen Fusionspapieren geschrieben stand – nur dass sich wie üblich fast niemand die Mühe machte hinzusehen.

Im Januar 1989 machte eine Investorengruppe unter der Führung des Aufsichtsratsvorsitzenden von Super Rite Foods ein Kaufangebot für die Aktien der Lebensmittelkette Super Rite – 18 Dollar in bar und fünf Dollar in neu emittierten Vorzugsaktien mit einer jährlichen Dividende von 75 Cent (also 15 Prozent des Nennwerts). Eine Transaktion, in deren Rahmen das Management alle öffentlichen Aktien kaufen will, bezeichnet man üblicherweise als „Aktienrückkauf vom Publikum". Solche Aktienrückkäufe sind besonders interessant, weil die Insider durch ihre Entscheidung, sämtliche Kapitalbeteiligungen an dem Unternehmen aufzukaufen, ihre positiven Überzeugungen hinsichtlich der Zukunft des Unternehmens äußern. Wenn sich die Chance bietet, durch den Kauf von Fusionswertpapieren an einer solchen Transaktion teilzunehmen, kann sich ein genauerer Blick durchaus lohnen.

In diesem Fall berichteten die Zeitungen, dass sich 47 Prozent von Super Rite im Besitz von Rite Aid Corp befanden, dem Betreiber einer großen Drogeriekette. Alex Grass, der Aufsichtsratsvorsitzende von Super Rite und Führer der Management-Gruppe, war zufällig auch Aufsichtsratsvorsitzender von Rite Aid. Laut Mr. Grass war der Aufsichtsrat von Rite Aid entschlossen, „die Beteiligung an Super Rite zu liquidieren", und deshalb waren er und seine Management-Gruppe daran interessiert, diese Beteiligung samt dem Rest des Unternehmens zu kaufen. Die Management-Gruppe hatte vor, dies in Form einer fremdfinanzierten Übernahme abzuwickeln. Diese Methode wird bei Rückkäufen häufig angewendet: Eine relativ kleine Gruppe von Investoren kauft ein Unternehmen mithilfe von Krediten, die sie auf den Wert des übernommenen Unternehmens aufnimmt. In diesem Fall wollte die Management-Gruppe alle Aktien von Super Rite kaufen, indem sie eine geringe Geldsumme als Kapital investierte und sich den Rest der Barausschüttung von 18 Dollar pro Aktie an die Super-Rite-Aktionäre lieh. Zusätzlich zu dem Geld sollten die Aktionäre von Super Rite noch neue Vorzugsaktien zum Nennwert von fünf Dollar bekommen.

Dahinter stand die Überlegung, dass die künftigen Gewinne von Super Rite ausreichen würden, um die Zinsen auf das aufgenommene Geld plus die Dividenden auf die Vorzugsaktien zu bezahlen (das ist wie beim Kauf eines Bürogebäudes: 20 Prozent werden bar angezahlt und die restlichen 80 Prozent durch ein Hypothekendarlehen finanziert – in der Hoffnung, dass die Mieteinnahmen ausreichen werden, um Zins und Tilgung zu bezahlen). Wenn bei Super Rite alles klappen würde, dann würde sich die anfängliche Kapitalinvestition der Management-Gruppe vervielfachen, denn entweder wurden die Schulden getilgt oder der Wert des Unternehmen stieg. Ein positiver Aspekt dieser Situation war die Tatsache, dass die Informationen in der Stimmrechtsvollmacht besonders ausführlich sein würden. Denn wie bei allen Privatisierungstransaktionen bestand auch hier die Möglichkeit, dass die Interessen der Managementgruppe und des Aktionärspublikums (das in diesem Fall Rite Aid einschloss) einander zuwiderliefen, und aus diesem Grund würde die Börsenaufsichtsbehörde die Fusionsunterlagen besonders gründlich prüfen und darauf achten, dass die wichtigen Informationen korrekt offengelegt wurden.

Nach der Ankündigung der Übernahme im Januar lief für die Management-Gruppe allerdings nicht alles glatt. Es traten noch mehrere interessierte Parteien auf und machten Angebote für Super Rite, sodass der Aufsichtsrat (ausschließlich der Mitglieder, die am Management-Angebot beteiligt waren) gezwungen war, das Unternehmen meistbietend zu versteigern. Bis März wurde zwar erneut ein Abkommen mit der Management-Gruppe erzielt, aber der Kaufpreis war dabei wesentlich erhöht worden. Jetzt wurden für jede Aktie von Super Rite 25,25 Dollar zuzüglich neu emittierter 15-prozentiger Vorzugsaktien im Wert von zwei Dollar und Optionsscheine auf eine zehnprozentige Beteiligung an dem neuen Privatunternehmen geboten. Da weitere Einzelheiten erst bekannt werden sollten, wenn den Aktionären von Super Rite die Stimmrechtsvollmachten zugestellt wurden, konnte man zu diesem Zeitpunkt nur eines sagen: „Aber hallo, die geben einem für jede Aktie nicht nur Geld, sondern auch noch andere Sachen; aber was ist das überhaupt?"

Generell kann man sagen, dass einen so etwas immer hellhörig machen sollte, wenn man von einer Situation wie Super Rite liest. *The Wall Street Journal* und andere Medien geben solche Informationen zwar bekannt, aber sie beschäftigen sich nicht näher damit. Und genau aus diesem Grund sollten Sie das tun. Allein schon das Wissen, dass Fusionswertpapiere außerordentliche Gewinnchancen bieten können, verschafft Ihnen einen Riesenvorteil. Tausende von Menschen lesen die gleiche Schlagzeile, aber Sie richten Ihre Aufmerksamkeit und Ihre Anstrengungen auf einen Bereich, den die meisten Menschen ignorieren. Und da fast alle verkaufen – auch wenn noch ein paar andere Ihr kleines Geheimnis entdecken –, dürften in jedem Fall genug Fusionspapiere umlaufen. So funktioniert eben das System. Konzentrieren Sie sich auf den richtigen Bereich und stellen Sie ein paar Recherchen an, dann können Sie das System für sich arbeiten lassen.

Bei Super Rite zeigte schon die Lektüre einiger Informationen in der Stimmrechtsvollmacht einen hervorragenden Weg zum Gewinn. Die

Stimmrechtsvollmacht wurde im August verteilt und sie enthielt die Konditionen der Übernahme, einschließlich einer Beschreibung der beiden Fusionswertpapiere. Die 25,25 Dollar waren klar. Mit den Vorzugsaktien zum Nennwert von zwei Dollar mit 15 Prozent Jahresdividende hingegen (in der Stimmrechtsvollmacht als „Senior Cumulative Redeemable Exchangeable Preferred Stock" [etwa: „Vorrangige kumulative rückzahlbare konvertierbare Vorzugsaktie"] bezeichnet) war das schon ein bisschen anders. Was die Vorzugsaktien jedoch interessant machte, war die Tatsache, dass jeder Aktionär pro Stammaktie von Super Rite nur einen Nennwert von zwei Dollar bekommen sollte. Im Vergleich zu den gut 25 Dollar, die in bar ausbezahlt werden sollten, stellten die Vorzugsaktien also nur einen kleinen Teil des Wertes dar, den die Super-Rite-Aktionäre im Zuge der Übernahme bekommen würden. Das würde die Aktionäre von Super Rite noch mehr dazu animieren, den Investment-Nutzen der Vorzugsaktien gering zu schätzen.

Das zweite Fusionspapier, Optionsscheine auf den Erwerb einer zehnprozentigen Beteiligung an der Erwerbergesellschaft „ohne Kosten für den Inhaber", sah sogar noch interessanter aus. Normalerweise geben einem Optionsscheine das Recht, Aktien eines Unternehmens zu einem festgelegten Preis zu kaufen. Da der festgelegte Preis in diesem Fall gleich null war, wurden die Inhaber der Optionsscheine de facto genauso an der Übernahme beteiligt wie die Management-Insider. Die Aktionäre von Super Rite hatten für jede Aktie Anspruch auf eine bestimmte Menge an Optionsscheinen. Da die Optionsscheine nach der Übernahme frei gehandelt werden würden, konnte jeder, der sich an der fremdfinanzierten Übernahme beteiligen wollte, ganz einfach am freien Markt den Super-Rite-Aktionären Optionsscheine abkaufen, die sie verkaufen wollten. Laut der Stimmrechtsvollmacht sollten die Super-Rite-Aktionäre für je 21,44 Aktien von Super Rite einen Optionsschein bekommen. Laut Aussage der von Super Rite beauftragten Investmentbanker hatte der Optionsschein einen Wert von 25 bis 50 Cent pro Super-Rite-Aktie. Wenn die Aktionäre von Super Rite ihre

Vorzugsaktien ohne große Gedanken verkaufen würden, dann würden sie die Optionsscheine angesichts ihres noch geringeren Wertes mit hoher Wahrscheinlichkeit sogar ohne jegliches Nachdenken verkaufen.

Und tatsächlich konnte man die Optionsscheine noch mehrere Monate nach Abschluss der Fusion sehr preiswert kaufen (jeder Optionsschein gab seinem Inhaber das Recht, eine Aktie der Erwerbergesellschaft zu kaufen, die das Management von Super Rite bildete). Da man 21,44 Super-Rite-Aktien brauchte, um einen Optionsschein zu bekommen, bedeutete der Optionsschein-Preis von sechs Dollar (in diesem Bereich wurde er damals gehandelt), dass auf jede Aktie von Super Rite Optionsscheine im Wert von 28 Cent entfielen (sechs Dollar geteilt durch 21,44) – das reichte kaum für ... nun ja ... für überhaupt nichts. Die Optionsscheine wurden also für sechs Dollar gehandelt, aber was waren sie wirklich wert? In diesem Fall half die Lektüre der Stimmrechtsvollmacht. In einem Abschnitt mit der Überschrift „Sichere Prognosen" sagte das Management von Super Rite voraus, dass ein Kunde, den das Unternehmen kürzlich erworben hatte, in drei Jahren einen zusätzlichen Umsatz von 80 Millionen Dollar bringen würde. Gemäß diesem Abschnitt der Stimmrechtsvollmacht würde die neue Gesellschaft, die das Management zwecks Kauf von Super Rite bildete, zu diesem Zeitpunkt nach Steuern einen freien Cashflow von fünf Dollar pro Aktie erzielen. (Was freier Cashflow ist? Das Gleiche wie Gewinn, nur besser. Unklar? Keine Angst – das ist ganz einfach und das steht in Kapitel 7.) Selbst wenn man ein niedriges Kurs-Cashflow-Verhältnis von 10 ansetzte, wäre die neue Aktie demnach 50 Dollar wert. Und damit wären auch die Optionsscheine, die momentan sechs Dollar kosteten, 50 Dollar wert (denn das Recht, kostenlos eine Aktie im Wert von 50 Dollar zu kaufen, wäre natürlich 50 Dollar wert). Normalerweise stehe ich ja langfristigen Prognosen skeptisch gegenüber, aber in diesem Fall dachte ich mir, dass sich das Management der Zukunft des Unternehmens schon sehr sicher sein musste, wenn es das Unternehmen selbst kaufen wollte. Und außerdem

– selbst wenn der tatsächliche Wert des Unternehmens in drei Jahren deutlich unter 50 Dollar liegen würde, blieb für die Optionsscheinbesitzer immer noch genügend Spielraum, große Gewinne einzufahren. Kurz gesagt schien der Kauf von Optionsscheinen für sechs Dollar – auch wenn das eine Spekulation war – ein sehr gutes Geschäft zu sein.

Wie wäre es, vor Abschluss der Übernahme Aktien von Super Rite zu kaufen? Im Endeffekt hätte ich die Optionsscheine und die Vorzugsaktien noch billiger bekommen, wenn ich im September kurz vor Abschluss des Deals Super-Rite-Aktien für 25,50 oder für 26 Dollar gekauft hätte. Da ich für meine Aktien im Zuge des Mergers 25,25 Dollar bekommen hätte, hätte ich durch den Kauf der Aktie zum Preis von 26 Dollar einen Kaufpreis von nur 75 Cent für Vorzugsaktien zum Nennwert von zwei Dollar und für Optionsscheine im Wert von 28 Cent „geschaffen". Aber wenn der Deal aus irgendwelchen Gründen doch noch gescheitert wäre, hätte Super Rite auf seinen früheren Wert von 17 Dollar oder noch tiefer fallen können. Da ich in diesem Fall zudem für 26 Dollar, die ich hinblätterte, nur Optionsscheine im Wert von 28 Cent bekam, verflog die Lust auf diese Variante schnell. Am Ende schien es mir am besten, die Optionsscheine (und vielleicht auch Vorzugsaktien) am freien Markt zu kaufen.

Und wie ging es aus? Kurz gesagt sehr gut. Zwei Jahre nach dem Merger beschloss Super Rite, wieder an die Börse zu gehen. Als die Aktien der Übernahmegesellschaft an der Börse angeboten wurden, war der Wert der Optionsscheine von 6 auf 40 Dollar gestiegen. Auch die Vorzugsaktien liefen nicht schlecht. Ein paar Monate nach der Übernahme konnte man sie noch für 50 bis 60 Prozent ihres Nennwerts kaufen, aber zum Zeitpunkt des Börsengangs kosteten sie 100 Prozent ihres Nennwerts (dazu kam noch die Jahresdividende von 15 Prozent, die in Form von Vorzugsaktien ausgeschüttet wurde). Vergessen Sie nicht, dass es grundsätzlich riskant ist, in Wertpapiere zu investieren, die im Rahmen einer fremdfinanzierten Übernahme ausgegeben werden. Andererseits hat man als Privatmann nicht oft Gelegenheit, Seite an Seite mit Managern und Finanzbonzen zu investieren. Noch seltener kommt es vor, dass man das mithilfe von Wertpieren tun kann, die frei gehandelt und zu Angebotspreisen verkauft werden. Fusionspapiere, ich komme, Aloha!

FALLSTUDIE

Paramount Communications / Viacom

So lange noch alle ihre Hula-Hula-Röckchen anhaben, werfen wir doch einen Blick auf eine Übernahmeschlacht, die mit harten Bandagen und mit Zähnen und Klauen geführt wurde und die fast ein halbes Jahr lang Schlagzeilen machte. Zum Glück endete der Kampf in einem Milliardenmeer von Fusionspapieren. Trotz der enormen Presse, die die Schlacht um Paramount Communications bekam, verpassten die meisten Investoren die größte Chance, aus dieser medienintensiven Situation Profit zu schlagen.

Im September 1993 unterzeichnete Viacom ein Abkommen über den Erwerb von Paramount Communications mit Geld und Aktien. Der Medienkonzern Viacom, der von Sumner Redstone kontrolliert wurde, besaß Kabelprogramme (zum Beispiel MTV, Nickelodeon und Showtime), Kabelnetze, Rundfunksender sowie TV-Vertriebs- und -Produktionsgesellschaften. Die meisten Analysten fanden, dass Paramount und Viacom gut zusammenpassten, denn Paramount würde eine führende Produktions- und Vertriebsgesellschaft für Kinofilme und Fernsehsendungen mitbringen, einen Buchverlag (Simon & Schuster), weitere Kabelkanäle, weitere Fernsehsender und zwei Sportmannschaften. Besonders attraktiv für Viacom waren Paramounts ausgedehntes Archiv an früheren Kino- und Fernseh-Hits sowie der Zugang zu den künftigen Produktionen der Film- und Fernsehstudios von Paramount.

Barry Diller, Initiator des Fernsehsenders Fox und Aufsichtsratsvorsitzender des Homeshoppingkanals QVC, wollte ebenfalls sein

Medienimperium erweitern und gab nur eine Woche nach der Ankündigung von Viacom ein Konkurrenzgebot für Paramount ab. Nach einer fünfmonatigen Gebotsschlacht behielt Viacom schließlich die Oberhand, hatte aber inzwischen das ursprüngliche Gebot deutlich erhöht und seinen Charakter verändert. In dem Bemühen, seinem Angebot mehr Macht zu verleihen, kündigte Viacom die Fusion mit Blockbuster Entertainment an. Der Zusammenschluss sollte kurz nach der erfolgreichen Übernahme von Paramount erfolgen. Da lauter hochkarätige Unternehmen beteiligt waren und da eine Menge Anwälte und Investmentbanker hochaktiv waren, lieferte die Schlacht interessanten Lesestoff, bis im Februar 1994 der Gewinner feststand. Zu diesem Zeitpunkt konnte Viacom 50,1 Prozent der umlaufenden Aktien von Paramount kaufen. Der Wettbewerb war zwar vorüber und die Paramount-Story verschwand aus den Schlagzeilen, aber die Chancen, aus dem Merger Gewinn zu ziehen, fingen gerade erst an.

Der Vollzug des Deals sollte erst nach einer Aktionärsversammlung von Paramount im Juli 1994 stattfinden. Da Viacom im Februar 50,1 Prozent von Paramount gekauft hatte, war die Abstimmung über die Genehmigung der Fusion reine Formsache. Keine reine Formsache waren hingegen die Zahlungsmodalitäten für die verbleibenden 49,9 Prozent von Paramount. Die erste Hälfte der Paramount-Aktien war ausschließlich mit Geld gekauft worden, aber für die zweite Hälfte des Mergers, das sogenannte „Back End“, wurde praktisch alles außer Geld eingesetzt. *The Wall Street Journal* erwähnte die Bezahlung, ging aber nicht näher darauf ein: (1) Stammaktien von Viacom, (2) tauschfähige nachrangige Schuldverschreibungen von Viacom, (3) Wertpapiere, die als Contingent Value Rights (CVR) bezeichnet wurden (eines für jede Viacom-Aktie, die man im Rahmen der Fusion bekommen hatte), (4) dreijährige Optionsscheine für den Kauf von Viacom-Stammaktien für 60 Dollar und (5) fünfjährige Optionsscheine für den Kauf von Viacom-Stammaktien für 70 Dollar.

Alle diese Informationen über den Zusammenschluss und über diese merkwürdige Sammlung von Fusionspapieren wurden den Paramount-Aktionären in der Stimmrechtsvollmacht mitgeteilt, die im Juni herauskam. Diese Informationen waren frei verfügbar, aber die meisten Aktionäre hatten kein Interesse herauszufinden, was das alles bedeutete. Die überwiegende Mehrheit der Paramount-Aktionäre hatte Interesse an Aktien eines Unterhaltungskonglomerats oder an Aktien eines Übernahmekandidaten. Die Stammaktien von Viacom dürften für viele dieser Aktionäre interessant gewesen sein, aber die tauschfähigen Schuldverschreibungen, die CVRs und die beiden unterschiedlichen Optionsscheine würden verkauft werden – ohne einen Blick in die Stimmrechtsvollmacht und ohne Rücksicht auf ihren wahren Wert. Selbst die Stammaktie von Viacom, die von allen Wertpapieren noch die besten Chancen hatte, von den Paramount-Aktionären behalten zu werden, würde schwer unter Verkaufsdruck geraten. Laut Stimmrechtsvollmacht würden die Viacom-Aktien, die im Zuge des Mergers an die Öffentlichkeit emittiert wurden, die öffentlich umlaufende Menge von Viacom-Aktien annähernd verdreifachen.

Die Stimmrechtsvollmacht war zwar lang, aber die Abschnitte, in denen die Fusionspapiere beschrieben wurden, waren nicht sehr ausführlich. Wenn man wirklich die Antwort auf die Frage „Was ist das eigentlich für ein Zeug?“ wissen wollte, dann fand man in einem dreiseitigen Abschnitt unter der Überschrift „Paramount Merger Consideration“ eine sehr gute Zusammenfassung. Es überrascht wohl kaum, dass sich alle Fusionspapiere als ziemlich interessant entpuppten.

Zum Beispiel ergab der gleichzeitige Kauf einer Aktie von Viacom und eines CVR eine einmalige Investmentgelegenheit. Die CVRs, die Viacom ausgegeben hatte, sollten den Wert der Back-End-Wertpapiere garantieren, die die Aktionäre von Paramount im Zuge der Übernahme bekommen sollten. Vielleicht war diese Wertgarantie sogar dafür verantwortlich, dass Viacom bei dem Angebotskrieg um Paramount den Sieg davongetragen hatte. Die CVRs funktionierten folgendermaßen: Falls die Stammaktie von Viacom ein Jahr nach Abschluss der Fusion weniger als 48 Dollar kosten sollte, würde Viacom den Inhabern von CVRs die Differenz bezahlen (das heißt, wenn Viacom am Jahrestag der Fusion 44 Dollar kosten sollte, würde Viacom auf jedes CVR vier Dollar bezahlen; und wenn Viacom zu diesem Zeitpunkt 38 Dollar kosten würde, dann würde Viacom für jedes CVR zehn Dollar bezahlen).

Wenn man zu jeder Aktie von Viacom ein CVR kaufte, konnte man somit als Anleger sichergehen, dass die beiden Papiere zusammen ein Jahr danach mindestens 48 Dollar wert waren. Wenn Viacom jedoch über 48 Dollar gehandelt würde – sagen wir für 55 Dollar –, dann wäre das CVR zwar wertlos, aber zusammen wären die beiden Papiere trotzdem 55 Dollar und damit sogar noch mehr wert als die garantierten 48 Dollar. Da man eine Aktie und ein CVR kurz nach dem Merger für 37 Dollar bekam, war ein garantierter Preis von 48 Dollar nach einem Jahr ziemlich gut – 30 Prozent Jahresertrag mit wenig Risiko und ohne Obergrenze. Na gut, ein paar Kleinigkeiten habe ich weggelassen. Zum Beispiel hatte Viacom die Zahlung auf die CVRs auf einen Höchstbetrag von zwölf Dollar beschränkt. Das bedeutete aber immer noch, dass die Viacom-Aktie auf 25 Dollar fallen konnte, ohne dass ein Anleger, der die Aktie und das CVR für insgesamt 37 Dollar gekauft hatte, Verlust machte. Zudem konnte Viacom den Ausschüttungszeitpunkt nach hinten verschieben – aber nur im Austausch gegen eine Zahlung von mehr als zwölf Dollar.

Die CVRs hatten abgesehen von diesem Beispiel noch mehr Haken und Ösen, aber es gibt da noch einen wichtigeren Punkt: Ich habe auf der Business School nichts von CVRs gehört. Ich hatte auch noch nie in einem Buch gelesen, was das für Dinger waren. Niemand sagte mir, ich sollte so was kaufen. Ich hatte nur die Seite in der Stimmrechtsvollmacht gelesen, die mir erklärte, wie sie funktionierten. Trotzdem hatte ich definitiv einen Vorteil. Ich wusste tatsächlich etwas, das nur wenige andere Investoren wussten. Mein großer Vorteil und mein

Wissen: Es lohnt sich, Fusionspapieren nachzugehen. Die Übernahme von Paramount war ein sehr gutes Beispiel dafür, welche Investmentchancen sich eröffnen können, wenn man sich diesen Bereich anschaut. Natürlich waren die CVRs nicht die einzigen Fusionspapiere, die bei der Paramount-Übernahme ausgegeben wurden. Ein paar andere (eigentlich sogar alle anderen) waren auch einen genaueren Blick wert.

Eines dieser Papiere erschien besonders interessant, nämlich die fünfjährigen Viacom-Optionsscheine für 70 Dollar. Sie gaben dem Inhaber das Recht, während eines fünfjährigen Zeitraums Viacom-Aktien für 70 Dollar pro Stück zu kaufen. Da die Aktie von Viacom im Juli 1994 (kurz nachdem die Viacom-Optionsscheine an die Paramount-Aktionäre verteilt worden waren) etwa 32 Dollar kostete, erschien das Recht, Viacom für 70 Dollar zu kaufen, nicht allzu verlockend. Andererseits denke ich in solchen Situationen immer gern an den Bauern, der vor den König gebracht und zum Tode verurteilt wird.

Der Bauer sagt: „Oh bitte, bitte Majestät, schont mich! Wenn Ihr mich ein Jahr leben lasst, bringe ich dem königlichen Pferd das Sprechen bei."

„Natürlich", antwortet der König, der sich wer weiß was denkt, „wenn du meinem Pferd in einem Jahr das Sprechen beibringst, lasse ich dich frei." Auf dem Weg aus dem königlichen Palast fragt eine der königlichen Wachen den Bauern: „Warum hast du dem König gesagt, du könntest sein Pferd zum sprechen bringen? Wenn das Jahr vorüber ist, wird er dich mit Sicherheit enthaupten lassen!" Der Bauer antwortet: „Da bin ich gar nicht so sicher. Ein Jahr ist eine ganz schön lange Zeit. Wenn ich ein ganzes Jahr habe, ändert der König vielleicht seine Meinung. Oder vielleicht stirbt der König inzwischen. Vielleicht stirbt das Pferd. Vielleicht sterbe ich. Oder wer weiß? Und wenn man dem Pferd ein Jahr gibt, vielleicht spricht es ja wirklich!"

Wenn schon in einem Jahr alles Mögliche passieren kann, stellen Sie sich einmal vor, was mit Viacom in fünf Jahren alles passieren kann! (Vergessen Sie Viacom und stellen Sie sich einmal die ganzen toten

Könige, toten Bauern und sprechenden Pferde vor, die Sie bekommen könnten!) Immerhin lieh sich Viacom eine Menge Geld, um die Übernahme von Paramount zu finanzieren. Bedenken Sie, dass die Viacom-Aktie aufgrund der hohen Leverage dramatisch steigen konnte, wenn die Vermögenswerte von Viacom mehr wert wurden. Außerdem setzte Sumner Redstone, der Mehrheitseigner von Viacom, fast sein gesamtes Milliardenvermögen auf den Erfolg der Fusion. Dazu kam, dass die Aktie von Viacom zehn Monate zuvor immerhin schon 60 Dollar gekostet hatte. Darüber hinaus ging es hier um Fusionspapiere, die tendenziell preiswert gehandelt wurden. Doch so beeindruckend das alles auch klingen mag, keiner dieser Gründe war der Hauptgrund, aus dem der Kauf der fünfjährigen Optionsscheine für 70 Dollar interessant erschien.

Der Hauptgrund, weshalb die fünfjährigen Optionsscheine interessant erschienen, war direkt in dem dreiseitigen Abschnitt zu finden, in dem der Merger mit Paramount beschrieben wurde. Laut Stimmrechtsvollmacht gaben die fünfjährigen Optionsscheine dem Inhaber das Recht, zu jedem beliebigen Zeitpunkt im Verlauf der nächsten fünf Jahre Viacom-Aktien für 70 Dollar zu kaufen. Bei einem normalen Optionsschein hätte dies bedeutet, dass der Inhaber gegen 70 Dollar eine Stammaktie von Viacom bekommen hätte. Aber das war kein normaler Optionsschein. In diesem Fall hatte der Besitzer des Optionsscheins zwei Möglichkeiten: Erstens konnte er die 70 Dollar bar bezahlen – das war nichts Ungewöhnliches. Zweitens jedoch konnten die 70 Dollar auch mit anderen Fusionspapieren des Paramount-Mergers im Nennwert von 70 Dollar bezahlt werden. Mit welchen? Mit den tauschfähigen nachrangigen Schuldverschreibungen, die ich bereits erwähnt habe – Punkt (2) unserer Liste.

Das Gute daran war, dass diese Fusionspapiere kurz nach der Fusion mit Paramount für 60 Prozent ihres Nennwerts gehandelt wurden. Das bedeutet, dass ich zum Preis von nur 42 Dollar einen Nennwert von 70 Dollar bekam. Wenn ich zusätzlich noch fünfjährige Optionsscheine auf Viacom-Aktien kaufen würde, hätte ich unter bestimmten Umständen, die in der Stimmrechtsvollmacht näher ausgeführt wurden, im Endeffekt das Recht, Viacom-Aktien nicht für Fusionspapiere im Wert von 70, sondern von 42 Dollar zu kaufen. Dieses Recht hätte ich fünf Jahre lang. Viacom stand bei 32 Dollar. Das Recht, fünf Jahre lang für 42 Dollar Aktien zu kaufen, war viel wertvoller als das Recht, die Aktien für 70 Dollar zu kaufen. Wenn ich nicht in der Stimmrechtsvollmacht den Abschnitt über Fusionspapiere gelesen hätte, dann hätte ich unter keinen Umständen erfahren, dass es diese Chance gab.

Für alle, die das immer noch interessiert – ob Sie's glauben oder nicht, es gab noch einen Trick. Falls die geplante Fusion von Viacom und Blockbuster zu einem späteren Zeitpunkt doch noch zustande käme (was auch geschah), würden sich die Konditionen für die Optionsscheine ändern und der Wert der tauschfähigen nachrangigen Schuldverschreibungen würde dramatisch steigen. Die Einzelheiten wollen Sie bestimmt nicht wissen, aber unter dem Strich brachte der Kauf der Optionsscheine und der Schuldverschreibungen auf jeden Fall Gewinn, egal was passierte.

Auch hier mag alles wieder kompliziert erscheinen, aber die konkreten Details der Situation sind irrelevant. Wichtig ist, dass ich nichts davon im Studium gelernt habe. Niemand sagte mir, dass es für die Paramount-Fusionspapiere diese abgefahrenen Klauseln gab. Ich wusste nur, dass ich in der Stimmrechtsvollmacht über die Fusionspapiere nachlesen sollte. Die Stimmrechtsvollmacht erklärte, wie die Papiere funktionierten. Das nächste Bündel Fusionspapiere unterliegt wahrscheinlich wieder vollkommen anderen Klauseln. Denken Sie einfach nur daran, dass Sie nachlesen müssen. Investieren Sie nur in Papiere, die attraktiv sind und die Sie verstehen. Und natürlich haben Sie in diesem Spiel allein schon dadurch einen großen Vorsprung, dass Sie auf attraktiven Gebieten wie zum Beispiel auf dem Gebiet der Fusionspapiere überhaupt nach Schnäppchen Ausschau halten. Selbst bei einer so hochkarätigen Übernahme wie Paramount haben die meisten Investoren den Fusionspapieren keine große Aufmerksamkeit geschenkt. Da die meisten Übernahmen nicht monatelang die Titelseiten füllen, ist es kein Wunder, dass Fusionspapiere in den meisten Situationen einfach völlig ignoriert werden. Die meisten sind zum Glück leichter zu verstehen als die Papiere, die mit der Paramount-Fusion verbunden waren, aber wenn Sie sich nicht die Mühe machen, sich durch Lesen darüber zu informieren, verpassen Sie die Gelegenheit, von einem ungeheuer lukrativen Bereich zu profitieren. Fusionspapiere, ich komme! Aber das habe ich ja schon gesagt.

Kurze Zusammenfassung

1. *Risikoarbitrage – nein!*
2. *Fusionspapiere – ja!*
3. *Das Quadrat der Hypotenuse eines rechtwinkligen Dreiecks ist gleich der Summe der Quadrate über den beiden anderen Seiten. (Ich werfe das hier ein, weil die Zusammenfassung sonst so kurz ist.)*

5

BLUTVERGIESSEN (HOFFENTLICH NICHT IHRES)

Bankrotte und Restrukturierungen

BANKROTTE

Bankrott, Insolvenz, Pleite … d-d-das war's, Leute; egal wie man es ausdrückt, der Bankrott klingt nicht gerade nach dem Land der Gelegenheiten. Die Wahrheit ist, dass er es ist … und nicht ist. Die Ecke der Investmentwelt, in der sich Unternehmen in verschiedenen Stadien des Konkurses aufhalten, ist voll von Gelegenheiten – und Minen. Am besten geht man an diesen Bereich – wie mein Vater wohl sagen würde – mit offenem Geist, aber nicht mit hohlem Kopf heran. Zwar sind die Wertpapiere von Unternehmen in verschiedenen Stadien des Bankrotts häufig fehlbewertet, aber das heißt nicht unbedingt, dass alle Wertpapiere, die mit Bankrotten zu tun haben, billig wären.

Ganz im Gegenteil, wenn man in Bankrotte investiert, kann man sich nur vor der eigenen Pleite retten, wenn man sich die Rosinen herauspickt. Nachdem wir ein paar Investmentmöglichkeiten in der Welt des Bankrotts betrachtet (und eliminiert) haben, sollte es Ihnen eigentlich gelingen, die Rosinen der Bankrottszene in Ihr Arsenal der Investmentwaffen aufzunehmen.

Dass ein Unternehmen vor dem Konkursrichter endet, kann alle möglichen Gründe haben. Ein lausiges Geschäft ist nur einer davon. Andere Gründe sind Missmanagement, übertriebene Expansion, staatliche Regulierung, Produkthaftung und veränderte Branchenbedingungen. Vor allem im vergangenen Jahrzehnt waren viele profitable, attraktive Unternehmen gezwungen, Insolvenz zu beantragen, weil sie sich im Zuge einer Fusion oder einer fremdfinanzierten Übernahme eine zu große Schuldenlast aufgebürdet hatten. Manche Unternehmen verhalten sich so zyklisch, dass sie ihre Schulden nicht regelmäßig bezahlen können. Manchmal treibt eine Kombination aus zu optimistischen Prognosen und zu hoher Verschuldung ein ansonsten gutes Unternehmen in den Bankrott. Und gerade diese attraktiven, aber überschuldeten Situationen erzeugen die interessantesten Anlagechancen.

Unabhängig von Ihren Ansichten über die Aussichten eines bestimmten Unternehmens ist es nur selten eine gute Idee, Stammaktien eines Unternehmens zu kaufen, das kurz zuvor Insolvenz beantragt hat. Investoren, die Aktien eines bankrotten Unternehmens besitzen, stehen im Insolvenzverfahren an letzter Stelle der Warteschlange. Die Beschäftigten, die Banken, die Anleihebesitzer, die geschäftlichen Gläubiger (meist Zulieferer) und das Finanzamt sind alle vor den Aktionären an der Reihe, wenn es an die Verteilung der Konkursmasse geht. Der Gedanke, der hinter einem Insolvenzantrag nach Kapitel 11 des amerikanischen Konkursgesetzes steht, ist der gesetzliche Schutz des Unternehmens, damit der Betrieb weitergehen kann, während mit den Gläubigern eine Einigung ausgehandelt wird. Der Bankrott gibt dem Unternehmen zwar Zeit für eine Restrukturierung, aber selbst wenn das Unternehmen erfolgreich aus diesem Verfahren hervorgeht, bleibt für die Aktionäre aus der Zeit vor der Insolvenz meist nicht viel übrig. Trotz dieser Tatsache werden Aktien bankrotter Unternehmen häufig zu sehr hohen (und gewöhnlich ungerechtfertigten) Preisen gehandelt. Die Überbewertung kann auf dem geringen Dollarpreis der Aktien, auf Unwissenheit oder auf zügelloser Spekulation beruhen. Aber die Ursache des Phänomens ist irrelevant. Man sollte sich auf jeden Fall merken, dass es selten Gewinn bringt, die Aktien bankrotter Unternehmen zu kaufen (aber wenn Sie wirklich Geld übrig haben, das Sie zum Fenster hinauswerfen können, dürfen Sie sich gern noch ein Exemplar dieses Buches kaufen).

Aber wenn man nicht die Aktien bankrotter Unternehmen kaufen soll, was bleibt einem dann übrig? Die Antwort lautet – alles Mögliche.

Als Erstes wären da die Anleihen des bankrotten Unternehmens. In manchen Fällen werden diese Anleihen für 20 bis 30 Prozent ihres Nennwerts gehandelt. Manchmal gibt es von einem Unternehmen verschiedene Anleihen: erststellige besicherte Anleihen, erststellige nachrangige Anleihen, nachstellige Anleihen, nachrangige Anleihen, Nullcoupon-Anleihen und wer weiß was für Anleihen – alle mit unterschiedlichen Forderungen und mit unterschiedlichen Preisen. Und dann sind da noch die Bankforderungen. Ja, die Bankforderungen. In den letzten Jahren ist ein florierender Markt für ausgefallene Bankdarlehen bankrotter Unternehmen entstanden. Es gibt eine ganze Makler-Community, die sich auf den Handel mit Schulden von in Not geratenen Unternehmen spezialisiert hat. Natürlich gibt es auch verschiedene Sorten von Bankforderungen – erststellig, besichert, ungesichert, was auch immer – jede Stufe auf der Forderungsleiter hat ihre Besonderheit und ihren eigenen Preis. In manchen Fällen kann man Bankforderungen für einen Bruchteil der ursprünglichen Kreditsumme kaufen.

Und zu der Liste der aktiv gehandelten Bankforderungen kommen dann noch – Lieferantenschulden. Das sind die Forderungen der Zulieferer des bankrotten Unternehmens, die für die Güter, Materialien und Dienstleistungen, die sie vor der Insolvenz geliefert haben, noch nicht bezahlt wurden. Kauf und Verkauf von Lieferantenschulden sind zwar sehr kompliziert, aber viele Makler, die sich auf den Handel mit in Not geratenen Wertpapieren spezialisiert haben, bieten auch einen Marktplatz für Lieferantenschulden.

Aber dass man die Anleihen, Bankforderungen und Lieferantenschulden bankrotter Unternehmen kaufen kann, bedeutet leider noch nicht, dass man das auch tun sollte. Im Laufe eines Konkurses müssen vielerlei rechtliche und finanzielle Fragen geklärt werden, nicht nur zwischen dem Schuldner und den Gläubigern, sondern auch zwischen den Ansprüchen und Prioritäten der verschiedenen Arten von Gläubigern. Die Verhandlungen, die im Zuge einer Insolvenz stattfinden, sind einmalig und beruhen auf den konkreten Umständen des betroffenen Unternehmens. Investoren, die sich auf dieses Feld spezialisiert haben, werden manchmal als „Vulture Investors" [„vulture" = „Geier"] bezeichnet und sie sind sehr geschickt im Entwirren und Durchschauen rechtlicher und finanzieller Probleme. In vielen Fällen gibt es im Anfangsstadium des Bankrotts so wenige Finanzinformationen und die rechtlichen Fragen sowie die Frage der Dauer sind so ungewiss, dass sich selbst diese Investoren in ihren Entscheidungen nur von ihren bisherigen Erfahrungen leiten lassen können. Zudem ist dieses Gebiet ähnlich wie die Risikoarbitrage seit etwa zehn Jahren sehr überlaufen. Wenn man in Wertpapiere bankrotter Unternehmen investieren will, findet man immer noch viele gute Gelegenheiten, aber wenn man sich nicht gerade in Vollzeit auf diese Art des Investments spezialisieren will, ist es wahrscheinlich besser, seine Bemühungen auf andere Gebiete zu richten.

Wohin? Nun, das werde ich Ihnen sagen. Ich würde Ihre Zeit nicht mit Gerede über Bankrottpapiere verschwenden, wenn ich damit nicht etwas sagen wollte. Würde ich das tun? Aber nicht doch.

Was wäre, wenn ich Ihnen sagen würde, dass es im Insolvenzverfahren einen Zeitpunkt gibt, an dem alle komplizierten Probleme gelöst sind? Was, wenn ich Ihnen sagen würde, dass es öffentlich zugängliche Dokumente gibt, die das Ergebnis des Insolvenzverfahrens sehr schön zusammenfassen – einschließlich Prognosen für die künftigen Aktivitäten des Unternehmens? Was, wenn ich Ihnen sagen würde, dass es die Möglichkeit gibt, Wertpapiere von Verkäufern zu erwerben, die sie nicht haben wollen – und die sie noch nie haben wollten? (Erinnern Sie sich noch an die Spin-offs und an die Fusionspapiere? Das wird wohl schon wieder ein Déjà-vu-Erlebnis!)

Nun, kurz gesagt, es gibt diesen Zeitpunkt, sie sind zugänglich und es gibt diese Möglichkeit. Die Investition in Wertpapiere eines Unternehmens, das sich noch im Insolvenzverfahren befindet, bringt zwar allerlei Komplikationen und Risiken mit sich, aber wenn das Unternehmen die Insolvenz hinter sich hat, bietet sich häufig die Gelegenheit für neue, vertrautere Investitionen. Die Inhaber von Schulden des bankrotten Unternehmens – ob Bankforderungen, Anleihen oder Lieferantenschulden – werden normalerweise nicht bar ausbezahlt. Zunächst einmal können die meisten Unternehmen, die Insolvenz beantragen, nicht gerade mit Geld um sich werfen. Die meisten Besitzer erststelliger Schuldpapiere dürften wohl etwas Geld bekommen, aber gewöhnlich bekommen die Inhaber von Forderungen im Austausch gegen ihre Ansprüche aus der Zeit vor dem Bankrott Wertpapiere – im Allgemeinen neue Anleihen oder neue Stammaktien. Deshalb sind die neuen Aktionäre und Anleihebesitzer eines Unternehmens, das einen Konkurs hinter sich hat, zum größten Teil frühere Gläubiger des Unternehmens. Die alten Aktionäre – die Investoren, die vor dem Bankrott Aktien hatten – gehen entweder vollkommen leer aus oder sie bekommen Pfennigbeträge in Optionsscheinen beziehungsweise Aktien des neuen Unternehmens.

Ihre Chance ist die Analyse der neuen Stammaktien. Bevor die Aktien in den Handel kommen, sind alle Informationen über das Insolvenzverfahren, über die bisherige Performance des Unternehmens und über die neue Kapitalstruktur in einer Bekanntmachung verfügbar. Dieses Dokument wird beim Konkursgericht erstellt und man kann es direkt bei dem betreffenden Unternehmen, bei einem privaten Dokumentendienst (siehe Kapitel 7) oder unter gewissen Umständen in Form eines SEC-Dokuments namens Registration Statement [Anlage zum Wertpapier-Zulassungsantrag] beziehen. Diese Bekanntmachung enthält mehr Informationen als das Registration Statement, das bei einem normalen Börsengang veröffentlicht wird – unter anderem die Prognosen des Managements für die künftige Geschäftsentwicklung. Kurz gesagt werden darin die vergangenen Komplikationen des Insolvenzverfahrens erklärt und die Zukunft (zumindest aus Sicht des Managements) für alle sichtbar offengelegt. Es ist nur so, dass sich viele neue Aktionäre dafür nicht interessieren.

Da die neuen Aktien zuerst an Banken, frühere Anleihebesitzer und Zulieferer ausgegeben werden, besteht mehr als genug Grund zu der Annahme, dass die neuen Stammaktionäre kein Interesse daran haben, zu langfristigen Aktionären zu werden. Diese ehemaligen Gläubiger sind durch eine unglückliche Verkettung von Umständen an ein unerwünschtes Investment geraten. Deshalb erscheint es logisch, dass sie bereitwillig oder gar dringend verkaufen wollen. Man kann guten Gewissens davon ausgehen, dass die Banken, Anleihebesitzer und Lieferanten allen Grund haben, ihre Aktien so schnell wie möglich zu verkaufen. Dieses Szenario erscheint zwar vernünftig und resultiert häufig in Schnäppchen, aber ich muss im Hinblick auf die Investition in neue Aktien von ehemals bankrotten Unternehmen folgenden unschätzbaren Rat wiederholen: Picken Sie sich nur die Rosinen heraus! (Anmerkung: Es gibt drei Arten von Menschen – die, die zählen können, und die, die nicht zählen können.)

Im Gegensatz zu Spin-offs ist es hier zweifelhaft, ob der zufällige Kauf von Aktien, die vor Kurzem aus einer Insolvenz hervorgegangen sind, ein Portfolio mit überlegenen Langfristinvestments ergibt. Dafür gibt es vermutlich mehrere Gründe. Ein Grund ist die Tatsache, dass die meisten Unternehmen, die schon eine gewisse Zeit am Konkursgericht verbracht haben, aus gutem Grund dort hingekommen sind. Viele sind in einem schwierigen oder unattraktiven Bereich tätig, haben in ihrer Branche eine schlechte Wettbewerbsposition oder ihre Marktnische schrumpft. Viele haben trotz der massiven Ausgabe von Schuldtiteln im Zuge des Bankrotts nicht genug Kapital, um im Wettbewerb effektiv mithalten zu können. Wenn ein Unternehmen leicht verkäuflich wäre, hätten in vielen Fällen die Gläubiger schon während des Insolvenzverfahrens den Verkauf vorangetrieben. Die Konsequenz daraus ist, dass Unternehmen, die einen Bankrott hinter sich haben, in vielen Fällen keine besonders hohe Qualität haben und dass sich dies in der langfristigen Performance ihrer Aktien niederschlagen dürfte (auch wenn diejenigen Fälle, die wirklich in den Papierkorb gehören, normalerweise liquidiert werden und den Bankrott nicht überstehen).

Trotzdem klingt es doch einleuchtend, dass die Kombination aus begierigen Verkäufern und unbeliebten Unternehmen zumindest manchmal in anfänglich niedrigen Aktienkursen resultieren müsste. Tatsächlich ergab eine Studie von Edward Altman, Allan Eberhart und Reena Aggarwal aus dem Jahr 1996*, dass Aktien von Unternehmen, die aus einer Insolvenz hervorgehen, den Marktdurchschnitt deutlich übertreffen. In dem Untersuchungszeitraum von 1980 bis 1993 übertrafen die Bankrottaktien die relevanten Aktienindizes in den ersten 200 Handelstagen um mehr als 20 Prozent. Aber seien Sie mit solchen Statistiken vorsichtig, denn das läuft nicht immer so – vor allem bei manchen größeren Insolvenzen (laut der erwähnten Untersuchung stammt die höhere Performance zu einem großen Teil von Aktien mit geringem Marktwert und deshalb dürfte es Großanlegern schwerfallen, die Ergebnisse nachzubilden).

Seit ein paar Jahren übt eine Investorengruppe, die ich bereits erwähnt habe – die Vulture Investors –, zunehmend Einfluss auf den Bankrottmarkt aus. Diese Investoren neigen dazu, die Bankforderungen, Anleihen und Lieferantenschulden von Unternehmen schon während des Insolvenzverfahrens aufzukaufen – noch bevor diese Verbindlichkeiten aus der Zeit vor dem Konkurs in neue Aktien und Schuldpapiere umgewandelt werden. Vulture Investors spekulieren darauf, dass die neuen Aktien und Schulden teuer genug gehandelt werden, damit sich daraus ein Gewinn ergibt. Sie hoffen, dass sie durch den Kauf der Verbindlichkeiten bankrotter Unternehmen attraktive Preise für die neuen Aktien „schaffen“. In gewissem Sinne sind über die neuen Aktien bereits „die Geier hergefallen“, bevor die konventionellen Aktieninvestoren überhaupt einen Blick darauf geworfen haben.

---

* Edward Altman, Allan Eberhart und Reena Aggarwal: „The Equity Performance of Firms Emerging from Bankruptcy“, in: New York University Salomon Center and Georgetown School of Business Working Papers, Mai 1996.

Warum sollte man sich also die Mühe machen und unter den frisch ausgegebenen Aktien von Bankrottgesellschaften nach Schnäppchen suchen? Der Hauptgrund ist, dass trotz aller kreisenden Geier gute Bedingungen für Fehlbewertungen der neuen Aktien herrschen. Zunächst einmal haben die „Geier" – so versiert sie in den finanziellen und juristischen Verwicklungen von Insolvenzen auch sein mögen – vermutlich nicht den gleichen Zeithorizont und die gleiche Perspektive wie langfristig orientierte Value-Investoren. Außerdem kaufen die „Geier" gewöhnlich nicht alle verfügbaren Schuldpapiere eines bankrotten Unternehmens auf. Bleiben also noch die Banken, Anleiheinhaber und Lieferanten mit einem großen verkäuflichen Aktienangebot – und diese Gruppe hat im Allgemeinen nicht die Absicht, an der Börse Heldentaten zu vollbringen.

Und dann wäre da noch die Wall Street. Im Gegensatz zu Wohltätigkeitsorganisationen und gewissen obskuren mongolischen Stämmen arbeitet sie nicht umsonst. Wenn ein Unternehmen seine Aktien im Zuge eines Börsengangs verkauft, werden normalerweise Heerscharen von Brokern engagiert, die ihren Klienten die neuen Aktien verkaufen sollen. Dazu werden sie keineswegs abkommandiert, sondern sie werden mit hohen Verkaufsprovisionen dazu verführt. Die Brokerhäuser, die mit der Erstemission betraut wurden, lassen von ihren Researchabteilungen eilig Berichte über die neue Aktie abfassen. Die Manager fahren im Rahmen einer sogenannten Roadshow durchs Land und preisen die Aussichten des Unternehmens an. Aber Aktien von Unternehmen, die einen Bankrott hinter sich haben, werden im Gegensatz dazu von der Wall Street im Allgemeinen ignoriert. Niemand hat Interesse daran, dafür zu werben: keine Gebühren, keine Researchberichte, keine Roadshow. Deshalb werden solche Aktien manchmal als „Orphan Equities" oder „Orphan Stocks" [„Waisenaktien"; dieser Begriff wird auch im Deutschen gelegentlich verwendet] bezeichnet. Dank des flüchtigen Aktionärsstamms und des mangelnden Interesses der Wall Street kann es eine ganze Weile dauern, bis der Preis einer Aktie, die im Zuge eines Bankrotts emittiert wurde, die Aussichten des Unternehmens korrekt widerspiegelt.

Aber wenn solche Unternehmen häufig fehlbewertet sind, wie unterscheidet man die zu Recht preiswerten von den echten Schnäppchen? Man kann sich Ärger zum Beispiel dadurch ersparen, dass man es Warren Buffett nachtut und sich an gute Unternehmen hält. Dies dürfte die Auswahl erheblich einengen. Wie schon erwähnt sind als Ausgangspunkt diejenigen Unternehmen gut geeignet, die überschuldet waren oder die wegen einer fremdfinanzierten Übernahme bankrottgegangen sind. Vielleicht hat die betriebliche Leistung wegen kurzfristiger Probleme Schaden genommen und die Schuldenlast des Unternehmens war so groß, dass es sich nicht vor der Insolvenz retten konnte. Vielleicht sind die Gewinne eines Unternehmens, das an einer gescheiterten fremdfinanzierten Übernahme beteiligt war, sogar gestiegen, nur eben nicht so schnell wie ursprünglich erhofft, sodass es gezwungen war, Insolvenz zu beantragen. Manchmal enden Unternehmen, die große Übernahmen getätigt haben, in der Insolvenz, weil sie ganz einfach zu viel bezahlt haben, um eine „Trophäe“ zu erwerben.

Ein anderer Grund, wieso ein ansonsten gutes Unternehmen in den Bankrott getrieben werden kann, ist der Schutz vor Prozessen aufgrund der Produkthaftung. Wenn die Haftungsansprüche auf einer inzwischen eingestellten oder vereinzelten Produktlinie basieren, können die Prozesse normalerweise im Rahmen des Insolvenzverfahrens beigelegt werden und das Unternehmen kann daraus in sehr guter Verfassung hervorgehen. Walter Industries ist ein Beispiel für ein gutes Unternehmen, das seine Asbestprozesse im Zuge der Insolvenz erfolgreich beigelegt hat. Gelegentlich kommt ein Unternehmen aus dem Bankrott heraus, indem es unprofitable Produktlinien abschafft und stattdessen auf ein oder zwei profitable Abteilungen mit attraktiven Aussichten setzt. Aufgrund dieser Strategie kann ein nebensächlicher Geschäftsbereich nach der Insolvenz zur wichtigsten treibenden Kraft des Unternehmens werden. Das bekannteste (und am meisten erträumte)

Beispiel dafür, was aus einer Waisenaktie werden kann, die dieser Strategie unterzogen wird, ist die Verhundertfachung des Aktienkurses von Toys'R'Us, das aus dem Bankrott von Interstate Department Stores hervorgegangen ist.

Und wenn Sie gern im Trüben fischen (also nicht den Rat von Warren Buffett befolgen), können Sie sich ganz einfach unter den billigsten Aktien bedienen. Diese Aktien gehören vielleicht nicht zu den besten oder beliebtesten Unternehmen, aber dank der Dynamik des Insolvenzverfahrens können sie im Vergleich zu anderen Unternehmen der gleichen Branche preiswert sein. Die neue Aktie eines vormals bankrotten Unternehmens kann verhältnismäßig unterbewertet sein, weil die Analysten von der Wall Street noch nicht darüber berichten, weil die Institutionen sie noch nicht kennen oder ganz einfach weil das Unternehmen von der Insolvenz noch ein gewisses Stigma zurückbehält. In anderen Fällen finden die Investoren auch die verbesserte Kapitalstruktur noch zu riskant. Allerdings kann in solchen Fällen die erhebliche Leverage den Anlegern hübsche Gewinne bescheren, wenn das Unternehmen gut läuft.

Und es gibt noch einen Grund, weshalb Waisenaktien preiswert sein können – ein niedriger Marktwert. Es kann sein, dass kleinere Unternehmen keine Vulture Investors anziehen, weil sie keine ausreichend große Position an Schuldpapieren des Unternehmens aufbauen können, um die Zeit und Mühe zu rechtfertigen, die sie in das notwendige Research investiert haben. Die gleiche Logik greift auch bei Research-Analysten und institutionellen Investoren. Diese Positionen sind wahrhaft verwaist und können eine ganze Weile billig gehandelt werden, bevor sie entdeckt werden.

Aber letztlich wären die meisten Investoren am besten beraten, wenn sie sich an diejenigen vormals bankrotten Unternehmen halten würden, die Merkmale „guter Unternehmen“ aufweisen – Unternehmen mit einer starken Marktnische, einem starken Markennamen oder einer starken Marktstellung. Letztlich ist es äußerst sinnvoll, Warren

Buffetts Investmentkriterien auf eine Gruppe von Waisenaktien anzuwenden, die von der Wall Street nicht so genau beobachtet werden.

Sind alle noch da? Gut. Jetzt, wo ich mir das von der Seele geredet habe (von meinem Gewissen ganz zu schweigen), lassen Sie uns wühlen gehen!

FALLSTUDIE

Charter Medical Corporation

In diesem Fall habe ich ein Unternehmen mit ungewissen Aussichten gekauft (sorry, Warren). Irgendwie wusste ich schon, dass ich mich auf dünnem Eis bewegte, aber der Preis und das Gewinnpotenzial klangen so verlockend, dass ich trotzdem zuschlug.

Im Dezember 1992 gab es mehrere Dinge, die Charter Medical Corporation attraktiv erscheinen ließen. Das Unternehmen hatte ein paar Monate zuvor einen Bankrott hinter sich gebracht, also war es eine klassische Waisenaktie. Die Aktie, die in der ersten Zeit bis auf acht Dollar gestiegen und auf 4,75 Dollar gefallen war, stand knapp über sieben Dollar, als ich darauf aufmerksam wurde. Zu diesem Preis erschien Charter Medical – Betreiber von 78 psychiatrischen Kliniken (und zehn konventionellen Krankenhäusern) – deutlich niedriger bewertet als seine Konkurrenten. Allerdings war die Schuldenlast des Unternehmens immer noch beträchtlich, auch wenn sie sich im Zuge der Insolvenz erheblich verringert hatte. Auf der anderen Seite erhöhte diese Leverage das Gewinnpotenzial von Charter Medical wesentlich. Was an dieser Situation außerdem noch verlockend erschien, war die Tatsache, dass die Insider mittels Aktien und Aktienbezugsrechten beträchtliche Anteile am Unternehmen besaßen – und wie Sie schon wissen, gefällt mir so etwas.

Das Problem war, dass Charter in einem sehr schwierigen geschäftlichen Umfeld operierte. Seit dem Jahr 1988, als Charter Medical im

Rahmen einer fremdfinanzierten Übernahme durch das Management privatisiert wurde, übten die Kranken- und Pflegeversicherungen auf die psychiatrischen Kliniken heftigen Druck aus, die Kosten zu senken. In den vier Jahren vor Beantragung der Insolvenz war die durchschnittliche Aufenthaltsdauer in den Kliniken von Charter Medical (die so lange dauerte, wie die Versicherer bezahlten) von fast 30 auf weniger als 20 Tage zurückgegangen. Dies beeinträchtigte natürlich den Umsatz und den Cashflow. Da Charter Medical nach der fremdfinanzierten Übernahme und einem umfangreichen Investitionsprogramm mehr als eine Milliarde Dollar Schulden hatte, konnte es die Zinsverbindlichkeiten auf die enormen Übernahmeschulden keinesfalls leisten. Als Charter Medical im Juni 1992 einen abgestimmten Konkursantrag einreichte (was bedeutet, dass die Gläubiger dem Plan vor seiner Einreichung bereits weitgehend zugestimmt hatten), waren die Aussichten der Branche nach wie vor ungewiss. Der „einzige" Unterschied, den der Insolvenzplan bewirkte, war die Senkung der Schulden von 1,6 Milliarden auf 900 Millionen Dollar; die vormaligen Gläubiger wurden zu Besitzern neuer Aktien, die die überwältigende Mehrheit von Charters Kapital darstellten, und die Aktien im Besitz der bisherigen Aktionäre wurden dadurch so stark verwässert, dass sie nur noch eine symbolische Beteiligung an dem restrukturierten Unternehmen verkörperten.

Mir schien es allerdings nach einem Blick auf die Bewertungen vergleichbarer Krankenhausketten (mit hohem psychiatrischen Anteil), dass Charter Medical eher 15 Dollar kosten sollte als die sieben Dollar, zu denen es im Dezember 1992 gehandelt wurde, als ich mir das Unternehmen ansah. Diese Diskrepanz konnte darauf beruhen, dass Charter Medical noch mehr auf dem Gebiet der Psychiatrie engagiert war als einige andere Unternehmen, die ich für den Vergleich benutzt hatte. Weitere Faktoren könnten die hohe Leverage gewesen sein, das Stigma, das dem Unternehmen nach dem Bankrott anhaftete, und die anderen Gründe, aus denen Waisenaktien grundsätzlich niedrig gehandelt werden – ängstliche Verkäufer und wenig oder gar keine Berichterstattung von der Wall Street.

Keiner dieser Gründe rechtfertigte meines Erachtens die riesige Preisdiskrepanz. Aus den Prognosen in dem Registration Statement und aus der Gewinnentwicklung in dem Geschäftsjahr, das im September 1992 endete, ging hervor, dass sich die Geschäfte von Charter Medical offenbar stabilisierten. Charter hatte vor, Kosten zu senken, verstärkt um neue Patienten zu werben und die ambulante Behandlung auszubauen. Mit diesen Maßnahmen wollte man dem Umsatzrückgang entgegenwirken, der durch die verkürzte Aufenthaltsdauer der stationären Patienten entstanden war. Das Programm war schon in Angriff genommen worden. Außerdem kündigte Charter den Verkauf seiner konventionellen Kliniken an. Falls dies gelang, brauchten sich die Anleger vermutlich viel weniger Sorgen um die Leverage zu machen. Und schließlich ergaben ein paar schnelle Berechnungen, dass Charter anscheinend einen freien Cashflow von 2,50 bis 3,00 Dollar pro Aktie haben würde (Sie erinnern sich, was freier Cashflow ist, erfahren Sie später noch). Obwohl Charter Medical immer noch hoch verschuldet war und seine Geschäfte den Unwägbarkeiten einer sich wandelnden Branche unterworfen waren, erschien ein Aktienkurs von sieben Dollar sowohl absolut betrachtet als auch im Vergleich zu den Mitbewerbern durchaus preiswert.

Das nächste Jahr lief für Charter Medical ganz gut. Die Kosten hielten sich in Grenzen, die Patientenzahlen stiegen, die ambulanten Abteilungen wuchsen weiter und die konventionellen Kliniken wurden für einen guten Preis verkauft. Und außerdem entdeckte die Wall Street Charter Medical – der Kurs verdreifachte sich und ich konnte die Aktie mit großem Gewinn verkaufen. Dabei hatte ich aber auch Glück. Wenn ich die Aktie nach dem ersten großen Kurszuwachs behalten hätte, dann hätte ich damit drei Jahre lang keinen Gewinn mehr gemacht. Vielleicht sollte mir die schlechte Performance in der Zeit danach eine Lehre sein.

VERKAUFEN: BEHALTEN ODER WEG DAMIT?

Das ist jetzt wahrscheinlich ein guter Zeitpunkt, über die andere Seite der Investmentgleichung zu sprechen – wann man verkaufen sollte. Die schlechte Nachricht ist, dass Kaufen im Vergleich zum Verkaufen einfach erscheint – kaufen, wenn es relativ billig ist; kaufen bei begrenztem Verlustrisiko; kaufen, weil unentdeckt; kaufen bei Insideranreizen; kaufen, wenn man einen Vorsprung hat; kaufen, wenn niemand kaufen will – Kaufen erscheint irgendwie sinnvoll und logisch. Aber Verkaufen – das ist eine schwierige Angelegenheit. Wann verkauft man? Die kurze Antwort lautet: Ich weiß es nicht. Aber immerhin habe ich ein paar Tipps.

Erster Tipp: Bei einer Aktie, die an irgendeiner außergewöhnlichen Transaktion beteiligt war, kann man sich viel leichter ausrechnen, wann man sie verkaufen sollte, als bei einer Durchschnittsaktie. Das liegt daran, dass die Kaufgelegenheit einen klar definierten Zeitrahmen hat. Egal ob man einen Spin-off, ein Fusionspapier oder eine Aktie frisch aus der Insolvenz besitzt, immer ist ein besonderes Ereignis vorausgegangen, das die Kaufgelegenheit geschaffen hat. Hoffentlich erkennt der Markt irgendwann nach dem Ereignis den Wert an, den die außerordentliche Veränderung enthüllt hat. Sobald der Markt reagiert hat und/oder die Eigenschaften, die Sie ursprünglich an der Situation verlockt haben, allgemein bekannt sind, schmilzt Ihr Vorsprung vermutlich erheblich zusammen. Dieser Prozess kann ein paar Wochen oder ein paar Jahre dauern. Der Auslöser für den Verkauf kann ein erheblicher Anstieg des Aktienkurses oder eine Änderung der Fundamentaldaten des Unternehmens sein (das heißt, dem Unternehmen ergeht es schlechter, als Sie gedacht hatten).

Wie lange sollte man mit dem Verkauf warten? Auch diese Frage ist nicht leicht zu beantworten. Folgender Tipp hat bei mir gut funktioniert: Mit den schlechten handeln, in die guten investieren. Aber nein, das soll nicht so nutzlos sein wie Will Rogers' berühmter Ratschlag: „Kaufen Sie, und wenn sie steigt, verkaufen Sie. Wenn sie nicht steigt, kaufen Sie sie nicht." „Mit den schlechten handeln, in die guten investieren" bedeutet, dass man beim Schnäppchenkauf bestimmen muss, welche Art Unternehmen man kauft. Wenn das Unternehmen ein durchschnittliches Unternehmen in einer schwierigen Branche ist und Sie es gekauft haben, weil ein besonderes Ereignis eine Schnäppchengelegenheit erzeugt hat, halten Sie sich für den Verkauf bereit, sobald die Eigenschaften der Aktie allgemein bekannt werden. Im Fall Charter Medical behielt ich die Schwierigkeiten und die Unsicherheit des Hauptgeschäfts im Hinterkopf, obwohl die Gewinne immer noch kräftig stiegen, nachdem ich das Unternehmen gekauft hatte. Dann reflektierte der Aktienkurs so langsam die positiven Berichte der Wall-Street-Analysten und der populären Presse, also verkaufte ich die Aktie. Keine Wissenschaft. Die Aktie erschien immer noch verhältnismäßig preiswert, aber Charter war in einer Branche tätig, mit der ich mich als Langfristanleger nicht wohlfühlte. Der Profit der Transaktion (wenn auch größer als üblich) beruhte weitgehend auf einem Schnäppchenkauf, der aus der anfänglichen Vernachlässigung einer Waisenaktie durch die Anleger resultierte.

Ein anderes Unternehmen dagegen, dessen Aussichten und dessen Marktnische ich positiver beurteilte – nämlich American Express –, wurde zu einer langfristigen Investition. Wie Sie sich wohl erinnern, war American Express das Mutterunternehmen eines Spin-offs. Ich hatte den Eindruck, dass die Unvorhersehbarkeit der Geschäfte des Spin-offs Lehman Brothers die Attraktivität der beiden Hauptgeschäftsbereiche der Muttergesellschaft maskierte – Bezahlkarte und Finanzberatung. Der Kauf dieser Geschäfte zu einem KGV von 9 vor dem Spin-off sah nach einer verborgenen Schnäppchengelegenheit aus. Da American Express anscheinend gute Geschäfte besaß, fühlte ich mich mit dem langfristigen Besitz von American Express viel wohler. Gewiss war auch hier eine außerordentliche Veränderung für einen Teil meines Gewinns verantwortlich, denn der Spin-off schuf die Chance auf einen Schnäppchenkauf. Der Rest meiner Gewinne beruhte jedoch darauf, dass die Geschäfte von American Express weiterhin florierten. Schließlich war der Markt bereit, für die wachsenden Gewinne von American Express immer mehr zu bezahlen.

Unter normalen Umständen habe ich nicht die Fähigkeit, gute Unternehmen zu erspähen, die auch noch super-unterbewertet sind. Warren Buffett kann das, aber in seiner Liga spielen nur wenige. Indem ich bei den Unternehmen, die außergewöhnliche Veränderungen durchmachen, nach Schnäppcheninvestments Ausschau halte, habe ich ordentliche Chancen, über ein paar gute Langfristinvestitionen zu stolpern. Das Schnäppchen, das durch das besondere Ereignis geschaffen oder enthüllt wird – das ist das, was mich dazu bewegt einzusteigen. Die Qualität und die Art des Geschäfts – das ist das, was normalerweise darüber entscheidet, wie lange ich dabeibleibe. Also: Mit den schlechten handeln, in die guten investieren. Wenn man diesen Spruch mit dem Rat von Will Rogers kombiniert, kann man unsagbar weit kommen.

RESTRUKTURIERUNGEN

Die Restrukturierung von Unternehmen ist ein weiterer Bereich, in dem außergewöhnliche Veränderungen, die nicht immer unter den besten Umständen stattfinden, Investmentchancen hervorbringen können. Mit dem Begriff „Restrukturierung" kann vieles gemeint sein, aber wenn wir hier von Restrukturierung sprechen, dann sprechen wir nicht von kleinen Schönheitsoperationen am Rande, sondern von wirklich großen Veränderungen. Damit ist der Verkauf oder die Schließung einer ganzen Abteilung gemeint. Und dann auch nicht einer beliebigen Abteilung. Wir sprechen hier von einer großen Abteilung, zumindest im Verhältnis zu der Größe des gesamten Unternehmens.

Natürlich finden ständig Restrukturierungen statt. Das ist ein schmerzhafter, aber manchmal notwendiger Teil des kapitalistischen Systems. Die Art von Restrukturierung, auf die wir uns hier konzentrieren und die auch die klarsten Investmentchancen bietet, ist der

Verkauf oder die Schließung großer Abteilungen in der Absicht, Verluste zu dämpfen, Schulden zu begleichen oder sich auf vielversprechendere Geschäftsbereiche zu konzentrieren.

Der Grund, weshalb größere Restrukturierungen eine fruchtbare Quelle von Investmentchancen sein können, besteht in der Tatsache, dass die Abteilung, die verkauft oder liquidiert wird, häufig den Wert verschleiert hat, der in den anderen Geschäftsbereichen des betreffenden Unternehmens steckt. Ein einfaches Beispiel wäre ein Konglomerat, das zwei Dollar Gewinn pro Aktie macht und dessen Aktie zu einem KGV von 13 und somit für 26 Dollar gehandelt wird. Es könnte sein, dass die zwei Dollar Gewinn pro Aktie durch die Gewinne zweier Geschäftsbereiche und den Verlust eines dritten zustande kommen. Wenn die beiden profitablen Abteilungen drei Dollar Gewinn pro Aktie erwirtschaften, während die dritte einen Dollar Verlust beiträgt, bietet sich eine Gelegenheit. Wenn die verlustbringende Abteilung einfach verkauft oder ohne Verbindlichkeiten liquidiert werden könnte, würde der Gewinn des Konglomerats sofort auf drei Dollar pro Aktie steigen. Bei einem Preis von 26 Dollar würde dadurch das KGV von 13 auf weniger als 9 fallen. In vielen Fällen bringt der Verkauf oder die Liquidierung von Verlustgeschäften außerdem noch einen positiven Erlös. Dadurch wird die Investmentchance natürlich noch attraktiver.

Ähnlich wie ein Spin-off kann der Verkauf einer großen Abteilung ein konzentrierteres Unternehmen schaffen, was sowohl dem Unternehmen selbst als auch seinen Aktionären echte Vorteile bringen kann. Das kommt dem Management zugute, das sich auf eine begrenzte Anzahl vielversprechender Betriebsabteilungen konzentrieren kann, und es kommt dem Wert des Unternehmens auf dem Markt zugute, weil der Markt für mehr spezialisierte und profitable Abteilungen mehr zu zahlen bereit ist. Es mag vielleicht unlogisch klingen (weil in solchen Fällen häufig geschäftliches Scheitern im Spiel war), aber diejenigen Unternehmen, die größere Restrukturierungen vornehmen, gehören häufig zu denjenigen, die sich am meisten an den Aktionären orientieren. Wenn ein Unternehmen nicht in äußerster Not ist, wird es wohl schwerlich eine große Abteilung verkaufen. Wenn eine Unternehmensleitung einen solchen Plan trotzdem durchzieht, hat sie meistens die Interessen der Aktionäre im Auge.

Es gibt grundsätzlich zwei Arten, wie man aus einer Restrukturierung einen Vorteil ziehen kann. Eine Möglichkeit besteht darin zu investieren, nachdem eine bedeutende Restrukturierung angekündigt wurde. Häufig kann man dank der spezifischen Eigentümlichkeiten der Transaktion nach der Ankündigung mehr als genug profitieren. Es kann sein, dass der Markt eine gewisse Zeit braucht, um die diversen Auswirkungen eines derart großen Schachzugs voll zu begreifen. Im Allgemeinen hat man umso mehr Zeit und Gelegenheit, aus der Ankündigung einer Restrukturierung Nutzen zu ziehen, je geringer die Marktkapitalisierung eines Unternehmens ist (und je weniger Analysten und Institutionen folglich das Unternehmen beobachten).

Die andere Möglichkeit zu profitieren besteht darin, in ein Unternehmen zu investieren, das reif für eine Restrukturierung ist. Das ist allerdings viel schwieriger. Ich suche solche Situationen normalerweise nicht aktiv, aber es kommt vor, dass einem eine solche Gelegenheit in den Schoß fällt. Auf jeden Fall muss man lernen, einen potenziellen Restrukturierungskandidaten zu erkennen, wenn man einen sieht. Wenn das für Sie offensichtlich ist, dann denken viele Unternehmensleitungen (vor allem wenn sie selbst große Aktienpositionen halten) häufig genauso. Zumindest war das im nächsten Beispielfall so.

FALLSTUDIE

Greenman Brothers

In diesem Fall muss ich denen Ehre erweisen, denen Ehre gebührt. Erstens meiner Frau, die diese Chance dank ihrer Aufmerksamkeit entdeckt hat, und zweitens Peter Lynch, der den Samen gepflanzt hat.

Ich versuche zwar schon immer, meine Frau – Vollzeitmutter und zeitweise Anwältin – für den Aktienmarkt zu begeistern, aber ich wusste nicht, wie weit ich es gebracht hatte, bis sie eines Tages nach Hause kam und ein gutes Stück Ermittlungsarbeit geleistet hatte. Nicht weit von unserem Haus hatte meine Frau ein neues Geschäft entdeckt, das Lernspielzeuge und Bausätze für Kinder verkaufte. Sie war von dem Konzept und von der Atmosphäre in dem Geschäft derart beeindruckt, dass sie den Geschäftsführer fragte (ein Rat von Peter Lynch, den sie sich offenbar zu Herzen genommen hatte), ob das Geschäft namens „Noodle Kidoodle" einer börsennotierten Aktiengesellschaft gehöre. Die Antwort: Ja, es gehörte dem Unternehmen Greenman Brothers, das an der American Stock Exchange gehandelt wird. Ich musste sie mitten im Erzählen unterbrechen. Ich sagte ihr, mir kämen vor Rührung die Tränen und ich bräuchte ein Taschentuch. Das war natürlich ein (halber) Scherz.

Weitere Nachforschungen ergaben (denn wie viele heiße Tipps kann ich von meiner Frau wohl erwarten?), dass Greenman ein mäßig profitabler Vertreiber von Spielwaren, Haushaltswaren und Schreibwaren war. Genau genommen war Greenman der Mittler zwischen den Herstellern und mehr als 7.000 Einzelhandelsgeschäften. Die Noodle-Kidoodle-Läden waren ein neues Projekt des Unternehmens und diese Abteilung sollte erheblich wachsen, falls sich die ersten beiden Geschäfte als erfolgreich erwiesen. Das sah mir auf jeden Fall nach einem vielversprechenden Konzept aus. Als ich in den Laden ging, den meine Frau entdeckt hatte, schienen die Displays, die einmaligen Waren und die Menschenmengen zu schreien: „Hey, das ist großartig hier!" Ich sah keinen Grund, dass man – nachdem das Konzept bei fünf bis zehn örtlichen Geschäften funktioniert hatte – nicht das ganze Land mit 100, 200 oder noch mehr Geschäften abdecken könnte. Das war genau die Art von Einzelhandelskonzept, auf das man laut Peter Lynch ein Auge haben sollte – und meiner Frau zuliebe fing ich ganz unten an.

Bei dieser Art von Gelegenheiten kümmere ich mich normalerweise nicht darum, was ich denke. Welch ein tolles Konzept! Welch ein fantastisches neues Produkt! Das könnte ein Volltreffer sein! Solche Gedanken habe ich zwar von Zeit zu Zeit, aber ich tue mein Möglichstes, sie zu ignorieren. Wenn man sich an der Börse in großartige neue Konzepte oder Produkte einkauft, muss man dafür natürlich einen gewissen Preis bezahlen. Der Kurs kann das 20-, 30- oder 40-Fache des Gewinns betragen. In vielen Fällen ist das Kurs-Gewinn-Verhältnis unendlich groß – das Geschäft ist so neu, dass noch keine Gewinne existieren; und im Falle von „Konzepten" gibt es vielleicht noch nicht einmal Umsatzzahlen! Meine negative Einstellung zu Investitionen in schnell wachsende (oder potenziell schnell wachsende) Unternehmen mit hohem KGV verhindert wahrscheinlich, dass ich in das nächste Microsoft oder Wal-Mart investiere. Aber ich denke mir, da ich kein Prognosemagier bin, nicht den nächsten Trend im Bereich Technologie oder Einzelhandel voraussagen kann, entgehen mir dadurch wahrscheinlich auch haufenweise Verlierer. Ich halte das für einen fairen Kompromiss, denn (wie ich schon gesagt habe) wenn man nicht verliert, sind die meisten Alternativen gut.

Also, wieso verflixt stand ich jetzt mitten im Noodle Kidoodle und dachte über eine große Investition in Greenman Brothers nach? Wollte ich nur meine Frau besänftigen (gewöhnlich eine kluge, wenn auch nicht profitable Strategie)? Keineswegs. Wie ich vorher schon wusste, war Greenman vor allem im Vertriebsgeschäft tätig. In diesem Geschäft wurde zwar nicht viel verdient, aber das Schöne war, dass die Aktie nur knapp über fünf Dollar kostete, obwohl Greenman einen Buchwert von acht Dollar pro Aktie hatte. Nicht dass der Buchwert – der Wert von Greenmans Vermögenswerten (aufgrund der historischen Werte) abzüglich aller Verbindlichkeiten – das einzige Maß für den Wert der Aktie gewesen wäre. Jedenfalls stellte sich die Frage, wenn Greenman mit diesem Vermögen nicht viel Geld verdienen konnte, was war es dann wirklich wert? Als Großhandelsvertrieb, als Mittler zwischen

Herstellern und Einzelhändlern, brauchte Greenman allerdings nicht viele materielle Vermögenswerte wie etwa Fabriken und Ausrüstung. Der größte Teil von Greenmans Vermögen bestand in Geld, Außenständen und vor Kurzem erworbenen Beständen – also aus der Art von Vermögenswerten, die man unter den meisten Umständen problemlos verkaufen konnte.

Nach meinen Überlegungen verbarg dieses dumpfe, kaum gewinnbringende Vertriebsgeschäft allerdings das Potenzial eines großartigen Einzelhandelskonzepts. Da Greenman weniger als sechs Dollar pro Aktie kostete, hatte der Markt den Aussichten von Noodle Kidoodle offenbar noch keinen Wert beigelegt. Da Greenman seine Pläne, die Kette umfangreich zu erweitern (falls die ersten Geschäfte erfolgreich sein würden), bereits bekannt gegeben hatte, konnte es sein, dass das neue Einzelhandelsgeschäft das Potenzial und die Gewinne des Vertriebsgeschäfts am Ende in den Schatten stellen würde. Das Problem war nur – auch wenn ich mit dem enormen Potenzial recht hatte, würde eine Expansion in dem Ausmaß, das ich erhoffte, Geld kosten. Da Greenman fast keine Schulden hatte, kamen Darlehen als Geldquelle infrage. Und ich rechnete mir aus, dass das Vertriebsgeschäft auch zu einer Geldquelle werden konnte: Wenn das mit Noodle Kidoodle schließlich klappen würde, könnte Greenman das Großhandelsgeschäft vielleicht verkaufen. Selbst wenn der Wert von Greenmans Vermögenswerten – acht Dollar pro Aktie – um 25 Prozent gekappt würde, blieb immer noch ein Erlös von sechs Dollar. Eine Reduktion um 40 Prozent würde immer noch bedeuten, dass ich für ein Unternehmen, das mich extrem begeisterte, so gut wie nichts bezahlen musste.

Doch einen Moment. Ich sagte ja schon, dass ich mich nicht wohl dabei fühle, in solche schnell wachsenden Unternehmen mit neuen Konzepten zu investieren. Aber genau genommen habe ich nur gesagt, dass ich es hasse, mit solchen Sachen Geld zu verlieren. Ich befürchte immer, dass hohe Kurs-Gewinn-Verhältnisse oder hohe Kurs-Umsatz-

Verhältnisse, die auf meinen eigenen Wachstumsprognosen basieren, zu großen Verlusten führen könnten. Diese Art von Investment verursacht mir Unwohlsein. Aber hier, bei einem Preis von weniger als sechs Dollar, bezahlte ich für das, was ich als das enorme Potenzial von Noodle Kidoodle betrachtete, gar nichts. Nach allem, was ich gesehen hatte, stand der neuen Kette der Erfolg aufs Firmenschild geschrieben – und da ich diese Wette kostenlos abschließen konnte, war der Preis in Ordnung.

Natürlich konnte sich die Begeisterung über Noodle Kidoodles erste Geschäfte verflüchtigen, die Kette konnte auf Konkurrenz stoßen, der Trend zum Lernspielzeug konnte ein lokales Phänomen oder eine vorübergehende Mode sein. Aber da ich für dieses Geschäft nicht viel bezahlte – wenn überhaupt etwas –, würde ich wahrscheinlich auch nicht viel verlieren, wenn etwas schiefging. Auch das Risiko, dass sich das Vertriebsgeschäft von Greenman dramatisch verschlechtern könnte, machte mir keine großen Sorgen. Dieses Geschäft machte zwar keinen Verlust, aber wenn es anfangen würde, Verluste zu schreiben, dann könnte sich Greenman dank seiner gut verkäuflichen Vermögenswerte vielleicht aus dem Vertrieb zurückziehen und sich auf Noodle Kidoodle konzentrieren. Wie ich es auch drehte und wendete, zu dem Preis, den ich bezahlte, gab es nicht allzu viele Szenarien, die mit einem großen Verlust endeten. Und die Gewinnmöglichkeiten? Da war ich nicht sicher, aber einiges war definitiv drin.

Und was passierte? Naja, die Aktie schwebte ungefähr ein Jahr lang im Nirgendwo, mal kostete sie sieben Dollar, mal nur vier. Während dieser Zeit liefen die Noodle-Kidoodle-Läden weiterhin gut und Greenman kündigte an, es wolle 15 neue Geschäfte eröffnen, und Ende 1995 wären es dann 20 Stück. Das Vertriebsgeschäft lief dagegen immer schlechter. Im Mai 1995, also ein Jahr nach meinem ersten Kauf, stand die Aktie immer noch unter sechs Dollar. Aber um diese Zeit gab Greenman bekannt, es prüfe die Möglichkeit, seine Großhandelsabteilung zu verkaufen. In einer Pressemitteilung von Greenman hieß es, ein Verkauf würde „Kapital freisetzen, das für die Vergrößerung unseres Noodle-Kidoodle-Einzelhandelsnetzes gebraucht wird“, denn das Netz sollte expandieren. Auf einmal war Greenman keine träge, langsam wachsende Vertriebsgesellschaft mehr, sondern ein schnell wachsender Einzelhandelsdynamo. Nach zwei Monaten stand die Aktie auf elf und nach vier Monaten auf 14 Dollar. Ich verkaufte meine Aktien zwischen zehn und elf Dollar.

Hey, Sie können mich gern als Angsthasen bezeichnen, aber ich musste verkaufen. Greenman war zu einer heißen Aktie geworden, ich bekam nichts mehr umsonst – und außerdem, was wusste ich denn von Überfliegeraktien? Es konnte immer noch vieles schiefgehen. Damit Greenman profitabel wurde, waren schon noch mehr als 20 Noodle-Kidoodle-Geschäfte nötig. Wer konnte denn wissen, welche Verheerungen der Wankelmut der Kunden und die Konkurrenz bei einer aufstrebenden Spielwarenkette anrichten konnten? Kurz, der Preissprung hatte aus Greenman die Art von Aktie gemacht, mit der ich mich einfach nicht wohlfühlte. Die Restrukturierung hatte den versteckten Wert befreit, den ich anfangs gesehen hatte; die Sache war bekannt und mein ursprünglicher Vorteil war weg.

Sie könnten sagen, dass ich da schon ein bisschen Glück gehabt hätte. Die Unternehmensleitung hätte die Restrukturierung erst später vornehmen können oder es hätte sein können, dass es gar keine Restrukturierung gab. Wenn ich in alle Unternehmen investieren würde, die vielleicht restrukturieren könnten, dann müsste ich ewig warten – und während des Wartens wären meine Anlageerträge vermutlich nicht besonders toll. Der Fall Greenman jedoch hatte drei Eigenschaften, die das Unternehmen besonders attraktiv machten. Eine davon war ganz klar das begrenzte Verlustrisiko. Das haben wir wahrscheinlich schon bis zum Erbrechen durchgehechelt – aber gut: Das Sicherheitspolster sollte auf Ihrer Investmentliste immer ganz oben stehen. Die nächste Eigenschaft, die Greenman hatte, war ein restrukturierbares Geschäft. In diesem Fall würde Noodle Kidoodle als florierendes, attraktives Geschäft übrig bleiben, wenn das Vertriebsgeschäft verkauft würde. Das dritte Merkmal der Situation von Greenman war eine Art Katalysator, der die Dinge in Bewegung brachte. Greenman hatte ein neues Konzept gelandet, das im Erfolgsfall einen beträchtlichen Finanzierungsbedarf hatte. Wenn Noodle Kidoodle durchstartete, brauchte Greenman von irgendwoher Geld. Die Tatsache, dass das Vertriebsgeschäft immer schlechter lief, erleichterte die Entscheidung, einen Käufer zu suchen und zu restrukturieren, vermutlich sehr.

Die Suche nach potenziellen Restrukturierungskandidaten stellt letztlich eine große Herausforderung dar. Ich glaube, für die meisten Investoren ist das keine fruchtbare Übung. Aber „einen zu erkennen, wenn er einem begegnet" – diese Art von Suche kann jedermann betreiben. Achten Sie nur darauf, dass das Geschäft, das Ihr Interesse weckt, im Verhältnis zum Gesamtunternehmen groß genug ist, um wirklich etwas zu bewirken. Solche Gelegenheiten sind zwar selten und dünn gesät, aber man kann viel Geld verdienen, wenn man ein attraktives Geschäft erkennt, bevor es durch eine Restrukturierung enthüllt wird.

Wenn ein Unternehmen hingeht und Ihnen offen sagt, dass es eine Restrukturierung plant, ist die Situation natürlich viel leichter zu erkennen. Deshalb dürften die meisten Ihrer Restrukturierungschancen in diese Kategorie fallen. Auch wenn die Restrukturierung schon öffentlich angekündigt wurde, bleibt häufig noch viel Zeit für Research und Gewinn. Im nächsten Fall kam ich erst mit der Restrukturierung in Berührung, als sich der Aktienkurs schon fast verdreifacht hatte. Zum Glück blieb für Trantüten noch genug Gewinn übrig.

FALLSTUDIE

General Dynamics

Zum ersten Mal fiel mir General Dynamics im Juni 1992 auf. Das *Wall Street Journal* berichtete, dass dieses große Rüstungsunternehmen vorhabe, von seinen Aktionären 13 Millionen Aktien zurückzukaufen. Das waren rund 30 Prozent der umlaufenden Aktien von General Dynamics. Das Rückkaufangebot wurde durch ein Zuteilungsverfahren abgewickelt, das man als „Dutch Auction Tender" bezeichnet. Damit bekamen die Aktionäre die Möglichkeit, dem Unternehmen ihre Aktien zu einem Preis zwischen 65,375 und 75 Dollar anzubieten. Je nach Anzahl und Preis der angebotenen Aktien würde General Dynamics dann einen bestimmten Preis festsetzen, zu dem es die 13 Millionen Aktien zurückkaufen konnte. Alle Aktien, die zu dem festgesetzten Preis oder darunter angeboten wurden, sollten zum niedrigeren Preis gekauft werden.

Als ich mir dieses Angebot ansah und las, wie die Transaktion stattfinden sollte, erschien es mir gar nicht so wichtig, wie die Aktie im Einzelnen zurückgekauft werden sollte. Mich frappierte bei der Lektüre der Zeitungsberichte und der Angebotsunterlagen (die bei der SEC eingereicht wurden) vielmehr der umfassende Plan, den General Dynamics mehr als ein Jahr davor in Gang gesetzt hatte. General Dynamics zog die Konsequenzen aus dem schrumpfenden Verteidigungshaushalt, der nach dem Zusammenbruch der Sowjetunion vermutlich noch kleiner werden würde; das Unternehmen hatte beschlossen, seine Firmenphilosophie drastisch zu verändern. Unter Führung des ehemaligen Apollo-Astronauten William Anders hatte das Unternehmen einen umfassenden Restrukturierungsplan auf den Weg gebracht und wollte sich auf ausgewählte Kerngeschäfte konzentrieren. Zu Beginn des neuen Programms wurde im Februar 1991 ein Aktien-Incentive-Plan für die 23 Topmanager des Unternehmens aufgelegt. Zu diesem Zeitpunkt stand die Aktie von General Dynamics ungefähr bei 25 Dollar. Als ich mir die Aktie zum ersten Mal ansah, also nach der Ankündigung des Dutch Auction Tenders im Juni 1992, war sie schon auf 71 Dollar gestiegen. Die Aktionäre des Unternehmens hatten schon ein Vermögen verdient und die Spitzenmanager des Unternehmens hatten einen Gewinn von über 20 Millionen Dollar eingefahren.

Als ich das sah, warum ließ ich es da nicht einfach sein? Ich kam zu spät zur Party – nein, nicht einfach zu spät: Die Aktionäre hatten schon das Dessert gegessen, vielleicht sogar schon ein zweites und ein drittes. Warum also forschte ich weiter nach? Direkt auf der ersten Seite der Ausschreibungsunterlagen fand ich ein ermutigendes Zeichen. Da stand nämlich, in welchem Maß das Management das Rückkaufangebot des Unternehmens wahrgenommen hatte: Sogar nach dem spektakulären Anstieg des Aktienkurses verkaufte die Unternehmensleitung im Rahmen des Dutch Auction Tenders dem Unternehmen keine einzige Aktie. Das war für mich ein Indiz, dass die Insider, also die Menschen, die mit den Aussichten des Unternehmens am besten vertraut waren, die Aktie immer noch für unterbewertet hielten. Und wenn die Aktie zum Rückkaufpreis immer noch unterbewertet war, konnte das dramatische Konsequenzen haben. Das war ein einfaches Rechenexempel: Wenn eine Riesenmenge Aktien unter dem wahren Wert gekauft wurde, wäre das für die Aktionäre, die ihre Aktien behielten, ein warmer Geldregen. Dazu kam, dass etwaige künftige Wertzuwächse des Unternehmens durch die geringere Anzahl umlaufender Aktien verstärkt wurden.

Der Restrukturierungsplan an sich wies ebenfalls ermutigende Merkmale auf. Er erschien nicht nur sinnvoll, sondern er war trotz der bislang erzielten großen Fortschritte bei Weitem noch nicht abgeschlossen. In den Ausschreibungsunterlagen stand unter der Überschrift „Hintergründe und Geschäftsstrategie“, dass General Dynamics einen wohldefinierten strategischen Plan hatte. Das Management glaubte, „dass die Rüstungsindustrie ihre erheblichen Überkapazitäten abbauen muss, wenn sie den Vereinigten Staaten eine solide industrielle Basis bieten will. Deshalb wurde beschlossen, dass nach der Rationalisierung nur die Geschäftsbereiche weiterbetrieben werden sollen, in denen das Unternehmen Marktführer ist.“ Nach diesem Prinzip hatte General Dynamics vier Kernbereiche ausgewählt, an die es seine Zukunft knüpfen wollte. Das Unternehmen wollte „fortgesetzt neue Wege suchen“, jeden dieser Geschäftsbereiche „durch Kombination mit anderen, durch Bildung von Kooperationen zum Abbau überschüssiger

Fertigungsanlagen, durch den Erwerb kompatibler Unternehmen und nötigenfalls durch den Verkauf von Geschäftsbereichen" zu stärken. Alle sonstigen Geschäftsbereiche von General Dynamics, die eben nicht zu dem Kernbereich gehörten, sollten laut diesem Plan verkauft werden.

Im Grunde wollte General Dynamics über einen langen Zeitraum nach Restrukturierungschancen suchen – sowohl in den „Nicht-Kernbereichen", die eindeutig verkauft werden sollten, als auch in den Kernbereichen, die fortgesetzt restrukturiert werden sollten. Im Jahr zuvor hatte General Dynamics schon für fast 800 Millionen Dollar das große Tochterunternehmen Cessna Aircraft Corporation verkauft. Und im Monat davor hatte das Unternehmen den Verkauf der Raketenabteilung mit einem erwarteten Erlös von 450 Millionen Dollar angekündigt. Laut dem Zeitplan in den Ausschreibungsunterlagen sollte der gesamte Prozess vor Ende 1993 abgeschlossen sein. Der Erlös aus den Verkäufen sollte an die Aktionäre von General Dynamics ausgeschüttet werden. Und da die verkauften Geschäftsbereiche mehr als 20 Prozent des gesamten Unternehmens ausmachten, würden die Ausschüttungen an die Aktionäre steuerlichen Vergünstigungen unterliegen.

Dies bringt uns zu dem letzten Grund, aus dem ich die Situation von General Dynamics so interessant fand. Egal, wie spät ich hinsichtlich der Restrukturierung dran war, und unabhängig davon, wie weit die Aktie schon gestiegen war – sie schien immer noch preiswert. Alles zusammengenommen sah es so aus, als könnte General Dynamics selbst nach der Ausgabe von 950 Millionen Dollar für den Aktienrückkauf und ohne Berücksichtigung künftiger Gewinne seinen Aktionären deutlich mehr als eine Milliarde Dollar geben – oder mit der Milliarde die Marktposition in seinen Kernbereichen festigen. Ich zog die erwarteten Bareinnahmen vom Aktienkurs ab und erhielt so den Nettowert der verbleibenden Kerngeschäftsbereiche von General Dynamics. Selbst vorsichtig geschätzt folgte aus diesem Preis, dass ich die künftigen

Geschäfte von General Dynamics um 40 Prozent billiger als andere Rüstungskonzerne bekam. Da das Verkaufsprogramm des Unternehmens so zielstrebig war und da das Management sogar die Kernbereiche restrukturieren wollte, dachte ich mir, dass der Preisabschlag nicht lange halten würde. Die Vorgeschichte des Unternehmens und das Incentive-Programm für das Management machten mich sehr zuversichtlich, dass der Markt die Werte, die durch den Restrukturierungsplan freigelegt wurden, am Ende voll würdigen würde.

Und was passierte? Die Dinge entwickelten sich noch besser, als ich zu hoffen gewagt hatte. Anfang Juli 1992 kaufte das Unternehmen die 13 Millionen Aktien zum Preis von 72,25 Dollar zurück und senkte dadurch die Anzahl der umlaufenden Aktien unter 30 Millionen. Nur zwei Wochen später trat ein Ereignis ein, das das Herz eines jeden Aktionärs höher schlagen lässt: Warren Buffett gab bekannt, dass er vier Millionen Aktien respektive 15 Prozent von General Dynamics gekauft hatte (sehen Sie, Sie befinden sich durchaus in guter Gesellschaft, sogar Warren Buffett fühlt sich von solchen Sondersituationen von Unternehmen angezogen). Obwohl General Dynamics nun das Qualitätssiegel des besten Investors der Welt hatte, blieb immer noch genug Zeit, Aktien zu kaufen, denn der Preis bewegte sich nach Buffetts Bekanntmachung noch fast zwei Monate lang zwischen 75 und 80 Dollar. Und es stellte sich heraus, dass das ein kluger Schachzug gewesen wäre.

General Dynamics stieß weiterhin Nicht-Kerngeschäfte ab und meldete im Dezember 1992 den Verkauf eines Kerngeschäfts, nämlich der Abteilung „Taktische Flugzeuge", für 1,5 Milliarden Dollar. Diese Abteilung gehörte zwar zu den ausgewählten Kernbereichen des Konzerns, aber der Verkauf passte dennoch in den Gesamtplan, den General Dynamics in den Ausschreibungsunterlagen offengelegt hatte: „fortgesetzt neue Wege suchen", jeden dieser Geschäftsbereiche „durch den Erwerb kompatibler Unternehmen und nötigenfalls durch den Verkauf von Geschäftsbereichen" zu stärken. Im Laufe des nächsten

Jahres überprüfte ich meine ursprüngliche Bewertung nach jeder Ankündigung eines Abteilungsverkaufs oder einer Dividendenausschüttung. Mit jedem Schritt verbesserten sich Wert und Leistung der verbliebenen Geschäftsbereiche. Bis Ende 1993 hatte General Dynamics im Zuge des Restrukturierungsprozesses Dividenden von mehr als 50 Dollar pro Aktie ausgeschüttet und trotz dieser Ausschüttungen war die Aktie auf mehr als 90 Dollar gestiegen. Die sich daraus ergebende Summe von 140 Dollar bedeutete, dass sich die Aktie in nicht einmal 18 Monaten verdoppelt hatte – und das alles war passiert, nachdem ich in der Zeitung von dem Zeichnungsangebot des Unternehmens gelesen hatte.

Ja, ich war zu spät zum Fest gekommen. Aber in diesem Fall galt: Besser spät als nie. Natürlich laufen nicht alle Restrukturierungen so gut wie diese. Es ist schon erstaunlich, dass eine Änderung der strategischen Perspektive (zusammen mit günstigen Marktbedingungen) die Marktbewertungen der gleichen Geschäfte in weniger als drei Jahren von 25 auf 140 Dollar steigen lassen kann. Andererseits verspüren die Unternehmensleitungen seit einigen Jahren den Druck, ihre Geschäfte mehr zu fokussieren, sodass sie für die Investment Community verständlicher werden. Meldungen, dass ein Unternehmen beschlossen hat, sich mittels Spin-off oder Verkauf kernfremder Geschäftsbereiche zu restrukturieren, sind an der Tagesordnung. Die Erfahrungen von General Dynamics und seinen Aktionären sind nur ein Extrembeispiel für die verborgenen Werte, die durch diesen Prozess freigesetzt werden können.

KURZE ZUSAMMENFASSUNG

1. *Bankrotte – was man sich merken sollte:*
   a. *Bankrotte können einmalige Investmentchancen hervorbringen – aber seien Sie wählerisch.*
   b. *Kaufen Sie grundsätzlich keine Stammaktien eines bankrotten Unternehmens.*

   c. *Die Anleihen, Bankforderungen und Lieferantenschulden bankrotter Unternehmen könnten attraktive Investments sein – aber kündigen Sie zuerst Ihre Arbeitsstelle.*
   d. *Unter den neu ausgegebenen Aktien vormals bankrotter Unternehmen kann sich die Suche lohnen. Genauso wie bei Spin-offs und Fusionspapieren kommen durch die ängstlichen Verkäufer, die diese Sachen sowieso nicht haben wollten, häufig Schnäppchen zustande.*
   e. *Außer wenn der Preis unwiderstehlich ist, investieren Sie nur in Unternehmen mit attraktiven Geschäften – oder wie Damon Runyon* es einmal ausdrückte: „Mag sein, dass nicht der Schnellste das Rennen gewinnt und nicht der Stärkste den Kampf – aber so wettet man eben."*
2. *Verkaufstipps:*
   a. *Mit den schlechten handeln, in die guten investieren.*
   b. *Denken Sie an die Sache mit der Hypotenuse im vorangegangenen Kapitel – das sagt Ihnen zwar nicht, wann Sie verkaufen sollen, aber da weiß ich wenigstens, dass es stimmt.*
3. *Restrukturierungen:*
   a. *Die Restrukturierung eines Unternehmens kann ungeheure Werte offenbaren.*
   b. *Suchen Sie nach Situationen mit begrenztem Verlustrisiko, mit einem attraktiven Geschäft als Schwerpunkt der Restrukturierung und mit einer durch Anreize motivierten Führungsmannschaft.*
   c. *Achten Sie bei potenziellen Restrukturierungskandidaten außerdem auf einen Katalysator, der den Stein ins Rollen bringen kann.*

* (1884–1946) amerikanischer Autor und Humorist

d. *Achten Sie darauf, dass die Restrukturierung im Verhältnis zur Unternehmensgröße umfangreich genug ist.*
e. *Hören Sie auf Ihre Frau (das garantiert zwar keine Kapitalgewinne, aber die Dividenden sind Ihnen sicher).*

6

„NEUE SCHUHE FÜR DAS KIND“ UND „DAS GELD ANDERER LEUTE“

Rekapitalisierungen und Stub Stocks, LEAPS, Optionsscheine und Optionen

Also gut. In Kapitel 3 habe ich Ihnen von Spin-offs erzählt. Allein damit wäre das Buch sein Geld schon wert. Nehmen Sie dazu noch die Kapitel 4 und 5 – Fusionspapiere, Bankrotte und Restrukturierungen –, dann sind wir schon bei 60 Dollar. Und jetzt sind Sie so undankbar und wollen noch mehr! Mehr Risiko, mehr Lohn, mehr Geld!

Nun gut. Ich helfe Ihnen. Aber ehrlich gesagt sind Sie nicht der Typ Mensch, mit dem ich gern zusammen bin, und wenn Sie meinen, ich würde noch ein Ginsu-Messerset drauflegen, dann haben Sie sich geschnitten.

REKAPITALISIERUNGEN UND STUB STOCKS

Eine der Möglichkeiten, wie ein Unternehmen Werte für seine Aktionäre schaffen kann, ist die Rekapitalisierung der Bilanz. In den 1980er-Jahren waren die an der Wall Street sogenannten „Recaps" eine beliebte Methode, die Avancen feindlicher Übernahmekünstler abzuwehren oder die widerborstigen Aktionäre zu besänftigen. Im Allgemeinen kauft ein Unternehmen im Rahmen einer Rekapitalisierung einen großen Teil seiner Stammaktien zurück und bezahlt sie mit Geld, Anleihen oder Vorzugsaktien. Die Alternative zum Rückkauf ist die Ausschüttung von Geld oder Wertpapieren an die Aktionäre. Das Ergebnis einer Rekapitalisierung ist normalerweise ein Unternehmen mit hoher Leverage (hoher Verschuldung und hoher Hebelwirkung), das immer noch den gleichen Aktionären wie zuvor gehört. Rekapitalisierungen sind zwar nicht mehr so beliebt, wie sie einmal waren (das liegt an den vielen exzessiv verschuldeten Unternehmen, die Ende der 1980er-Jahre und Anfang der 1990er-Jahre Insolvenz angemeldet haben), aber es gibt immer noch einen guten Grund, etwas darüber zu lernen. Doch dazu kommen wir später noch.

Sehen wir zuerst einmal, wie ein Recap funktioniert. Nehmen wir an, die Aktie des Unternehmens XYZ kostet 36 Dollar. Das Unternehmen beschließt, dass eine Rekapitalisierungstransaktion gut für die Aktionäre wäre, und verteilt unter seinen Aktionären neue Anleihen im Wert von 30 Dollar. Da die XYZ-Aktie 36 Dollar kostete, bevor das Unternehmen seinen Aktionären einen Wert von 30 Dollar ausgeschüttet hat, müsste der Markt die Stammaktie nach der Ausschüttung eigentlich mit rund sechs Dollar bewerten – und wenn nur das passieren würde, wären Rekapitalisierungen keine große Sache. Aber so einfach ist das nicht.

In der Praxis bescheren Rekapitalisierungen den Aktionären aus verschiedenen Gründen einen zusätzlichen Wert. Einer der Gründe ist die Tatsache, dass eine Bilanz mit hoher Leverage Steuervorteile bringt. Nehmen wir an, Unternehmen XYZ hat vor der Rekapitalisierung einen Gewinn nach Steuern von drei Dollar pro Aktie erwirtschaftet – was bei einem Aktienkurs von 36 Dollar ein KGV von 12 ergibt. Wenn der Steuersatz einschließlich Steuern an den Bundesstaat bei 40 Prozent liegt, beträgt der Gewinn vor Steuern also rund fünf Dollar (fünf Dollar Vorsteuergewinn minus zwei Dollar Steuern ergibt die drei Dollar Nachsteuergewinn). Jetzt sehen wir uns einmal an, was passiert, wenn man mittels Rekapitalisierung die Leverage der Bilanz erhöht.

Wenn die Anleihen im Wert von 30 Dollar, die an die Aktionäre verteilt werden, zehn Prozent Zinsen bringen, muss XYZ pro Anleihe jährlich drei Dollar Zinsen bezahlen. Da Zinsen steuerlich abzugsfähige Ausgaben sind, beträgt der Vorsteuergewinn jetzt nur noch zwei Dollar pro Aktie (die vormaligen fünf Dollar abzüglich drei Dollar Zinskosten). Wenn man von dem gleichen 40-prozentigen Steuersatz wie zuvor ausgeht, bleiben von den zwei Dollar nach Steuern noch 1,20 Dollar übrig. Wenn die Aktie von XYZ nach der Rekapitalisierung (üblicherweise als Stub Stock* bezeichnet) nur sechs Dollar kosten würde, betrüge das Kurs-Gewinn-Verhältnis nur noch 5. Und das ist normalerweise viel zu niedrig.

Natürlich hat die Stub Stock das KGV von 12, das XYZ vor der Rekapitalisierung hatte, wahrscheinlich nicht verdient. Schließlich erhöht die stark gewachsene Schuldenlast das Risiko der Stammaktionäre von XYZ – und da sich Investoren für zusätzliches Risiko gern bezahlen lassen, sollte das KGV einer Stub Stock eigentlich niedriger liegen. Wie niedrig? Das lässt sich nicht wissenschaftlich exakt berechnen, aber ein KGV von 8 oder 9 scheint nicht unvernünftig. Damit würde die Aktie rund zehn Dollar kosten (KGV 8,33) und das Recap-Paket wäre insgesamt 40 Dollar pro Aktie wert (30 Dollar Schulden und zehn Dollar „Stub“); vor der Rekapitalisierung kostete die Aktie 36 Dollar.

Klingt das nach einem vernünftigen Ergebnis? An den Vermögenswerten von XYZ hat sich nichts geändert. Das Umsatz- und Gewinnpotenzial des Unternehmens ist das gleiche wie vorher. Wo kommen also die vier Dollar her, die die Aktionäre gewonnen haben? Sind Rekapitalisierungen also nur Spiegelfechterei – Sie wissen schon, sogenanntes Financial Engineering? Nun, eigentlich nicht.

Der Trick steckt in den Steuern. Von den fünf Dollar Vorsteuergewinn gingen vor der Rekapitalisierung drei Dollar als Gewinn an die Aktionäre und zwei Dollar gingen als Steuern an Vater Staat. Nach der Rekapitalisierung gehen drei Dollar in Form von Zinsen auf die neuen Anleihen an die Aktionäre und es gehen zusätzlich 1,20 Dollar als

* Rumpfaktie

Gewinn der Stub Stocks an die Aktionäre. Die Aktionäre, die vor der Rekapitalisierung drei Dollar bekommen hatten, bekommen jetzt also 4,20 Dollar. Der Fiskus kassiert jetzt keine zwei Dollar mehr, sondern nach der Rekapitalisierung nur noch 80 Cent. Kein Spiegeltrick und kein künstlicher Nebel. Die Belastung der Bilanz (nicht aber eine Überbelastung) erweist sich als steuergünstige Methode, den Aktionären Gewinne zukommen zu lassen – und das ist definitiv etwas wert.

Natürlich erfährt man von einer Rekapitalisierung normalerweise erst, wenn sie schon in den Zeitungen angekündigt wird. Ein Teil der vier Dollar Gewinn, der aus der Rekapitalisierungstransaktion resultiert, hat sich bereits im Preis von XYZ niedergeschlagen, bevor Sie die Chance haben zu investieren. Trotzdem können Recaps erhebliche Gewinnchancen bringen. Wenn im Rahmen einer Rekapitalisierung Schuldpapiere oder Vorzugsaktien direkt an die Aktionäre ausgegeben werden, können ähnliche Gelegenheiten entstehen wie bei der Investition in Fusionspapiere. Investoren, die vorher Stammaktien von XYZ hatten, wollen im Allgemeinen keine Schuldpapiere und keine Vorzugsaktien haben. Aus diesem Grund werden die neu ausgegebenen Wertpapiere kurz nach der Ausschüttung wahllos verkauft. Aber diese Geschichte kennen Sie ja schon – und ehrlich gesagt ist der Teil, der am interessantesten werden kann, der andere Teil.

Dazu gehört auch die Investition in Stub Stocks, also in die Aktien, die nach der Rekapitalisierung übrig bleiben. Damit kann man das große Geld machen. Die Investition in Stub Stocks ist prinzipiell das Gleiche wie die Investition in den Kapitalanteil einer börsennotierten fremdfinanzierten Übernahme. Viele fremdfinanzierte Übernahmen bringen das Fünf- oder Zehnfache der anfänglichen Kapitalinvestition ein und manche Stub Stocks bringen ähnlich spektakuläre Erträge. Sicher können fremdfinanzierte Übernahmen scheitern und der Wert so mancher Stub Stock hat sich schon in Luft aufgelöst. Aber der Lohn für diejenigen, die tatsächlich klappen, kann mehr als nur ein paar Verlierer wettmachen. Tatsächlich gibt es am Aktienmarkt kaum einen anderen Bereich, in dem Nachforschungen so schnell und so großzügig belohnt werden wie die sorgfältige Analyse von Stub Stocks.

Wieso kann die Investition in Stub Stocks so lukrativ sein? Die Antwort ist ziemlich einfach und direkt: Das liegt an den Zahlen. Nachdem wir vorhin schon über die Vorteile und Risiken der Investition in Unternehmen mit hoher Leverage gesprochen haben, wollen wir die Gelegenheit durch eine einfache Rechnung noch einmal verdeutlichen. Nehmen wir an, der Vorsteuergewinn von XYZ steigt um 20 Prozent, also von fünf auf sechs Dollar pro Aktie. Ohne Rekapitalisierung stutzt der Steuersatz von 40 Prozent den Nachsteuergewinn auf 3,60 Dollar zurück. Bei einem KGV von 12 steigt die Aktie somit von 36 Dollar auf 43,20 Dollar, also um 20 Prozent.

Wenn man annimmt, dass XYZ eine Rekapitalisierung vornimmt, sieht die Sache schon anders aus. Angenommen, der Vorsteuergewinn steigt auf sechs Dollar und man zieht davon drei Dollar Zinszahlungen auf die Anleihen ab, die im Rahmen der Rekapitalisierung ausgegeben werden, ergibt sich ein zu versteuernder Gewinn von drei Dollar pro Aktie. Bei einem Steuersatz von 40 Prozent beläuft sich der Nachsteuergewinn von XYZ somit auf 1,80 Dollar pro Aktie. Wenn man das gleiche KGV wie zuvor ansetzt (8,33), ist die Aktie von XYZ jetzt 15 Dollar wert – 50 Prozent mehr als der ursprüngliche Stub-Preis von zehn Dollar. Gehen wir noch einen Schritt weiter: Da der Vorsteuergewinn jetzt die Zinskosten noch komfortabler übersteigt als im vorherigen Szenario, gilt die Aktie vielleicht als weniger riskant. Jetzt könnte ein Kurs-Gewinn-Verhältnis von 10 vernünftig erscheinen. Daher könnte die Stub Stock zu 18 Dollar gehandelt werden, was 80 Prozent Kursgewinn auf die vorherigen zehn Dollar sind. Und wie gesagt kommt dieser potenzielle 80-prozentige Kurszuwachs durch den vergleichsweise bescheidenen Gewinnzuwachs (vor Steuern) von 20 Prozent zustande. Sie können sich also vorstellen, dass schuldfinanzierte Rekapitalisierungen Spaß machen und Gewinn bringen können – wenn es klappt.

Aber wie schon erwähnt, hat man als Anleger heutzutage nicht oft die Chance, in Stub Stocks rekapitalisierter Unternehmen zu investieren. Zumindest vorläufig sind Recaps aus der Mode gekommen. Doch falls Sie die Idee immer noch begeistert, in Leverage-Aktien zu investieren, habe ich zwei Vorschläge. Erstens bringt Ihnen die Investition in Leverage-Spin-offs den gleichen Geldkick wie die Investition in Stub Stocks und zweitens ist überhaupt nichts dagegen zu sagen, dass Sie sich in diesem Bereich ein bisschen umsehen – außer dass wir dieses Thema schon behandelt haben. Der zweite Vorschlag ist mein Versprechen vom Anfang dieses Kapitels: eine Möglichkeit, Ihr neues Wissen über Rekapitalisierungen zu ihrem Vorteil zu nutzen. Da die meisten Unternehmen den Weg der Rekapitalisierung selbst nicht mehr beschreiten, können Sie nämlich (gewissermaßen) Ihre eigene Rekapitalisierung vornehmen.

Aber bevor wir dazu kommen, gehen wir in die Blütezeit der Recaps – in die 1980er-Jahre – zurück, damit wir sehen, wie so etwas im richtigen Leben funktioniert.

FALLSTUDIE

FMC Corporation

Im Februar 1986 gab FMC Corporation – ein Rüstungsunternehmen, Chemikalienhersteller und Maschinenbauer – Pläne für eine größere Rekapitalisierung bekannt. Der Anlass dafür war FMCs Befürchtung, dem Unternehmen könnte eine feindliche Übernahme drohen. Nach Prüfung mehrerer Alternativen entschied der Aufsichtsrat von FMC, dass ein Recap die beste Verteidigung gegen eine etwaige Übernahme wäre. Man hoffte, die Rekapitalisierung würde den Aktienkurs hochtreiben und dem Management sowie den Beschäftigten eine größere Kapitalbeteiligung an dem Unternehmen bescheren. Falls das funktionierte, würde es feindliche Bieter abschrecken und das Management und die Angestellten würden ihr Schicksal in der Hand behalten.

Gemäß dem Plan sollten die FMC-Aktionäre für jede Aktie eine Barausschüttung von 70 Dollar und eine neue Aktie des rekapitalisierten Unternehmens bekommen. Die Unternehmensleitung und die Mitarbeiter, die im Rahmen des unternehmenseigenen Aktienplans Aktionäre waren, sollten statt Bargeld zusätzliche Aktien des rekapitalisierten Unternehmens bekommen. Die Manager bekamen also keine 70 Dollar, sondern 4 2/3 Aktien des rekapitalisierten Unternehmens. Das heißt, das Management würde nach der Rekapitalisierung statt einer Stub Stock 5 2/3 rekapitalisierte FMC-Aktien besitzen. Nach Vollzug des Plans würde die Insiderbeteiligung an FMC von 19 auf 40 Prozent der Aktien steigen.

Anfangs schien der Plan die erwünschte Wirkung zu zeigen. Die FMC-Aktie, die rund 70 Dollar kostete, bevor die Übernahmegerüchte auftauchten, stieg nach Ankündigung des Rekapitalisierungsplans auf etwa 85 Dollar. Das bedeutete, dass der Markt der Stub Stock, die nach der Ausschüttung von 70 Dollar an die außenstehenden Aktionäre verbleiben würde, einen Wert von 15 Dollar beimaß. Aber die Übernahmegerüchte flauten nicht ab und während der nächsten sechs Wochen kletterte die Aktie weiter auf 90 Dollar. Anfang April gab Ivan Boesky, der berüchtigte Übernahmetrader und gelegentliche Unternehmenspirat, bekannt, dass er 7,5 Prozent der umlaufenden Aktien von FMC gekauft hatte. Er verkündete, der Rekapitalisierungsplan sei seiner Meinung nach zu großzügig zu den Management-Aktionären und er habe vor, bei der Aktionärsabstimmung im nächsten Monat dagegenzustimmen.

Als Reaktion auf Boeskys Widerspruch gegen den Plan und auf den erheblichen Anstieg des Aktienkurses kündigte das Unternehmen ein paar Wochen später eine Änderung des Plans an. Unter Berufung auf „die aktuellen Konjunktur- und Marktbedingungen, die von sinkenden Zinsen und starkem Interesse des Marktes an dem Plan gekennzeichnet sind“, erhöhte FMC die Barausschüttung auf 80 Dollar pro Aktie. Trotz der erhöhten Ausschüttung sollten die Manager und Beschäftigten die ursprünglich geplante Anzahl von Aktien bekommen. Anfang Mai 1986 wurde bei der SEC eine Stimmrechtsvollmacht eingereicht, in der der geänderte Rekapitalisierungsplan beschrieben wurde, und die Aktionärsabstimmung sollte im Laufe des Monats stattfinden.

Da ich wusste, dass Stub Stocks manchmal spektakuläre Gewinne bringen können, las ich die Stimmrechtsvollmacht mit großem Interesse. Mir fiel ein auffälliger Abschnitt mit der Überschrift „Sichere Prognosen" ins Auge. In diesem Abschnitt legte das Management nach bestem Wissen dar, wie seine Gewinn-und-Verlustrechnung, seine Kapitalflussrechnung und seine Bilanz in den nächsten acht Jahren aussehen würden. Wie schon gesagt, ich genieße Managementprognosen immer mit Vorsicht und langfristige Prognosen sind mir besonders suspekt. Aber in diesem Fall schaute ich trotzdem genauer hin. Schließlich steckte das Management ja im Zuge der Rekapitalisierung kein Geld ein. Es zog dem Geld eine größere Aktienbeteiligung an dem rekapitalisierten Unternehmen vor. Und nicht nur das, die Spitzenmanager knüpften ihr Schicksal und ihre Karriere mehr als je zuvor an den künftigen Erfolg des Unternehmens.

Laut den Prognosen rechnete FMC damit, in nur drei Jahren einen Gewinn pro Aktie von 3,75 Dollar zu erzielen – bei einem freien Cashflow nach Steuern von 4,75 Dollar. Zu diesem Zeitpunkt sollte der Vorsteuergewinn doppelt so groß sein wie die Zinskosten und bei einem Kurs-Cashflow-Verhältnis von 10 könnte die Stub Stock an die 50 Dollar kosten. Da FMC gerade um die 97 Dollar pro Aktie kostete (und unter der Annahme, dass die Rekapitalisierung klappte), bedeutete das, dass ich die Stub Stock letztlich zum Preis von 17 Dollar bekam (97 minus 80 Dollar Barausschüttung). Wenn die Prognosen von FMC annähernd eintreffen würden, wäre das ein wahres Schnäppchen.

Und was passierte? Ein Jahr nach der Rekapitalisierung war die Aktie auf 40 Dollar gestiegen und ein paar Monate später stieg sie kurz vor dem Crash im Oktober 1987 auf 60 Dollar. Aber als Beweis für die alte Weisheit, dass Leverage in zwei Richtungen wirkt (großes Gewinnpotenzial und großes Verlustrisiko), fiel die Aktie im Gefolge des Crashs auf 25 Dollar und pendelte sich danach um die 35 Dollar ein. Und was passierte mir? Ich verpasste die ganze Aktion. Aus irgendeinem Grund, an den ich mich nicht mehr erinnern kann, verkaufte ich meine FMC-Position mehrere Monate nach Abschluss der Rekapitalisierung für 26 Dollar. Vielleicht hatte ich mich einfach nicht in die Qualität der Geschäftstätigkeit von FMC verliebt und einfach meinen eigenen Rat befolgt: „Mit den schlechten handeln, in die guten investieren.“ Vielleicht bin ich aber an dem Tag, an dem ich verkaufte, mit dem falschen Fuß zuerst aufgestanden. Aber egal, jedenfalls war ich ziemlich froh, dass ich diese Sorte „Spaß“ verpasste.

Ach ja, beinahe hätte ich es vergessen. Es stellte sich heraus, dass Boesky seine anfängliche Aktienposition aufgrund von Insiderinformationen aufgebaut hatte. Das Unternehmen verklagte ihn später, weil er es gezwungen hatte, die Rekapitalisierungsdividende um zehn Dollar zu erhöhen. Nachdem Boesky Wertpapierbetrug in mehreren Fällen gestanden hatte (darunter auch ein ziemlich ausgefeilter Plan, bei dem Geldkoffer gegen Insidertipps getauscht wurden), wurde er zu einer mehrjährigen Haftstrafe verurteilt. Boesky hat seine Zeit abgesessen – und Sie auch, wenn Sie schon bis hierher gelesen haben. Deshalb sage ich Ihnen jetzt endlich, wie man von seinem Wissen über Stub Stocks und ihr explosives Gewinnpotenzial guten Gebrauch macht.

LEAPS

(Long-Term Equity AnticiPation Securities)

Wie schon erwähnt gibt es eine Möglichkeit, seine eigene Version einer Stub Stock zu schaffen. Allein schon durch die Auswahl unter den Hunderten verfügbaren LEAPS können Sie sich eine Investmentsituation schaffen, die viele Risiko-Belohnungs-Eigenschaften mit der Investition in Leverage-Aktien rekapitalisierter Unternehmen gemeinsam hat. „LEAPS“ ist nichts weiter als die Abkürzung für einen langfristigen Optionskontrakt (Long-term Equity AnticiPation Security). Vielleicht denken Sie jetzt: „Na prima, aber was ist eine Option?“ Ist aber gar nicht so schlimm. Es gibt zwar zwei Arten von Optionen – Puts und Calls –, aber wir sprechen hier nur von Calls. Des Weiteren sprechen wir hier nur von Calls, die an einer nationalen Wertpapierbörse gehandelt werden – börsennotierte Calls oder „Listed Calls“. (Alles klar, jetzt geht’s Ihnen also auch nicht besser. Aber lesen Sie trotzdem weiter, es steht viel Geld auf dem Spiel.)

Ein Call ist ganz einfach das Recht – nicht aber die Verpflichtung –, während eines begrenzten Zeitraums eine Aktie zu einem bestimmten Preis zu kaufen. Zum Beispiel gibt einem ein Juni-Call auf IBM zu 140 Dollar die Berechtigung, bis zum Verfallsdatum der Option im Juni (börsennotierte Optionen sind jeweils am dritten Freitag des Monats fällig) eine IBM-Aktie für 140 Dollar zu kaufen. Wenn die Aktie von IBM zum Ablaufdatum 148 Dollar kostet, ist die Option acht Dollar wert. Dieser Wert ergibt sich daraus, dass man die Aktie, die man mittels Option für 140 Dollar kaufen könnte, sofort wieder für 148 Dollar verkaufen könnte. Wenn die IBM-Aktie zum Verfallsdatum des Calls hingegen nur 135 Dollar kostet, verfällt der Call wertlos. Das liegt daran, dass das Recht, eine Aktie für 140 Dollar zu kaufen (man spricht von einem Ausübungspreis oder einem Strike beziehungsweise Strike-Preis von 140 Dollar) überhaupt nichts wert ist, wenn jedermann einfach auf den Markt gehen und die gleiche Aktie für 135 Dollar kaufen kann. Nun gut, das waren die wichtigsten Grundlagen – nur ein Schritt fehlt noch.

Wenn Aktienhandel stattfindet, ist normalerweise auch der Optionsmarkt offen. Es gibt nicht zu allen gehandelten Aktien Optionen, aber für Tausende der größten Unternehmen gibt es durchaus welche. Das heißt, falls es zu einer Aktie börsennotierte Optionen gibt, kann man sie gewöhnlich bis zum Verfallsdatum zu den Handelsstunden kaufen und verkaufen. Die 140er-Juni-Calls von IBM wurden beispielsweise mehrere Monate vor dem Ablaufdatum im Juni gehandelt. Darüber, was der Call zum Ablaufdatum wert ist, haben wir schon gesprochen. Aber die Frage ist: Was ist der angemessene Wert eines Calls vor dem Verfallsdatum? Oder genauer gefragt: Wie viel sollte man für die Calls im April bezahlen, also rund zwei Monate bevor sie verfallen? (Man muss nicht unbedingt den korrekten Preis für einen Call ausrechnen, aber es ist gut, wenn man weiß, wie der Preis zustande kommt. Zur Beachtung: Für unsere Zwecke können wir die Auswirkungen von Dividenden ignorieren.)

Nehmen wir einmal an, IBM kostet im April, zwei Monate vor dem Ablauf im Juni, 148 Dollar. Wir wissen ja schon, dass der Call acht Dollar wert wäre, wenn wir den dritten Freitag im Juni hätten. Im April ist der Call jedoch mehr wert als acht Dollar und wird wahrscheinlich eher für 11,375 Dollar gehandelt. Warum? Dafür gibt es eigentlich zwei Gründe. Erstens braucht der Besitzer des Calls nicht zwei Monate lang 140 Dollar auszulegen, obwohl er den gesamten Kurszuwachs bis Juni genießen kann. Denken Sie einmal darüber nach. Wenn die Aktie von IBM bis zum Fälligkeitsdatum im Juni um zehn Dollar steigen würde, dann würde sie 158 Dollar kosten. Ein Aktienbesitzer (ab April) würde zehn Dollar Gewinn auf eine Investition von 148 Dollar kassieren. Aber wenn man die Juni-Calls auf IBM mit einem Strike von 140 Dollar im April für acht Dollar kaufen könnte, bekäme der Besitzer einer Option für acht Dollar in den gleichen zwei Monaten die gleichen zehn Dollar Gewinn (denn der Call-Inhaber könnte zum Fälligkeitsdatum die Aktie für 140 Dollar kaufen und für 158 Dollar wieder verkaufen; nach Abzug der anfänglichen Kosten von acht Dollar hätte er also zehn Dollar Gewinn). Das wäre aber nicht fair.

Schließlich hat ja der Aktieninhaber für den gleichen Gewinn 140 Dollar ausgelegt. Der Call-Besitzer hätte den Kursgewinn von IBM kassiert, ohne vorher zusätzlich 140 Dollar hinzulegen. Aus diesem Grund sollten eigentlich die Zinsen, die man im Laufe der zwei Monate auf die 140 Dollar hätte kassieren können, auf den Preis des Calls aufgeschlagen werden. Und so ist es auch. Bei einem Zinssatz von sechs Prozent würden auf 140 Dollar etwa 1,40 Dollar Zinsen anfallen. Aus diesem Grund beinhaltet der Preis des Calls nicht nur den sogenannten inneren Wert – den Betrag, zu dem der Call bereits „im Geld" ist (in unserem Beispiel die Differenz zwischen dem IBM-Aktienkurs von 148 Dollar und dem Ausübungspreis des Calls, also acht Dollar) –, sondern noch die Zinsbelastung für den Geldbetrag, die der Call-Käufer in den zwei Monaten nicht auslegen musste. Daher ergibt sich aus dem inneren Wert des Calls von acht Dollar ein ungefährer Preis von 9,40 Dollar, eben einschließlich der Zinsen auf die 140 Dollar, die der Call-Besitzer nicht auslegen muss.

Aber ich habe vorhin gesagt, der Call würde für rund 11,375 Dollar gehandelt werden. Wodurch kommt die Differenz von annähernd zwei Dollar zwischen den 9,40 Dollar, die wir schon ausgerechnet haben, und dem tatsächlichen Preis von 11,375 Dollar zustande? Es muss eindeutig noch einen anderen Vorteil haben, Calls zu besitzen – und so ist es auch. Der Käufer des Calls kann höchstens den Betrag verlieren, den er in den Call investiert hat. Im Vergleich zum Besitz einer IBM-Aktie klingt das zwar nicht besonders toll – ist es aber doch. Wenn die IBM-Aktie bis zum Ausübungsdatum im Juni auf 140 Dollar fällt, verliert der Call-Besitzer nämlich seine ursprüngliche Investition von 11,375 Dollar. Wenn die Aktie von IBM auf 135 Dollar fällt, verliert der Call-Besitzer die gleichen 11,375 Dollar – und bei 120 Dollar oder gar 80 Dollar pro Aktie verliert er ebenfalls nur 11,375 Dollar. Klingt das besser?

Es ist klar, was in diesem Szenario mit dem armen Halter von IBM-Aktien passiert. Wenn IBM zum Verfallsdatum im Juni 140 Dollar kostet, hat er im Verhältnis zu dem Kaufpreis im April von 148 Dollar einen Verlust von acht Dollar. Kostet die Aktie im Juni 130 Dollar, steht er 18 Dollar im Minus, bei 120 Dollar sind es 28 und bei einem Preis von 80 Dollar wird es richtig unangenehm: ein Minus von 68 Dollar. Sehen Sie, wenn man einen Call besitzt, hat man noch einen zusätzlichen Vorteil – man verliert nämlich kein weiteres Geld, wenn die Aktie unter den Strike (Ausübungskurs) von 140 Dollar fällt. Und was ist das wert? Nun, in diesem Fall ist das wahrscheinlich zwei Dollar wert. Wenn man also die zwei Dollar „Schutzgeld“ in den Preis des Calls einbezieht, kommt man von 9,40 Dollar aus ungefähr auf den Preis von 11,375, den ich ja schon erwähnt habe. Die zwei Dollar, die das Risiko für den Fall unter 140 Dollar übernehmen, sind eigentlich die Kosten für eine Put-Option (aber ich habe ja gesagt, dass hier nur von Calls die Rede ist – also kein Wort mehr davon).

Unter dem Strich kann man sagen, dass der Kauf eines Calls wie die Aufnahme eines Kredits zum Aktienkauf ist, allerdings mit einem Schutz. Der Preis des Calls beinhaltet die Kreditkosten und die Kosten für den „Schutz“ – das heißt, man bekommt nichts geschenkt, aber die Wette auf die künftige Performance der Aktie beinhaltet Leverage – in diesem Fall gern auch als „Hebel“ bezeichnet. Der Betrag, den man bei der Wette auf den Preis der Aktie verlieren kann, ist außerdem begrenzt.

Kommen wir jetzt zum Hauptpunkt zurück (die Sache mit der „eigenen Rekapitalisierung“): Ob man einen Call hat oder eine Stub Stock, macht keinen großen Unterschied. Eine Stub Stock ist eine Leverage-Wette auf die Zukunft eines Unternehmens und man kann nur den Betrag verlieren, den man in die Stub Stock investiert hat. In unserem anfänglichen Beispiel, in dem sich das Unternehmen, dessen Aktie bei 36 Dollar stand, mittels einer Dividende von 30 Dollar für die Aktionäre rekapitalisierte, entstand eine Stub Stock mit Leverage, die Wertveränderungen des zugrunde liegenden Unternehmens vergrößerte. Der relativ bescheidene Gewinnzuwachs von 20 Prozent resultierte in einem der Szenarien in einem 80-prozentigen Kurszuwachs der Stub Stock. Falls das Unternehmen jedoch Insolvenz beantragte, riskierte der Besitzer der Stub Stock nur den Betrag, den er in die Stub Stock investiert hatte, und nicht die 30 Dollar Schulden, die das Unternehmen für die Rekapitalisierung gemacht hatte.

Obwohl die Hebelwirkung von Stub Stocks und Optionen ähnlich ist, unterscheiden sich diese beiden Typen von Wertpapieren in einer wichtigen Hinsicht. Optionen haben eine begrenzte Lebensdauer; sie haben nur bis zum Fälligkeitsdatum einen gewissen Wert. Stub Stocks sind hingegen Stammaktien, sodass sie in gewissem Sinne wie Calls ohne Ablaufdatum sind (auch wenn Stub Stocks im Zuge eines Insolvenzverfahrens wertlos werden können). Die unbegrenzte Lebensdauer ist das, was Stub Stocks so interessant macht. Aus diesem Grund kann der Kauf von LEAPS, die nichts anderes als langfristige Optionen sind, eine attraktive Methode sein, eine Stub-Stock-Investition nachzubilden.

Im Gegensatz zu Stub Stocks haben LEAPS zwar keine unbegrenzte Lebensdauer, aber man kann sie normalerweise bis zu zweieinhalb Jahre vor dem Verfallsdatum kaufen. Häufig hat dadurch der Markt genügend Zeit, die Auswirkungen einer außerordentlichen Veränderung im Unternehmen (zum Beispiel eines Spin-offs oder einer Restrukturierung) oder einer Verbesserung der Fundamentaldaten (zum Beispiel einer Gewinnsteigerung oder der Lösung eines isolierten oder einmaligen Problems) zu verarbeiten. Außerdem lassen zweieinhalb Jahre vielen schlichtweg billigen Aktien genug Zeit, entdeckt oder wieder beliebt zu werden. Da das geltende Steuerrecht eine Wertpapier-Haltezeit von mehr als einem Jahr begünstigt, bieten LEAPS außerdem die Möglichkeit, als langfristig geltende Kapitalgewinne zu kassieren und gleichzeitig den Leverage-Vorteil einer Optionsinvestition zu bekommen.

In mancher Hinsicht können LEAPS die Dynamik einer gut geplanten Rekapitalisierung allerdings nicht kopieren. Bei einer Rekapitalisierung können Management und Beschäftigte durch die neue Stub Stock einen Anreiz bekommen. Angesichts des ungeheuren Gewinnpotenzials von Stub Stocks kann dies die mächtigen Kräfte des Aktienbesitzes von Managern und Mitarbeitern einer Organisation entfesseln. Außerdem hat ein rekapitalisiertes Unternehmen den steuerlichen Vorteil einer Leverage-lastigen Bilanz. Der Kauf von LEAPS hat aber offensichtlich keinen Einfluss auf den steuerlichen Status eines Unternehmens (aber da der Preis eines LEAPS implizit einen Zinsfaktor enthält, kann der LEAPS-Inhaber Zinsausgaben absetzen).

Auf der anderen Seite haben LEAPS gegenüber Stub Stocks einen enormen Vorteil. Man kann LEAPS von Hunderten von Unternehmen kaufen, während die Anzahl der verfügbaren Stub Stocks auf diejenigen Unternehmen beschränkt ist, die sich zu einer Rekapitalisierung entschließen. Sogar in den 1980er-Jahren umfasste diese Liste zu jedem Zeitpunkt nur wenige ausgewählte Unternehmen. Die Tatsache, dass man unter derart vielen LEAPS wählen kann – und dass nicht das Management eines Unternehmens, sondern Sie darüber entscheiden, welche Aktien die besten Leverage-Investments (oder „Stub-ähnliche“ Investments) sind –, macht LEAPS zu einer sehr nützlichen Investmentalternative.

Während Stub-Stock-Gelegenheiten im Allgemeinen leicht zu erkennen sind, weil eine Rekapitalisierungstransaktion gewöhnlich angekündigt wird, stellt sich die Investition in LEAPS ganz anders dar. In den meisten Fällen ist die Entscheidung, in LEAPS zu investieren, einfach ein Nebenprodukt der Research-Bemühungen. Bevor Sie überhaupt an LEAPS denken, sticht Ihnen eine unterbewertete Aktie ins Auge, die an sich schon eine attraktive Investition ist. Erst wenn ein Investment diese erste Hürde genommen hat, machen Sie sich die Mühe nachzuprüfen, ob es zu der gewählten Investmentsituation auch LEAPS gibt. Und zumindest kommen Sie durch den Vergleich des Risiko-Belohnungs-Verhältnisses einer Aktie mit den Chancen, die eine Investition in die entsprechenden LEAPS bietet, zu einer guten Investmententscheidung.

Wie viel Geld kann man durch eine Investition in LEAPS verdienen? Eine Menge. Aber nehmen Sie mich bitte nicht beim Wort. Sehen heißt glauben. Werfen wir also einen Blick darauf, wie der mächtige Doppelschlag der LEAPS – Leverage und mehr Zeit – den Ertrag guter Investmentideen im richtigen Leben vergrößern kann.

FALLSTUDIE

Wells-Fargo-LEAPS

Erinnern Sie sich noch, was ich dazu gesagt habe, dass man anderen Leuten Ideen stiehlt? (Die Welt ist groß. Man kann nicht alles selbst beobachten. [...] Man muss die entsprechenden Hausaufgaben leider trotzdem noch selbst machen.) Nun, im nächsten Kapitel sprechen wir darüber, von wem man klauen sollte – ich stelle Ihnen eine Liste von Publikationen, Börsenbriefen und Fondsmanagern vor, die meiner Erfahrung nach die wertvollsten Ideenquellen sind. Doch bevor wir dazu kommen, werfen wir einen Blick auf eine Situation, die ich von einem meiner Lieblingsbörsenbriefe „geklaut" habe – *Outstanding Investor Digest (OID)*. Nachdem ich darin ein unglaublich verlockendes Plädoyer für die Investition in Aktien von Wells Fargo gelesen hatte, kam ich zu dem Schluss, dass ich diese Idee stehlen musste. Sie gefiel mir allerdings so gut, dass ich beschloss, meinen Ertrag mittels Hebelwirkung zu vergrößern, indem ich in LEAPS dieses Unternehmens investierte. Da LEAPS eine gewisse Schutzfunktion beinhalten, konnte ich in diesem Fall ein großartiges Chance-Risiko-Verhältnis noch weiter verbessern.

Im Dezember 1992 las ich in *OID* ein Interview mit einem Investmentmanager von Lehman Brothers namens Bruce Berkowitz, der mir bis dato unbekannt gewesen war. Dass ich nicht wusste, wer er war, machte aber überhaupt nichts. Die Logik und Klarheit, mit der er für die Investition in Wells Fargo argumentierte, waren an sich schon überwältigend. Die große kalifornische Bank Wells Fargo kostete damals rund 77 Dollar pro Aktie. Kalifornien steckte gerade in der schwersten Immobilienrezession seit den 1930er-Jahren. Wells Fargo hatte von allen Banken Kaliforniens die größte Menge an gewerblichen Immobilienkrediten vergeben. Laut Berkowitz standen in der Bilanz von BankAmerica – dem größten Konkurrenten von Wells Fargo – gewerbliche Immobilienkredite im Wert von 48 Dollar pro Aktie (und die Aktie kostete etwa 47 Dollar). Die gewerblichen Immobilienkredite von Wells Fargo hingegen beliefen sich auf rund 249 Dollar pro Aktie (bei einem Kurs von rund 77 Dollar). Des Weiteren hatte Wells Fargo im Vorjahr eine Verlustrückstellung (eine Reserve im Hinblick auf etwaige künftige Verluste) von 27 Dollar pro Aktie gebildet, die fast den gesamten Gewinn aufgezehrt hatte. Und in den ersten neun Monaten des Jahres 1992 hatte Wells Fargo zusätzliche Rücklagen für 18 Dollar Verlust pro Aktie gebildet. Viele Investoren fragten sich, ob Wells Fargo den Abschwung am Immobilienmarkt überleben würde.

Die Investitionsidee von Berkowitz war ziemlich einfach. Wenn man die Verlustrückstellungen abzog (Bereinigung im Hinblick auf Cash-Gewinn und einmalige Ausgaben), erzielte Wells Fargo einen Vorsteuergewinn von 36 Dollar pro Aktie. Wenn der Immobilienmarkt irgendwann wieder zu normaleren Bedingungen zurückkehren würde, würden die Rückstellungen – laut Erfahrungswerten – vermutlich auf rund sechs Dollar pro Jahr zurückgehen. Dadurch würde sich ein Vorsteuergewinn von 30 Dollar und ein Nachsteuergewinn von 18 Dollar pro Aktie ergeben (bei einem Steuersatz von 40 Prozent). Bei einem Kurs-Gewinn-Verhältnis von 9 bis 10 ergäbe das einen Aktienkurs von 160 bis 180 Dollar (im Vergleich zu den aktuellen 77 Dollar). Es stellte sich gar nicht die Frage, ob Wells Fargo seinen Gewinn auf 18 Dollar pro Aktie steigern konnte. Die Bank verdiente bereits so viel Geld – steckte es aber in die außerordentlichen Rückstellungen. Laut Berkowitz lautete die eigentliche Frage: Wie sollte man die Rückstellungen beurteilen und wie schlimm waren sie?

Berkowitz erklärte, die Finanzposition von Wells Fargo sei eigentlich sehr solide. Selbst die Kredite, die das Unternehmen in der Bilanz als „Not leidend“ klassifizierte, brachten der Bank in Wahrheit Zinseinnahmen (allerdings wurden diese Zinsen aus Gründen der Vorsicht nicht in den Berichtsgewinn eingerechnet). Not leidende Kredite sind Darlehen, die in irgendeiner Weise nicht den normalen Kriterien genügen – entweder bringen sie keine Zinsen, es werden nicht die vollen Zinsen bezahlt oder man geht nur davon aus, dass Zins und Tilgung zu einem späteren Zeitpunkt eventuell nicht mehr pünktlich bezahlt werden. Diese nicht erfüllten Kredite waren also alles andere als wertlos; sie stellten rund sechs Prozent des Kreditportfolios von Wells Fargo und hatten eine Barrendite von immerhin 6,2 Prozent. Das heißt, zu einer Zeit, als der Diskontsatz (der Zinssatz, den die besten Kunden der Bank bezahlen) sechs Prozent betrug und als Wells Fargo für sein Geld (Zinsen für die Einleger) nur drei Prozent bezahlte, brachte der „fragwürdige" Teil des Darlehensportfolios von Wells Fargo die respektable Rendite von 6,2 Prozent.

Wenn Wells Fargo auf seine „Not leidenden" Kredite solche großen Zinszahlungen kassierte, waren sie ja vielleicht gar nicht so schlimm. Auf jeden Fall schien es plausibel, dass ein Gutteil der Darlehenssumme am Ende wieder eingenommen wurde. Tatsächlich war Wells Fargo laut Berkowitz bei der Klassifizierung seiner Kredite derart vorsichtig, dass auf 50 Prozent der als „Not leidend" eingestuften Kredite alle geforderten Zins- und Tilgungszahlungen eingingen.

Zudem hatte Wells Fargo in seinen Berichten und in seiner Bilanz durch die Rückstellungen schon für die Not leidenden Darlehen vorgesorgt. Einschließlich der massiven Verlustrückstellungen der letzten zwei Jahre betrugen die Reserven für künftige Kredite fünf Prozent des gesamten Kreditportfolios. Da momentan nur sechs Prozent des Kreditaufkommens als „Not leidend" eingestuft waren (aber Sie erinnern sich, dass das keineswegs Totalausfälle waren), würde die fünfprozentige Reserve erst dann erschöpft sein, wenn entweder alle Not leidenden Kredite vollständig wertlos wurden oder wenn sich die Kredite, die derzeit als „erfüllt" galten, dramatisch verschlechtern würden. Berkowitz hatte sich ausgerechnet, dass dies angesichts der offensichtlichen Vorsicht von Wells Fargo höchst unwahrscheinlich war.

Und noch zwei Punkte machten diesen Deal für mich zur beschlossenen Sache. Der erste war der Vergleich, der in *OID* zwischen Wells Fargo und BankAmerica gezogen wurde. Die meisten Investoren hielten die Aktie von BankAmerica für das viel konservativere Investment.

Es stellte sich allerdings heraus, dass Wells Fargo zwar viel stärker am kalifornischen Immobilienmarkt engagiert war (und dass daraus Not leidende Kredite resultierten), aber auch, dass die Bank viel größere Verlustreserven gebildet hatte als BankAmerica. Und trotz dieser Reserven hatte Wells Fargo auch dann noch ein besseres Kapitalverhältnis (materielle Vermögenswerte zu allen Vermögenswerten et cetera) als BankAmerica, wenn man die riskantere Vermögensstruktur berücksichtigte. Das war ein weiteres Anzeichen dafür, dass Wells Fargo nicht so schlecht dastand, wie der Aktienmarkt offenbar glaubte.

Der zweite Punkt war sogar noch überzeugender. Trotz aller Not leidenden Kredite, Verlustreserven und tatsächlichen Kreditausfälle hatte Wells Fargo während seiner 140-jährigen Geschichte noch in keinem Jahr Verlust ausgewiesen. Die Gewinne der meisten Unternehmen sind nicht annähernd so zuverlässig vorhersehbar. Im Jahr 1991 hatte es Wells Fargo trotz der schlimmsten Immobiliensituation seit 50 Jahren geschafft, Gewinne zu erwirtschaften. Das war für mich ein Zeichen, dass Wells Fargo in diesen schwierigen Zeiten ein guter Tipp war und dass ein Kurs-Gewinn-Verhältnis von 9 bis 10 (immer noch deutlich niedriger als bei den meisten Industrieunternehmen) ein vernünftiges, erreichbares Ziel war. Die Bilanz: Wenn Wells Fargo die momentane Immobilienkrise überstand und seine jährlichen Verlustrückstellungen auf ein normales Niveau zurückgingen, konnte sich der Aktienkurs verdoppeln.

Diese Analyse erschien zwar furchtbar logisch, aber trotzdem nagte der Zweifel an mir. Was wusste ich eigentlich über den kalifornischen Immobilienmarkt? Was wäre, wenn sich die Lage in Kalifornien dramatisch verschlechterte? Offensichtlich konnte Wells Fargo ziemlich heftige Stürme überstehen, aber was wäre, wenn sich die schlimmste Regenzeit seit 50 Jahren in einen beispiellosen Monsunregen verwandelte? Natürlich investiere ich nie in Situationen mit absoluter Gewissheit. Situationen, die sinnvoll klingen und die im Verhältnis zum Risiko attraktive Erträge bieten – mehr kann ich nicht verlangen.

Aber trotzdem – Banken sind seltsame Tiere. Man weiß nie so ganz genau, woraus ihr Kreditportfolio besteht. Die Jahresabschlüsse bieten nur eine allgemeine Übersicht über das Vermögen der Bank. Andererseits bot Wells Fargo auf diesem Gebiet einen gewissen Trost. Seine Reserven, die Qualität seiner Not leidenden Kredite und vor allem seine Fähigkeit, Jahr für Jahr positive Renditen einzufahren, schienen Wells Fargo ein dickes Polster für etwaige künftige Verluste zu bieten. Trotzdem bestand die Möglichkeit – und sei sie noch so klein –, dass das Immobilienportfolio der Bank ein ansonsten großartiges Investment verderben könnte.

Aus diesem Grund erschien mir die Investition in LEAPS so sinnvoll. Die Aktie sah zwar nach einer hervorragenden Anlage aus – gute Chancen auf eine Kursverdopplung und sehr geringe Wahrscheinlichkeit einer Katastrophe –, aber die LEAPS sahen noch besser aus. Zu jenem Zeitpunkt (Dezember 1992) konnte ich Wells Fargo LEAPS kaufen, die mir das Recht gaben, die Aktie bis zum Januar 1995 für 80 Dollar pro Stück zu kaufen – über zwei Jahre lang. Ich dachte mir, bevor diese zwei Jahre um waren, müsste doch schon ziemlich klar sein, ob Wells Fargo die Immobilienkrise in Kalifornien überleben würde. Wenn sich die Situation bis dahin besserte, konnte sich das Gewinnpotenzial von Wells Fargo im Aktienkurs niederschlagen und ein Preis von 160 Dollar oder mehr schien keineswegs unrealistisch. Wenn sich der schwere Niedergang allerdings zu einem Immobiliendesaster auswachsen würde, könnte die Aktie weit unter 80 Dollar fallen. Und im absolut schlimmsten Fall konnte der Staat die Bank übernehmen und das Aktionärskapital zunichtemachen.

Angesichts dieser Aussichten erschienen mir die Calls mit Fälligkeit im Januar 1995 (die wegen der langen Laufzeit als LEAPS bezeichnet wurden) zum Preis von 14 Dollar und einem Strike von 80 Dollar sehr verlockend. Diese LEAPS gaben mir bis Januar 1995 das Recht, Aktien von Wells Fargo für 80 Dollar zu kaufen. Wenn Wells Fargo bis dahin auf 160 Dollar steigen würde, würden die LEAPS auf 80 Dollar schnellen – denn damit könnte ich ja Wells Fargo für 80 Dollar kaufen und gleich wieder für 160 Dollar verkaufen. Das wäre ein Gewinn von 66 Dollar auf eine Investition von 14 Dollar, also eine Verfünffachung der ursprünglichen Investitionssumme. Man konnte den Kauf von LEAPS also folgendermaßen betrachten: Ein Chance-Risiko-Verhältnis von -1 zu fast +5.

Das Chance-Risiko-Verhältnis der Aktie hingegen sah bei diesem Extremszenario (entweder schaffte es Wells Fargo mit wehenden Fahnen oder es schaffte es überhaupt nicht) weniger gut aus. Ausgehend vom aktuellen Preis von 77 Dollar würden die Anleger bei einem Anstieg auf 160 Dollar einen Gewinn von gut 80 Dollar machen. Wenn es Wells Fargo nicht schaffte, konnten sie fast 80 Dollar verlieren. Die Wette stand also Gewinn zu Verlust eins zu eins. Da die Situation, die in dem *OID*-Interview dargestellt wurde, vermutlich aufgehen würde, war ich von den Gewinnaussichten ziemlich begeistert. Ob meine Einschätzung nun richtig oder falsch war – meiner Meinung nach lag die Wahrscheinlichkeit des Extremverlusts unter fünf Prozent. Laut dieser Analyse boten sowohl die Aktien als auch die LEAPS gewaltige Investmentchancen – aber das Chance-Risiko-Verhältnis der LEAPS war nach meinem Szenario das bessere.

Eine einfachere Argumentation für die LEAPS ging folgendermaßen: Wenn mir Wells Fargo so gut gefiel, warum versah ich meine Investition nicht einfach mit Leverage, indem ich Aktien auf Kredit kaufte? Nun, genau das tat ich ja, indem ich LEAPS kaufte – nur dass ich damit ein richtig großartiges Geschäft machte. Das funktionierte so: Ich konnte mir im Dezember 1992 den gesamten Kaufpreis für Wells-Fargo-Aktien leihen. Das einzige Geld, das ich dafür auslegen musste, waren die Zinsen auf meinen Kredit. Das waren in diesem Fall die Zinsen für 25 Monate, eben bis Januar 1995. Der Haken an der Sache war nur, dass die Zinsen nicht gerade billig waren, obwohl sie nicht annähernd so teuer waren, wie wenn ich meine Kreditkarte benutzte. Der Zinssatz würde ungefähr dem Satz entsprechen, den ein Großunternehmen bekam, das von einer Ratingagentur wie Standard & Poor's als B oder BB eingestuft wird – das gilt noch nicht als „Investment Grade“, ist aber noch keine Katastrophe.

Aber jetzt kommt der angenehme Teil: Ich stand bloß mit diesen Vorabzinsen in der Kreide. Wenn sich die Investition in Wells Fargo nicht lohnte (also wenn die Aktie fiel – auch wenn sie auf null fiel), brauchte ich den Kredit, den ich für den Aktienkauf aufgenommen hatte, nicht zu tilgen. Mein einziger Verlust wären die im Voraus geleisteten Zinszahlungen. Wenn die Aktie aber steigen würde, bekäme ich jeden Dollar Kursgewinn. Mein Gewinn wäre der Kursgewinn der Wells-Fargo-Aktie abzüglich der Zinskosten für den Aktienkredit. Hmm ... das musste ich mir noch einmal genauer ansehen: ein Zinssatz wie für ein Großunternehmen und keine Rückzahlungsverpflichtung, wenn es nicht klappte. Das klang sehr gut. Ich hatte nur noch eine Frage: Wo muss ich unterschreiben? (Anmerkung: Das war eigentlich eine typische LEAPS-Analyse. Die Zinskosten waren so hoch, weil sie das „Schutzgeld“ beinhalteten. Und den Haarspaltern unter den Lesern muss ich sagen, dass die Berücksichtigung von Dividenden die Grundsituation nur unwesentlich ändert.)

Und was passierte? So ziemlich alles, was Berkowitz vorausgesagt hatte. Kalifornien versank nicht im Meer; im Jahr 1994 verdiente Wells Fargo 15 Dollar pro Aktie und im Jahr 1995 gar 20 Dollar. Bis September 1994 hatte sich die Aktie mehr als verdoppelt und stand bei 160 Dollar. Und die LEAPS ... kennen Sie ein anderes Wort für „Volltreffer“?

EIN PAAR KURZE WORTE ZU OPTIONSSCHEINEN

Wenn Ihnen das mit den LEAPS gefallen hat – Optionsscheine sind in mancher Hinsicht noch besser. Ein Optionsschein gibt dem Inhaber das Recht, eine Aktie während eines bestimmten Zeitraums zu einem vorher festgelegten Preis zu kaufen. Ein Optionsschein ist also im

Grunde das Gleiche wie eine Call-Option, aber es gibt zwei Unterschiede. Erstens werden Optionsscheine von dem Unternehmen selbst ausgestellt, auf dessen Aktien sie sich beziehen. Das heißt, fünfjährige Optionsscheine auf IBM-Aktien zu 82 Dollar geben dem Besitzer das Recht, zu jedem beliebigen Zeitpunkt im Laufe der nächsten fünf Jahre direkt bei IBM Aktien zum Preis von 82 Dollar zu kaufen. Im Gegensatz dazu sind börsennotierte Calls Kontrakte über den Kauf oder Verkauf einer bestimmten Aktie, die zwischen Investoren geschlossen werden; das zugrunde liegende Unternehmen ist daran nicht beteiligt.

Der zweite Unterschied zwischen den meisten Call-Optionen und Optionsscheinen ist für Sie von größerer Bedeutung. Normalerweise haben Optionsscheine zum Zeitpunkt ihrer Ausstellung eine längere Laufzeit als Optionen. Genauso wie bei LEAPS kann sich diese Zeit über mehrere Jahre erstrecken. Die maximale Laufzeit von LEAPS liegt normalerweise bei zweieinhalb Jahren, aber das Fälligkeitsdatum neuer Optionsscheine kann fünf, sieben oder gar zehn Jahre in der Zukunft liegen (es wurden auch tatsächlich schon unbefristete Optionsscheine – ohne Verfallsdatum – ausgestellt). Genauso wie bei LEAPS ist bei Optionsscheinen die Qualität der zugrunde liegenden Aktie – des sogenannten „Underlying“ – das Hauptkriterium für die Kaufentscheidung. Angesichts der Hebelwirkung und der „Schutzfunktion“, die Optionsscheine über derart lange Zeiträume bieten, lohnt es sich im Allgemeinen durchaus zu überprüfen, ob es Optionsscheine von Unternehmen gibt, deren Aktien einem attraktiv erscheinen.

NOCH EIN PAAR KURZE WORTE: OPTIONEN UND DIE INVESTITION IN SONDERSITUATIONEN

Warnung: Dieser Abschnitt ist nur für Fortgeschrittene gedacht (aber auch zwanghafte Spieler sind herzlich willkommen). Anlegern, die in Sondersituationen investieren, bieten die Optionsmärkte eine Möglichkeit, aus kaum bekannten Ineffizienzen spektakuläre Gewinne zu ziehen. Das ist auch heute noch so, obwohl seit über zwei Jahrzehnten immer ausgefeiltere Computermodelle entworfen und weiterentwickelt werden, die den theoretisch korrekten Preis für alle erdenklichen Arten von Optionen (einschließlich LEAPS und Optionsscheinen) berechnen sollen. Angesichts der enormen professionellen und akademischen Feuerkraft, die auf das Studium von Optionen und anderen Derivaten (das sind Wertpapiere, die so konstruiert sind, dass sie auf die Bewegungen anderer Wertpapiere reagieren) verwendet wird, könnte man meinen, dass man mit gesundem Menschenverstand und einem Bleistift in der Hand nicht viel ausrichten kann. Aber wenn es um die Investition in Unternehmen geht, die außerordentliche Veränderungen durchmachen, ist man als Spezialist für Sondersituationen den großmächtigen Quantifikatoren (sprich: den „Computer-schwingenden Eierköpfen" oder genauer den „reichen Computer-schwingenden Eierköpfen") in Wirklichkeit weit überlegen.

Das liegt daran, dass Optionshändler (einschließlich der Quantifikatoren) Aktienkurse nur als Zahlen betrachten – und nicht als Preis für Anteile an echten Unternehmen. Die Profis und die Akademiker errechnen den „korrekten" oder theoretischen Preis einer Option, indem sie als Erstes die bisherige Volatilität der zugrunde liegenden Aktie messen – das ist ein Maß für die Kursschwankungen. Die Volatilität wird dann in eine Formel eingesetzt, die in den meisten Fällen eine Variante des Black-Scholes-Modells für die Bewertung von Optionen ist.

Diese Formel, die von den meisten Profis und Wissenschaftlern verwendet wird, berücksichtigt den Aktienkurs, den Ausübungspreis der Option, die Zinsen, die Zeit bis zum Ausübungsdatum und die Volatilität der Aktie. Je höher die vergangene Volatilität der Aktie, umso höher der Preis der Option. Die Optionshändler, die solche Formeln benutzen, berücksichtigen außergewöhnliche Transaktionen nicht. Der Aktienkurs von Unternehmen, die kurz vor einem Spin-off, vor einer Restrukturierung oder vor einer Fusion stehen, kann sich aufgrund dieser speziellen Transaktionen erheblich verändern – und das hat nichts mit ihrer historischen Volatilität zu tun. Deshalb kann es vorkommen, dass die Optionen auf Unternehmen, die besondere Wandlungen durchmachen, falsch bewertet sind. Und natürlich ist es keine Überraschung, dass dies für Sie eine Chance bedeutet.

Je nachdem wie groß oder bedeutend ein Spin-off im Verhältnis zum Gesamtunternehmen ist, können sich die Aktienkurse von Mutterunternehmen und Spin-off-Unternehmen nach dem Spin-off dramatisch ändern. Da der Zeitpunkt, zu dem die Spin-off-Aktien kommen, im voraus angekündigt wird, kann Ihnen diese Information kombiniert mit ein paar fundamentalen Informationen über die beteiligten Unternehmen einen großen Vorsprung vor den Optionshändlern verschaffen, die „nach Zahlen“ investieren. Die Strategie könnte beispielsweise darin bestehen, dass man Optionen kauft, die mehrere Wochen oder mehrere Monate nach Abschluss eines Spin-offs auslaufen. Die Aktie des Mutterunternehmens kann nach dem Spin-off dramatisch steigen, weil viele Investoren mit dem Kauf abgewartet haben, bis der unerwünschte Unternehmensteil ausgegliedert ist. Aber auch die Spin-off-Aktie kann in der ersten Handelszeit Überraschungen bereithalten, denn sie ist eine neue Aktie ohne Vorgeschichte und ohne Emissionshaus, das einen erwarteten Preisbereich bestimmt. Unter dem Strich ist festzuhalten, dass man seine Research-Bemühungen im Spin-off-Bereich an den Optionsmärkten gewinnbringend ausbeuten kann. Sie können dort Ihr Wissen über den geplanten Zeitpunkt des Spin-offs und Ihre fundamentalen Kenntnisse des Underlyings anwenden.

Restrukturierungen und Fusionen können informierten Optionshändlern ähnliche Vorteile verschaffen. Im Falle einer Restrukturierung kann einem das Wissen um die geplante zeitliche Abfolge der wichtigsten Ereignisse im Rahmen des Plans bei der Wahl des passenden Ausübungsdatums eines Calls oder Puts helfen. In vielen Fällen fällt der Zeitpunkt von Bar- oder Wertpapierausschüttungen oder der

Zeitpunkt, an dem Vermögenswerte abgestoßen werden, mit erheblichen Preisveränderungen der zugrunde liegenden Aktie zusammen.

Wenn bei einer Fusion ein Teil der Übernahme mit Stammaktien bezahlt wird, kann das Fusionsdatum als Katalysator für außerordentliche Kursbewegungen wirken. Die Aktien des Übernehmers (in die Sie Ihre Optionen des Übernahmeziels nach dem Merger verwandeln können) stehen vor der eigentlichen Fusion und unmittelbar danach von verschiedenen Seiten unter Druck. Erstens fangen nämlich meistens Risikoarbitrageure an, Aktien des Übernahmeziels zu kaufen und gleichzeitig Aktien der übernehmenden Gesellschaft zu shorten, sobald die Fusion angekündigt wurde. Der Verkaufsdruck aus dieser Quelle auf die Aktie des Übernehmers lässt gewöhnlich erst nach, wenn die Fusion vollzogen ist. Und in den Wochen unmittelbar nach Abschluss der Fusion neigen diejenigen Aktionäre, die ihre Aktien nicht schon nach Bekanntgabe des Mergers verkauft haben, dazu, die Aktien der Übernehmergesellschaft zu verkaufen, die sie erhalten haben. Das liegt gewöhnlich daran, dass die ursprüngliche Investition in die Aktien des Übernahmeziels aus unternehmensspezifischen Gründen getätigt wurde – aus Gründen, die für die Aktien des Übernehmers nicht gelten. Wenn dieser Verkaufsdruck nachlässt, kann es sein, dass die Aktie der übernehmenden Gesellschaft dramatisch steigt. Das passiert am ehesten, wenn im Rahmen der Fusion im Verhältnis zu der Anzahl der umlaufenden Aktien der übernehmenden Gesellschaft eine große Anzahl neuer Aktien ausgegeben wird.

Aber genug der Theorie. Sehen wir uns jetzt ein Beispiel aus dem richtigen Leben an, wie außergewöhnliche Vorgänge in einem Unternehmen einen Knüppel in das Räderwerk der ausgefeiltesten Computermodelle werfen können.

FALLSTUDIE

Marriott Corporation Optionen

Der Spin-off von Marriott (besprochen in Kapitel 3) ist ein gutes Beispiel für dieses Phänomen. Wie wir schon gesehen haben, spaltete sich die Marriott Corporation in zwei separate Unternehmen auf – ein „gutes“ Marriott (Marriott International) und ein „schlechtes“ Marriott (Host Marriott). Marriott International sollte alle wertvollen Hotelmanagement-Verträge bekommen und Host Marriott sollte die ganzen unverkäuflichen Immobilien bekommen, die mit Milliardenschulden belastet waren. Mit einer Vorwarnzeit von fast elf Monaten sollte die Teilung am 30. September 1993 stattfinden.

Im August 1993 kostete die Aktie von Marriott Corporation 27,75 Dollar. Ich konnte damals zum Preis von 3,125 Dollar Calls für Oktober 1993 mit einem Ausübungspreis von 25 Dollar pro Aktie kaufen. Da der dritte Freitag im Oktober auf den 15. Oktober fiel (und der Spin-off am 30. September vollzogen werden sollte), würden die Aktien von Marriott International und von Host Marriott mindestens zwei Wochen lang separat gehandelt werden, bevor meine Calls verfielen. Wenn ein Spin-off vor der Fälligkeit einer Option stattfindet, ist es normalerweise so, dass der Optionshalter Aktien des Mutterunternehmens und des Spin-offs bekommen kann, so als hätte er am Stichtag des Spin-offs Aktien des Unternehmens besessen. In diesem konkreten Fall bedeutete das, dass ich bei der Ausübung meiner Calls Mitte Oktober für 25 Dollar eine Aktie von Marriott International und eine Aktie von Host Marriott bekommen konnte.

Der Trick an der Sache war, dass der Preis, den ich für die Option bezahlte, die Tatsache nicht berücksichtigte, dass mehrere Wochen vor Ablauf ein Spin-off stattfand. Beide Aktien, die Mutter und der Spin-off, würden vor Verfall meiner Optionen unabhängig voneinander gehandelt werden. Diejenigen Investoren, die auf die Möglichkeit gewartet hatten, das „gute“ Marriott (Marriott International) ohne das

Risiko der vielen Schulden und unverkäuflichen Immobilien zu kaufen, konnten dies in den ersten zwei Oktoberwochen endlich tun. Das konnte bedeuten, dass die neue Aktie in den ersten beiden Handelswochen beträchtlich steigen würde.

Außerdem war auch die Bewertung des „schlechten" Marriott (Host Marriott) fraglich. Host Marriott hatte 2,5 Milliarden Dollar Schulden und kaum mehr als 100 Millionen umlaufende Aktien. Daher war der Unterschied zwischen einem Aktienkurs von drei Dollar für Host Marriott und von sechs Dollar gar nicht so groß, wie es auf den ersten Blick schien. Ein Preis von drei Dollar würde eine Marktkapitalisierung (gesamter Marktwert von Schulden und Aktien) von 2,8 Milliarden Dollar bedeuten, aber ein Aktienkurs von sechs Dollar nur eine Marktkapitalisierung von 3,1 Milliarden Dollar – also keine Differenz von 100 Prozent, sondern nur von rund zehn Prozent. Kurz gesagt würden die ersten beiden Oktoberwochen sowohl für die Aktie von Host Marriott als auch für die Aktie von Marriott International sehr lebhaft werden.

Und was passierte? Ungefähr einen Monat nach meinem Optionskauf, nur Tage vor dem Spin-off am 30. September, stieg die Aktie von Marriott Corporation auf 28,50 Dollar und ließ den Preis für die Oktober-Calls zu 25 auf 3,635 Dollar steigen. Allerdings änderte sich die Lage bis zum 15. Oktober – dem Ausübungsdatum meiner Optionen – dramatisch. Die Aktie von Host Marriott kostete 6,75 Dollar und die Aktie von Marriott International um die 26 Dollar. Da meine Optionen mir das Recht gaben, beide Aktien zum Gesamtpreis von 25 Dollar zu kaufen, war der Wert meiner Optionen auf 7,75 Dollar in die Höhe geschossen. Das lag daran, dass der Wert einer Aktie von Marriott International (26 Dollar) und der Wert einer Aktie von Host Marriott (6,75 Dollar) die Summe von 32,75 Dollar ergaben, dass ich die beiden Aktien aber für 25 Dollar kaufen konnte. Die Oktober-Calls mit einem Strike von 30 Dollar waren noch dramatischer gestiegen: Am 23. September hätte man sie noch für 25 Cent kaufen können und drei Wochen später waren sie 2,75 Dollar wert.

Es war unmöglich, diese dramatischen Preisbewegungen der Marriott-Optionen dadurch vorherzusehen, dass man die bisherige Kursvolatilität in ein Computerprogramm eingab. Sehen Sie, wie sehr sich ein bisschen Arbeit und ein bisschen Wissen auszahlen können? Ist es nicht schön zu wissen, dass das Leben von Zeit zu Zeit eben doch gerecht ist?

EINE KURZE ZUSAMMENFASSUNG UND EIN GRATISANGEBOT

1. *Stub Stocks. Es gibt an der Börse kaum einen anderen Bereich, wo Research und sorgfältige Analyse so schnell und großzügig belohnt werden können.*
2. *LEAPS. Es gibt an der Börse kaum einen anderen Bereich, wo Research und sorgfältige Analyse so schnell und großzügig belohnt werden können (vielleicht abgesehen von Stub Stocks).*
3. *Optionsscheine und Optionen in Sondersituationen. Es gibt an der Börse kaum einen anderen Bereich, wo Research und sorgfältige Analyse so schnell und großzügig belohnt werden können (vielleicht mit Ausnahme von Stub Stocks und LEAPS).*

GRATISANGEBOT

Mit diesem Coupon haben Sie Anspruch auf ein kostenloses Ginsu-Messerset.

(Der Coupon ist nur gültig, wenn Sie 5 [fünf] Belege über mittlerweile wertlose Stub Stocks, LEAPS, Optionsscheine oder Optionen beilegen.)

Dieser Coupon ist nichtig und verboten. Das Angebot verfällt am dritten Freitag des Monats. Lieferzeit sechs bis acht Wochen – und dann weiter warten.

7

TROTZ LAUTER BÄUMEN DEN WALD SEHEN

So. Bin ich dieser irre Polizist, dessen Partner immer getötet wird? Wissen Sie, ich meine, dass ich ständig Geld verdiene, indem ich in Sondersituationen von Unternehmen investiere, während Sie in Embryostellung und einem Strampelanzug enden. Naja, es stimmt schon, ich könnte dieser Polizist sein. Ob ich es wirklich bin, hängt vor allem von Ihnen ab.

Es stimmt, dass Sie ein Börsengenie werden können, aber es gibt keine Garantie, dass das wirklich klappt. Wie beim Erwerb jeder neuen Fähigkeit braucht man auch hier Zeit und Übung, um ein guter Investor zu werden. Ich versuche, Ihnen zu einem guten Start zu verhelfen, indem ich Sie in Investmentbereiche führe, in denen die Chancen zu Ihren Gunsten stehen. Sie müssen aber trotzdem ein gutes Urteilsvermögen mitbringen. Wenn Sie noch keine Börsenerfahrung haben, sollten Sie am Anfang nur kleine Teile Ihres Vermögens in die beschriebenen Sondersituationen investieren. Mit zunehmender Erfahrung und zunehmendem Wissen gewinnen Sie vielleicht genug Selbstvertrauen und Zuversicht, damit Sie einen größeren Teil Ihrer Mittel investieren können.

Es gibt noch andere Möglichkeiten zu vermeiden, dass Sie die Rolle des „toten Partners" spielen. Ehrlich gesagt kann ich nicht da sein und Ihren Tod im dritten Akt rächen – deshalb müssen Sie lernen, auf sich selbst aufzupassen. Das können Sie zum Beispiel dadurch tun, dass Sie auf die Zusammensetzung Ihres Portfolios achten. Ein Beispiel: Ein Portfolio mit fünf oder sechs verschiedenen Spin-offs ist wahrscheinlich sinnvoll, aber ein Portfolio, das ausschließlich aus fünf oder sechs verschiedenen LEAPS besteht, wohl eher nicht. Außerdem ist es im Allgemeinen unklug, alle oder die meisten Investments auf eine bestimmte Branche zu konzentrieren, außer wenn Sie Experte auf dem entsprechenden Gebiet sind. Und wenn Sie viele Margins aufnehmen, können Sie dadurch gezwungen sein, Ihre Positionen genau zum falschen Zeitpunkt zu verkaufen. Nur Anleger mit viel Erfahrung sollten mehr als nur bescheidene Beträge auf ihr Portfolio aufnehmen. Aber all das gebietet ja schon der gesunde Menschenverstand. Wenn es Ihnen auf dem Gebiet der Geldanlage an gesundem Menschenverstand fehlt – und wenn Sie keine Zeit investieren wollen, welchen zu erwerben –, dann sollten Sie Ihr Portfolio lieber nicht selbst verwalten.

Ich muss Ihnen knallhart sagen, dass Ihnen dieses Buch bei vielen Entscheidungen, die Sie in Ihrer Eigenschaft als Investor treffen müssen, nicht helfen kann. Ich bin kein Experte für Versicherungen, Rentenpapiere, Rohstoffe, Immobilien (auch wenn ich es für eine gute Strategie halte, mir Immobilien anzudrehen), Münzen, Ölquellen oder Hunderennen. Ich kenne mich mit Investitionen in Sondersituationen am Aktienmarkt aus – und ich kenne keinen anderen Ort, an dem man zuverlässig und über lange Zeiträume bessere Erträge erzielt. Deshalb liegt der Schwerpunkt meiner Investments zum überwältigenden Teil in diesem Bereich. Aber die Tatsache, dass diese Strategie für mich gut ist, bedeutet noch nicht, dass sie auch für Sie die richtige ist. Wie viel von Ihrem Anlagevermögen am Ende in diesen Sondersituationen landet, hängt von Ihren persönlichen finanziellen Bedürfnissen ab, von Ihrer Kenntnis anderer Investmentgebiete und davon, wie gut Sie lernen, die Informationen aus dem vorliegenden Buch anzuwenden.

Zwar können Ihnen alle besprochenen Strategien, mit denen man den Markt schlagen kann, bei der Schaffung oder Mehrung Ihres Vermögens helfen, aber manche Bereiche sind für den Anfang besser geeignet als andere. Das Spin-off-Spiel kann zum Beispiel jeder spielen.

Spin-offs sind leicht zu finden. Man kann sich aus einer großen Auswahl an Gelegenheiten bedienen. Schnäppchen wird es dort immer geben – das liegt an der Funktionsweise des Systems. Und da Spin-offs als Gruppe betrachtet den Markt hinter sich lassen, können Sie auch dann hübsche Gewinne einfahren, wenn Sie öfter Schnitzer machen. Die zweite tolle Sache ist, dass Sie Ihr ganzes Leben mit Spin-offs verbringen können; natürlich spricht dann irgendwann niemand mehr mit Ihnen und schon ziemlich bald nervt Sie der Sabber, der Ihnen vom Kinn tropft – aber eigentlich gibt es keinen zwingenden Grund, in andere Bereiche zu gehen. Also denken Sie daran: Wenn Sie am besten in Spin-offs investieren können, dann tun Sie das unter allen Umständen, eben bis man Sie wegkarrt.

Aber dann gibt es da ein paar Bereiche, zum Beispiel LEAPS und Optionen in besonderen Situationen, wo man mehr als nur die übliche Vorsicht walten lassen sollte, vor allem wenn man mit Optionen gerade erst anfängt. Zwar kann man mit diesen Instrumenten dank der starken Hebelwirkung schon unter Einsatz eines geringen Teils seines Vermögens den Wert seines Portfolios spektakulär wachsen lassen, aber Optionen bringen auch ein besonders großes Risiko mit sich. Wer in diesem Bereich investiert, ohne dass er gründlich verstanden hat, wie Optionen funktionieren, der läuft bildlich gesprochen mit einem brennenden Streichholz durch eine Dynamitfabrik – man überlebt das vielleicht, aber man ist trotzdem ein Idiot.

Egal wo Sie anfangen wollen, bedenken Sie, dass sich ein komplettes Portfolio nicht über Nacht aufbaut. Aber wenn Sie etwa alle zwei oder drei Monate eine attraktive Investmentgelegenheit erspähen, sollte es gelingen, etwa innerhalb eines Jahres ein respektables Portfolio aus Sondersituationen aufzubauen. Bei diesem Tempo haben Sie nach zwei Jahren wahrscheinlich acht bis zehn verschiedene Investments (wenn auch nicht unbedingt so viele zur gleichen Zeit). Unter normalen Umständen haben Sie am Ende nicht lauter Fusionspapiere, lauter Waisenaktien oder lauter Unternehmen, die eine Restrukturierung vornehmen. Wenn Sie sich wirklich die Rosinen herauspicken – wenn Sie sich an Situationen halten, die Sie durchschauen und die ein gutes Risiko-Belohnungs-Verhältnis aufweisen –, dann wird es wohl eher so sein, dass Sie am Ende aus jedem Investmentbereich ein oder zwei gute Investments haben.

Wie schon gesagt sieht die Sache mit Spin-offs anders aus. In den letzten Jahren hat es derart viele Gelegenheiten im Spin-off-Bereich gegeben, dass es zumindest möglich wäre, ein vollständiges Portfolio nur aus Spin-offs aufzubauen (vor allem, wenn Sie noch ein paar Mutterunternehmen dazutun). Es sollte eigentlich kein großes Problem sein, im Laufe von zwei Jahren drei, vier oder fünf Gelegenheiten zu finden. Auf dem Gebiet der LEAPS gibt es zwar noch mehr Investitionsgelegenheiten (weil es jederzeit LEAPS auf Hunderte von Unternehmen gibt), aber aufgrund der großen Leverage ist man fast immer schlecht beraten, mehr als 10 oder 15 Prozent seines Portfolios in diese Instrumente zu investieren.

Und es gibt natürlich noch eine andere Möglichkeit. Sie müssen ja nicht Ihr gesamtes Portfolio mit Sondersituationen füllen. Vielleicht gibt es ja noch eine andere Strategie, mit der Sie zurechtkommen. Sagen wir mal, Sie sind ein Fan von Benjamin Graham. Sie wollen sich nicht die Zeit und Mühe machen, einzelne Aktien auszuwählen, aber es gelüstet Sie trotzdem, den Markt zu schlagen. In diesem Fall dürfte es ausreichen, wenn Sie 15 oder 20 Aktien zusammensuchen, die ein niedriges Kurs-Buchwert-Verhältnis und ein niedriges Kurs-Cashflow-Verhältnis haben. Wenn Sie ein solches Portfolio gelegentlich mit einer Sondersituation würzen (vielleicht 20 oder 30 Prozent des gesamten Kuchens), können Sie höchst zufriedenstellende Ergebnisse erzielen. Ich bin zwar kein großer Fan der statistischen Anlage (weil ich mir denke, dass ich immer besser fahre, wenn ich über das Unternehmen, das ich kaufe, Nachforschungen anstelle, damit ich es auch verstehe), aber für Do-it-yourself-Investoren mit begrenzter Zeit kann das durchaus eine annehmbare Strategie sein.

Aber nehmen wir jetzt einmal an, Sie haben Blut geleckt. Die Investition in Aktien, die sich in einer besonderen Situation befinden, ist genau das Richtige für Sie. Sie wollen die Ärmel hochkrempeln und loslegen. Was tun Sie als Erstes? Wo finden Sie diese speziellen Investmentgelegenheiten? Welche Informationsquellen helfen Ihnen, wenn Sie fündig geworden sind? Was ist, wenn Sie sich erst noch die Grundlagen aneignen müssen? Wo können Sie in kürzester Zeit die wichtigsten Grundkenntnisse über Abschlüsse erwerben – Bilanzen, Gewinn-und-Verlust-Rechnungen und Kapitalflussrechnungen? Einen Moment – bitte nicht zu viele Fragen auf einmal. Gut. Und jetzt beantworte ich sehr gern die Fragen, die Sie gestellt haben (und noch mehr), und zwar im Rest des Kapitels.

FRAGE:
WO FINDE ICH DIESE SPEZIELLEN INVESTMENTGELEGENHEITEN?

Antwort: Lesen, lesen, lesen.

Sie glauben vielleicht nicht, dass eine Tageszeitung mit einer Millionenauflage ein guter Ort für die Schnäppchenjagd abseits der ausgetretenen Pfade sein kann, aber dem ist tatsächlich so. Genau genommen gewinnt das *Wall Street Journal* locker den großen Preis als beste Quelle für neue Investmentideen. Viele Chancen, die richtig viel Geld bringen (einschließlich der meisten Beispiele in diesem Buch), stehen mehr als einmal sogar auf der Titelseite – manchmal sogar über Monate hinweg. Transaktionen und Veränderungen, an denen nur kleinere Unternehmen beteiligt sind, erscheinen zwar nicht unbedingt auf der Titelseite, aber sie stehen trotzdem drin. Es ist natürlich nicht so, dass niemand anders diese Meldungen lesen würde, aber nachdem Sie dieses Buch gelesen haben, wissen Sie einfach besser, wonach Sie suchen müssen.

Die Schlacht um die Übernahme von Paramount Communications machte fast ein halbes Jahr lang Schlagzeilen auf der Titelseite – die endgültige Zahlungsweise allerdings nicht. Geld, Aktien und vier obskure Wertpapiere machen einfach keine Schlagzeilen. Das *Wall Street Journal* bringt solche Informationen zwar, aber es konzentriert sich nicht darauf. Sie dagegen schon. Der Spin-off eines kleinen Unternehmens schien zunächst nur von geringem Interesse zu sein, aber dann wurde er zu einem großen Ereignis. Sogar die Worte „Bankrott" oder „Konkurs" bekommen einen gewissen Reiz, wenn Sie Ihnen in der Morgenzeitung begegnen. Sie verstehen bestimmt, was ich meine: Die anderen lesen nur die Worte, aber Sie erblicken zwischen den Zeilen Investmentchancen.

Außer dem *Wall Street Journal* brauchen Sie eigentlich nichts weiter zu lesen, auch wenn man in der Wirtschaftspresse überall neue Ideen finden kann. Die einzigen begrenzenden Faktoren sind Ihre Zeit und Ihr Interesse. Zeitungen, die sich besonders gut eignen, um neue Ideen aufzuspüren, sind unter anderem *New York Times*, *Barron's* und *Investor's Business Daily*. Ihre Lokalzeitung und Ihre regionale Wirtschaftszeitung können ebenfalls gute Jagdgründe für Sondersituationen sein. Das liegt daran, dass über außerordentliche Transaktionen, an denen ortsansässige Unternehmen beteiligt sind, in der Lokalpresse ausführlicher, mit mehr Hintergrundinformationen und über einen längeren Zeitraum berichtet wird als in landesweit erscheinenden Blättern. Außerdem sind natürlich branchenspezifische Zeitungen wie *American Banker* oder *Footwear News* hilfreich, aber wenn Sie noch keine abonniert haben – sparen Sie sich die Mühe.

Und dann gibt es noch eine ganze Latte von bekannten Wirtschaftsmagazinen, die zur Auswahl stehen. Meiner Erfahrung nach sind *Forbes* und *Smart Money* die besten Quellen für gute Ideen, aber auch *Business Week*, *Fortune*, *Financial World*, *Worth*, *Money*, *Kiplinger's Personal Finance* und *Individual Investor* sind lesenswert. Ganz sicher können (und wollen) Sie nicht alles lesen, picken Sie sich deshalb genauso wie bei den Aktien nur die Rosinen heraus. Vergessen Sie nicht, dass nicht die Quantität, sondern die Qualität Ihrer Ideen das große Geld bringt. Machen Sie sich also nicht kaputt; lesen Sie, wenn Sie Zeit und Lust dazu haben. Dann sind Sie nämlich viel produktiver.

Für den Fall, dass Ihnen das als Lesestoff nicht reicht, weise ich Sie als weitere Quelle für Anlageideen noch auf die vielen existierenden Börsenbriefe hin. Diese regelmäßig erscheinenden Publikationen kosten im Jahresabonnement meist zwischen 50 und 500 Dollar. Im Allgemeinen werden Börsenbriefe zwar ihrem schlechten Ruf gerecht, aber ich habe eine kleine Auswahl von Newslettern zusammengestellt, die besonders fruchtbare Ideenlieferanten sind. Mein Lieblingsbrief, den ich auch schon erwähnt habe, ist *Outstanding Investor Digest (OID)*. *OID* interviewt meistens hochkarätige Value-Manager, die ihre Ideen meist in verständlicher Weise triftig begründen. Dieser Newsletter ist vor allem gut, wenn man LEAPS-Kandidaten sucht, und bringt gelegentlich auch Informationen über Unternehmen, die gerade eine Restrukturierung durchführen oder abgeschlossen haben.

Ein weiterer guter Börsenbrief heißt *The Turnaround Letter* und berichtet, wie der Name schon sagt, über Unternehmen, die in irgendeiner Weise eine Wende vollziehen. Die zwei Themenschwerpunkte sind Waisenaktien, die gerade das Konkursverfahren hinter sich haben, und Restrukturierungs-Aktien. Dieser Newsletter liefert zwar gute Ideen, ist aber nur ein Ausgangspunkt; die eigentliche Arbeit müssen Sie wie immer selbst machen. Und für meine nächste Empfehlung gilt das gleich doppelt: *Dick Davis Digest* ist einfach eine Sammlung von Ideen aus einer ganzen Reihe anderer Börsenbriefe, die der Herausgeber für die besten hält. Beim Durchsehen dieses Newsletters finden Sie vielleicht Sondersituationen, die Ihnen bei den anderen Quellen entgangen sind.

DIE MEISTER KOPIEREN

Und hier kommt noch eine Möglichkeit, neue Investmentideen aufzuspüren. Dafür brauchen Sie nur einen Telefonanruf und ein bisschen Ermittlungsarbeit. Man kann sich nämlich Kopien der Portfolios einiger der besten Sondersituations- und Value-Investoren des Landes besorgen – Anruf genügt. Die Broschüren der Fonds von *Franklin Mutual Series Funds* (Telefonnummer: 001-800-448-3863), einer der bedeutendsten Investmentfondsgesellschaften der Vereinigten Staaten, sind ein hervorragendes Jagdrevier für neue Ideen. Rund 25 Prozent der Portfolios dieser Gruppe konzentrieren sich auf außergewöhnliche Veränderungen von Unternehmen. Diese Fonds werden von Michael Price gemanagt, einem bekannten (und herausragenden) Value- und Sonder-Investor. Natürlich müssen Sie in diesem Fall ein ziemlich ausladendes Portfolio durchsehen, um feststellen zu können, welche Aktien aufgrund vergangener oder bevorstehender besonderer Ereignisse gekauft wurden. Sie könnten zum Beispiel damit anfangen, dass Sie diejenigen Sondersituationen kaufen, deren Preis noch in der Nähe des Preises liegt, den Michael Price dafür durchschnittlich bezahlt hat (dieser Preis steht in der Broschüre).

Marty Whitmans *Third Avenue Value Fund* (Telefonnummer: 001-800-443-1021) bietet dem Anleger ähnlich gute Chancen für den Ideenklau. Der langjährige Wall-Street-Profi Whitman hat sich auf einmalige, Value-orientierte Situationen abseits der ausgetretenen Pfade spezialisiert. Der neueste Fonds auf meiner Liste ist der *Pzena Focused Value Fund* (Telefonnummer: 001-800-385-7003). Er wird von Richard Pzena geleitet, der früher Direktor der Abteilung US-Aktien von S. C. Bernstein & Co war. Da sich dieser Fonds vor allem auf hoch kapitalisierte Value-Aktien konzentriert, die in Ungnade gefallen sind, kann man ihn als hervorragende Quelle für LEAPS-Ideen nutzen. Zum Beispiel könnten Herrn Pzenas drei oder vier größte Positionen (die Größe der Positionen wird auch im Prospekt angegeben) ein guter Ausgangspunkt sein. (Anmerkung: Ich besitze zwar Aktien von Richard Pzenas Firma, aber da ich Ihnen hiermit empfehle, seine besten Ideen zu klauen, dürften sich etwaige Konflikte wieder ausgleichen.)

Aktien aus einer vorgefertigten Zusammenstellung auszuwählen, ist durchaus sinnvoll – vor allem, wenn diese Aktien bereits im Portfolio eines Top-Investors liegen. Aber vergessen Sie nicht, dass Sie ja nur in gewissen zeitlichen Abständen eine gute Idee brauchen. Es ist besser, viel Arbeit in eine Idee zu investieren, als wenig Arbeit in viele Ideen zu investieren. Egal ob Sie im *Wall Street Journal* oder in den Portfolios von Investmentfonds nach Ideen Ausschau halten, meistens gehen Sie dann doch leer aus, nachdem Sie eine Situation genauer erforscht haben. Vielleicht bietet Ihnen eine bestimmte Investmentsituation nicht das Sicherheitspolster, das Sie brauchen. Vielleicht bietet sie nicht die Gewinnaussichten, die Sie gern hätten. Aber meistens gehen Sie leer aus, weil Sie die spezielle Situation nicht durchschauen – die Branche, zu der das Unternehmen gehört, die Konkurrenz oder die Auswirkungen einer außerordentlichen Änderung. Das ist aber vollkommen in Ordnung so. Sie suchen ja nur eine Handvoll Sondersituationen, mit denen Sie sich wohlfühlen. Also übertreiben Sie es mit der Suche nach neuen Ideen nicht. Jeden Tag die Zeitung zu lesen, reicht vollkommen. Denn jetzt, wo Sie eine bessere Vorstellung davon haben, wonach Sie suchen, kommen die Ideen von allein.

OKAY – ICH HABE EINE IDEE! UND WAS JETZT?

Die Hauptquellen für Investmentinformationen

Wenn Sie eine potenziell interessante Investment-Sondersituation gefunden haben, können Sie sich an mehreren Orten weitere Informationen beschaffen. Die wichtigste Informationsquelle ist das Unternehmen selbst. Die Securities and Exchange Commission (SEC) verlangt, dass alle börsennotierten Unternehmen, die unter ihrer Aufsicht stehen, regelmäßig und zu besonderen Anlässen Unterlagen einreichen.

Die Hintergrundinformationen, die Sie am meisten interessieren, finden Sie im Jahresbericht sowie in den Quartalsberichten (SEC Form 10K und SEC Form 10Q). Diese Berichte enthalten Informationen über die Geschäfts- und Betriebsergebnisse des Unternehmens, die neuesten Gewinn-und-Verlust-Rechnungen, Bilanzen und Kapitalflussrechnungen. Alles, was Sie über den Aktienbesitz von Managern, über Bezugsrechte und generell über Vergütungen wissen wollen, finden Sie normalerweise in der jährlich veröffentlichten Stimmrechtsvollmacht (Schedule 14A).

Auf der Suche nach außergewöhnlichen Ereignissen sollten Sie folgende Unterlagen durchsehen:

- *Form 8K. Dieses Dokument wird eingereicht, wenn ein wesentliches Ereignis wie zum Beispiel eine Übernahme, der Verkauf von Vermögenswerten oder Veränderungen der Kontrollmehrheit stattfindet.*
- *Form S1, S2, S3 und S4. Die Formulare S1 bis S3 sind die Registration Statements für Unternehmen, die neue Wertpapiere ausgeben. Form S4 wird für Wertpapiere eingereicht, die im Rahmen einer Fusion oder sonstigen Verbindung, einer Neuemission, einer Rekapitalisierung oder einer Restrukturierung ausgegeben werden. In Fällen, in denen eine Aktionärsabstimmung erforderlich ist, erscheint zusammen mit Form S4 auch eine Stimmrechtsvollmacht („Proxy Statement“) (S4 ist grundsätzlich ausführlich und informativ).*
- *Form 10. In diesem Dokument werden Informationen über eine Ausschüttung im Zuge eines Spin-offs bekannt gegeben (alles, was Sie schon immer über Spin-offs wissen wollten, aber nie zu fragen wagten).*

- *Form 13D. In diesem Bericht müssen Personen, die fünf Prozent oder mehr eines Unternehmens besitzen, über ihre Positionen und darüber Auskunft geben, was sie damit zu tun beabsichtigen. Wenn die Beteiligung zu Anlagezwecken gekauft wurde, kann es sich lohnen, die Reputation des Besitzers zu überprüfen. Wenn die Investition in der Absicht getätigt wurde, Einfluss auf das Unternehmen auszuüben oder die Kontrolle zu übernehmen, kann Form 13D der erste Hinweis auf oder der Katalysator für eine außergewöhnliche Veränderung im Unternehmen sein.*
- *Form 13G. Institutionelle Anleger, die ein Investment ausschließlich zu Anlagezwecken kaufen, können dieses Formular anstelle von Form 13D benutzen.*
- *Schedule 14D-1. Dies ist ein Übernahmeangebot von einer außenstehenden Partei, eine sogenannte Tender-Offerte. Dieses Dokument enthält viele nützliche Hintergrundinformationen über eine geplante Übernahme. Normalerweise erhält man es bei dem „Information Agent“, der in der Bekanntmachung der Tender-Offerte genannt wird.*
- *Schedule 13E-3 und 13E-4. Schedule 13E-3 wird bei einem Rückkauf vom Publikum verwendet (so wie die in Kapitel 4 beschriebene Super-Rite-Transaktion). Schedule 13E-4 ist das Zeichnungsangebot für den Fall, dass ein Unternehmen seine eigenen Aktien zurückkauft (zum Beispiel bei dem Eigen-Tender von General Dynamics verwendet – Kapitel 5). Bedenken Sie, dass beide Situationen sehr lukrativ sein können; da die Bekanntgaben in diesem Fall ausführlicher sind als üblich, sollten Sie sie unbedingt sorgfältig lesen.*

Häufig bekommt man all diese Unterlagen kostenlos (oder gegen eine geringe Gebühr), wenn man direkt die Investor-Relations-Abteilung des Unternehmens anruft (na gut, vielleicht muss man dafür ein bisschen schwindeln und behaupten, man sei Aktionär). Aber auf jeden Fall gibt es inzwischen sämtliche Unterlagen kostenlos im Internet, und zwar über das EDGAR-System (EDGAR ist die Abkürzung für Electronic Data Gathering Analysis and Retrieval, etwa: elektronische Datensammlung, -analyse und -suche). Es gibt zwei Websites, auf denen die Dokumente innerhalb von 24 Stunden nach ihrer Einreichung bei der SEC verfügbar sind. Das dürfte eigentlich für Ihre Ansprüche vollkommen genügen. Derzeit bietet die New York University die Dokumente unter http://edgar.stern.nyu.edu an und die SEC selbst unter http://www.sec.gov.

In der Online-Welt entstehen täglich neue Dienste und Informationsquellen. Aber glücklicherweise bekommt man auf der Website des *Wall Street Journals* für 49,95 Dollar im Jahr (für Abonnenten der gedruckten Zeitung nur 29,95 Dollar) alles, was man braucht – www.wsj.com. Aktuelle Nachrichten gibt es kostenlos und gegen Einzelgebühren hat man Zugriff auf Artikel aus Tausenden von Publikationen. Dieses Angebot ist kaum zu schlagen. Einer der preiswertesten Dienste für Privatanleger ist EDGAR Online (http://www.edgar-online.com). Wenn Sie die SEC-Unterlagen unbedingt sofort benötigen, können Sie sie hier innerhalb von Minuten nach ihrer Einreichung bekommen; in der einfachsten Variante kostet Sie das 9,95 Dollar im Monat. Prodigy, Compuserve und America Online bieten ebenfalls Dokumentendienste in unterschiedlichem Umfang an.

Außerdem gibt es folgende Dokumentendienste, die einem die Unterlagen – gegen Gebühr – an die Haustür oder per Fax liefern: Disclosure (Telefon: 001-800-874-4337), Moody's (Telefon: 001-800-342-5647), Standard & Poor's (Telefon: 001-212-206-8000), Federal Filings (Telefon: 001-888-333-3453), Docutronics Information Services (Telefon: 001-212-233-7140) und das CCH Washington Service Bureau (Telefon: 001-800-955-5219). Der Preis für Dokumente von diesen hochwertigen Diensten liegt zwischen 15 und 35 Dollar.

SEKUNDÄRE QUELLEN FÜR INVESTMENT-INFORMATIONEN

Sekundärquellen können auch sehr nützlich sein, wenn man sich schnell einen Überblick über ein bestimmtes Unternehmen oder über eine Branche verschaffen will. Ich benutze für solche Zwecke den bekannten *Value Line Investment Survey*. Die Investment-Rangfolgen dieses Dienstes benutze ich zwar nicht, aber die Berichte von *Value Line* über einzelne Unternehmen bieten einen sehr hilfreichen Überblick über die historische Performance von Unternehmen und ihren Aktien. Und da bei *Value Line* die Berichte nach Branchen sortiert sind, findet man hier sehr leicht Zahlen zur Branchenbewertung, die man für die Bewertung von Spin-off- und Restrukturierungskandidaten gebrauchen kann. Die neue, erweiterte Ausgabe von *Value Line* bietet jetzt Informationen zu mehr als 3.500 Unternehmen. Für Privatanleger mag dieser Dienst recht kostspielig sein, aber man findet diese Informationen auch in den meisten öffentlichen Bibliotheken bei den Nachschlagewerken.

Dank des wachsenden Angebots von Online- und sonstigen computerisierten Diensten sind gute Investmentinformationen heute viel leichter und preiswerter verfügbar als früher. Wenn Sie an *Value Line* nicht herankommen, sehen Sie einmal bei America Online unter „Hoover Business Resources" nach. Hier finden Sie finanzielle und andere Informationen über Tausende von Unternehmen, nach Namen oder Branche sortiert. Solche Informationen gibt es in verschiedenen Formen bei allen großen Onlinediensten.

Natürlich gehört es auch zu Ihren Researchbemühungen, immer die aktuellen Unternehmensnachrichten zu lesen. Das *Wall Street Journal* ist zwar sehr gut, aber wenn Sie sich mit einer potenziellen Gelegenheit befassen, benötigen Sie vielleicht auch ältere Informationen. Auch hier können normale Onlinedienste ausreichen, aber ein spezieller Dienst kann bei Background-Recherchen sehr angenehm sein, zum Beispiel Dow Jones News/Retrieval – Private Investor Edition (Telefon: 001-

800-522-3567). Keine Angst, Sie brauchen keinen derart mächtigen Informationsdienst, um alle paar Monate eine gute Idee zu finden, aber wenn Sie sich so richtig für Sondersituationen begeistern können, sind 29,95 Dollar im Monat für die unbeschränkte Suche in den Dow-Jones-Meldungen, dem *Wall Street Journal, Barron's* und Hunderten anderer Publikationen kaum zu überbieten.

Und dann gibt es noch einen nützlichen Dienst, der Ihnen jeden Morgen ein Fax schickt. Damit können Sie über Ihre derzeitigen Positionen auf dem Laufenden bleiben und auf neue Chancen aufmerksam werden. Ein Dienst namens *HeadsUp* von Individual, Inc. (Telefon: 001-800-414-1000) schickt Ihnen eine kurze Zusammenfassung von Meldungen, die Ihre Interessengebiete betreffen. Sie können beispielsweise die Top-Artikel des Tages zu den Themen „Corporate Restructuring", „Mergers and Acquisitions" oder „Corporate Bankruptcy News" bestellen. Der Dienst kostet rund 30 Dollar im Monat und ist auch per Internet erhältlich.

Aber ich betone noch einmal, dass Sie dieses ganze Arsenal nicht wirklich brauchen. Das *Wall Street Journal,* ein Telefon, mit dem Sie Informationen und Pressemitteilungen von Unternehmen anfordern können, und eine Bibliothek tun's auch. In den meisten Fällen haben Sie massenhaft Zeit für Ihre Recherchen. Wenn sich eine Situation so schnell entwickelt, dass es auf ein paar Stunden oder ein paar Tage ankommt, ist sie vermutlich nicht das Richtige für Sie. Die meisten Wall-Street-Menschen, die man im Fernsehen immer schreiend und brüllend herumrennen sieht, denken nicht wirklich nach und betreiben nicht wirklich Nachforschungen. Sie – naja, ich weiß auch nicht recht, was die tun, aber auf jeden Fall brauchen Sie sich darum keine Sorgen zu machen. Das Wichtigste ist, dass Sie sich an die wenigen Situationen halten, für die Sie Zeit haben, sich zu informieren und sie zu verstehen.

FRAGE: WAS IST, WENN ICH MIR ERST NOCH DIE GRUNDLAGEN ANEIGNEN MUSS? WO KANN ICH IN KÜRZESTER ZEIT DAS WICHTIGSTE ÜBER ABSCHLÜSSE LERNEN?

Wie mein Vater immer zu sagen pflegte: „Zahlen lügen nicht, aber Lügner können Zahlen berechnen." Wenn Sie Bilanzen und Gewinn-und-Verlustrechnungen lesen wollen, aber darin nicht ganz firm sind, sollten Sie sich wohl wirklich erst ein bisschen fit machen. Das ist keine große Sache. Für das Verständnis von Bilanzen und Gewinn-und-Verlust-Rechnungen reichen folgende – kurze! – Anleitungen: „How to Read a Financial Report" von John A. Tracy, „How to Use Financial Statements" von James Bandler und „How to Read Financial Statements" von Donald Weiss (dieses Buch ist eher ein Heft und bei der American Management Association für vier Dollar erhältlich).

Mein Lieblingsbuch zu diesem Thema wurde glücklicherweise gerade neu aufgelegt: „Interpretation of Financial Statements" von Benjamin Graham ist ein extrem dünnes Bändchen, in dem nur das steht, was man wissen muss. Im Grunde ist es zwar egal, wie Sie die Grundlagen lernen, aber wenn Sie dieses Buch in einer Bibliothek oder im Antiquariat bekommen können, dürfte es durchaus der Mühe wert sein.

WAS IST DENN NUN MIT DIESEM CASHFLOW? WAS IST DAS? WARUM SOLLTE MICH DAS INTERESSIEREN? (UND WIE KRIEGE ICH DEN?)

Cashflow oder Kapitalfluss ist ein Begriff, den die Investoren auf viele verschiedene Arten definieren. Der Cashflow, der meiner Meinung nach bei der Unternehmensanalyse am nützlichsten ist, ist die Sorte, die von manchen Menschen als „freier Cashflow" bezeichnet wird. In den meisten Fällen vermittelt der freie Cashflow einen besseren Eindruck davon, wie viel Geld wirklich durch die Tore eines Unternehmens fließt, als der Nettogewinn. Da der Cash-Gewinn (im Unterschied zum Berichtsgewinn) benutzt werden kann, um Dividenden zu bezahlen, Aktien zurückzukaufen, Schulden zu bezahlen, neue Chancen zu finanzieren und Übernahmen zu tätigen, ist es wichtig zu wissen, wie viel Geld ein Unternehmen erwirtschaften kann. Das ist eigentlich gar nicht so schwer zu verstehen und man findet alle benötigten Informationen im Cashflow Statement (bei manchen deutschen Unternehmen auch als Kapitalflussrechnung bezeichnet), das Teil aller Jahres- und Quartalsabschlüsse eines Unternehmens ist.

Hinter diesem Konzept steckt der Gedanke, dass der Nettogewinn eines Unternehmens (meist als Gewinn pro Aktie angegeben) den Überschuss eines Unternehmens nur zu Berichtszwecken angibt. Gewisse unbare Ausgaben sind im Nettoüberschuss enthalten, aber gewisse Kapitalausgaben werden bei der Berechnung weggelassen. Bei der Berechnung des freien Cashflows werden einfach unbare Kosten zum Nettogewinn addiert und Barausgaben davon abgezogen, sodass ein getreueres Bild davon entsteht, wie viel Geld ein Unternehmen generiert.

Die wichtigsten unbaren Ausgaben sind Abschreibungen für materielle und immaterielle Vermögenswerte (depreciation and amortization). Die Abschreibung materieller Vermögenswerte ist ein Ausgabenposten, der gegen den Gewinn verrechnet wird und der den Kosten Rechnung tragen soll, die materielle Vermögenswerte wie zum Beispiel Anlagen und Ausrüstung im Laufe ihrer Lebensdauer verursachen. Es wäre ja nicht fair, die Kosten von einer Million Dollar für eine neue Maschine gegen den Gewinn des Jahres zu verrechnen, in dem die Maschine angeschafft wurde, wenn man damit rechnet, dass diese Maschine zehn Jahre lang hält. Wenn man jedes Jahr 100.000 Dollar Kosten bucht, kommt das der Realität schon näher. Das heißt, dass zwar im ersten Jahr eine Million Dollar das Haus verlassen hat, dass aber in der Gewinn-und-Verlust-Rechnung nur Ausgaben von 100.000 Dollar stehen – die Abschreibungskosten für ein Jahr.

Neben der Abschreibung materieller Vermögenswerte (depreciation) gibt es auch noch die Abschreibung immaterieller Vermögenswerte (amortization). Immaterielle Vermögenswerte haben eine Lebensdauer von einem Jahr oder mehr und sie sind nicht physisch greifbar. Die üblichste Form eines immateriellen Vermögenswerts ist der sogenannte Goodwill. Er entsteht normalerweise, wenn bei der Übernahme eines Unternehmens mehr bezahlt wird als der Wert der greifbaren Vermögenswerte. Der Überschuss wird in der Bilanz des Käufers als Goodwill verbucht und dann über einen Zeitraum von maximal 40 Jahren abgeschrieben. Falls das Gewinnpotenzial des übernommenen Unternehmens mit der Zeit nicht zurückgeht, sind die Abschreibungen, die von dem Gewinn abgezogen werden, eine pure Abrechnungsfiktion (und deshalb schlage ich sie auf den Nettogewinn wieder drauf).

Wenn man die Grundform des freien Cashflows ausrechnen will, muss man (1) vom Nettoüberschuss ausgehen, (2) die Kosten für Abschreibungen materieller und immaterieller Vermögenswerte rückaddieren und (3) die Kapitalausgaben des Unternehmens abziehen, das sind normalerweise tatsächliche Ausgaben für neue Fabriken und Ausrüstung. Das Ergebnis ist der freie Kapitalfluss, den ein Unternehmen pro Jahr erzeugt. Die Berechnung sieht so aus:

Nettogewinn	*20 US-$*
+ Abschreibung materieller Vermögenswerte	*6 US-$*
+ Abschreibung immaterieller Vermögenswerte	*3 US-$*
	29 US-$
– Kapitalinvestitionen	*5 US-$*
Freier Cashflow	*24 US-$*

Beachten Sie, dass in diesem Beispiel der freie Cashflow 20 Prozent größer als der Nettogewinn ist. Wenn der freie Cashflow über Jahre hinweg größer als der Gewinn ist, dann könnte es sinnvoll sein, sich bei der Berechnung des Unternehmenswertes eher an den Cashflow als an den Gewinn zu halten (das heißt, man benutzt für dieses Unternehmen eher das Kurs-Cashflow-Verhältnis als das gängigere Kurs-Gewinn-Verhältnis). Wenn aber umgekehrt der freie Cashflow beständig niedriger als der Nettogewinn ist (und wenn das nicht an einer großen Expansion liegt, die viele Kapitalausgaben erfordert), dann könnte es durchaus sinnvoll sein, für Bewertungszwecke den konservativeren freien Cashflow zu benutzen.

Dass der freie Cashflow eines Unternehmens von dem Berichtsgewinn abweicht, kann mehrere Gründe haben. Es kann zum Beispiel sein, dass die Abschreibung materieller Vermögenswerte (die sich ja auf die historischen Kosten der Vermögenswerte bezieht) die aktuellen Kosten für die Ersetzung von Fabriken und Ausrüstung nicht korrekt wiedergibt. Es kann sein, dass die Ersetzungskosten für physische Vermögenswerte aufgrund der Inflation jedes Jahr steigen. In manchen Branchen kann es außerdem notwendig sein, die technische Ausrüstung ständig zu verbessern, obwohl sie noch nicht abgenutzt ist – aber man muss einfach mit der Konkurrenz Schritt halten (zum Beispiel muss ein Kaufhaus oder ein Hotel wegen eines Konkurrenten am anderen Ende der Stadt oder wegen eines neuen Konkurrenten früher als geplant renoviert werden). In manchen Fällen sind die Abschreibungskosten im Verhältnis zu den tatsächlichen Kosten auch zu hoch. Manchmal sorgt der technische Fortschritt dafür, dass die Ersetzung von Ausrüstung immer weniger kostet. Und dann gibt es noch Fälle, in denen die alte Ausrüstung viel länger hält als im Abschreibungsplan vorgesehen.

Wenn man den Unterschied zwischen jährlichen Abschreibungen (zu Abrechnungszwecken geschätzte Kosten) und jährlichen Kapitalausgaben (tatsächliche Kosten) überprüft, kann es in allen diesen Fällen sein, dass man besser den freien Cashflow als den Gewinn nehmen sollte. Und wenn man die Kosten für die Abschreibung immaterieller Vermögenswerte dazurechnet, spricht noch mehr für den freien Cashflow. Da in den meisten gesunden Unternehmen die Abschreibungen für immaterielle Vermögenswerte nur fiktive Kosten für die Buchhaltung sind, ist es wichtig, diese Kosten wieder dazuzuzählen, damit man einen richtigen Eindruck von der Kapitalerzeugungskraft des Unternehmens bekommt. Wenn die jährlichen Abschreibungskosten für immaterielle Vermögenswerte groß sind, ist der freie Cashflow normalerweise ein viel besseres Maß für das Gewinnpotenzial eines Unternehmens (Sie erinnern sich vielleicht noch, dass das im Falle der Fernsehsender von Home Shopping Network der Fall war, die später in Silver King Communications ausgegliedert wurden).

Und noch eines: Wenn ein Unternehmen schnell wächst, sind hohe Kapitalaufwendungen (und daher ein geringer freier Cashflow) nicht unbedingt ein schlechtes Zeichen. Wichtig ist der Anteil an den Kapitalausgaben, der für die Wartung und Erhaltung bereits existierender Einrichtungen aufgewendet wird. Manche Unternehmen schlüsseln die Kapitalausgaben nach Wartungskosten und Expansionskosten auf, aber normalerweise muss man das Unternehmen anrufen, um diese Information zu bekommen. Auf jeden Fall sind hohe Kapitalausgaben im Verhältnis zur Abschreibung materieller Vermögenswerte noch kein Anlass zur Sorge – wenn man sie auf das Wachstum eines Geschäftsbereichs zurückführen kann, der Ihrer Meinung nach weiterhin erfolgreich sein wird.

GIBT ES NOCH MEHR LESENSWERTE INVESTMENTBÜCHER?

Nein (war nur ein Scherz). Ich kenne keine empfehlenswerten Bücher, die ausschließlich die speziellen Investmentsituationen behandeln, um die es im vorliegenden Buch geht. Aber es gibt Bücher mit hervorragenden Hintergrundinformationen über den Aktienmarkt und über

Value-Investing. Alle entsprechenden Informationen kann man nutzbringend auf Investitionen in Sondersituationen anwenden. Falls Sie also Zeit und Lust haben, hier eine Liste meiner größten Favoriten:

David Dremen: Contrarian Investment Strategies: The Next Generation. New York: Simon & Schuster, 1988.

Benjamin Graham: Intelligent Investieren. Der Bestseller über die richtige Anlagestrategie. München: Finanzbuchverlag, 2005.

Robert Hagstrom: Warren Buffett. Sein Weg, seine Methode, seine Strategie. Kulmbach: Börsenmedien, 1996.

Robert Haugen: The New Finance: The Case Against Effective Markets. New York: Prentice Hall, 1995.

Seth A. Klarman: Margin of Safety. New York: Harper Business, 1991.

Peter Lynch und John Rothchild: Der Börse einen Schritt voraus. Kulmbach: Börsenmedien, 2004.

Peter Lynch und John Rothchild: Lynch III. Der Weg zum Börsenerfolg. Kulmbach: Börsenmedien, 1996.

Andrew Tobias: The Only Investment Guide You'll Ever Need. Revidierte und aktualisierte Auflage. New York: Harcourt Brace, 1996.

John Train: Die Formel der Erfolgreichsten. München: Finanzbuchverlag, 2006.

8

DER WEG IST DAS ZIEL

Eines meiner Lieblingshobbys ist Segeln – keine Regatten, kein Ziel, einfach nur auf dem Wasser sein und segeln. Es gibt schnellere Möglichkeiten, sich auf dem Wasser fortzubewegen – diese Technik ist seit Jahrhunderten veraltet. Und sicher gibt es leichtere Möglichkeiten, von einem Ort zum anderen zu gelangen; das Verhältnis von anstrengender Arbeit und zurückgelegter Entfernung ist ungünstig. Der Punkt ist aber gerade der, dass man zu keinem bestimmten Ort fährt. Ich komme immer dort wieder an, wo ich losgesegelt bin. Mir geht es darum, die Fahrt zu genießen und das Beste daraus zu machen. Der Weg ist das Ziel – denn es gibt kein Ziel.

Wenn man über lange Zeit ein erfolgreicher Anleger sein will, muss man die Reise ebenfalls sehr genießen. Warren Buffett und Peter Lynch haben schon seit Langem den Punkt überschritten, an dem ihre Ersparnisse sicherstellen, dass für jene vorgesorgt ist, die ihnen lieb und teuer sind. Es ist klar, dass sie die Herausforderung des Investings genießen. Wenn Sie der Typ Mensch sind, der beim ersten Absacker der Börse nicht mehr schlafen kann (oder noch schlimmer, wenn Sie panisch aus Ihren Investmentpositionen aussteigen, nur weil der Markt fällt), dann ist eine passivere Methode als die, die auf den vorliegenden Seiten verfochten wird, für Sie vielleicht besser geeignet. Wenn Ihnen dieses Spiel keinen Spaß macht, machen Sie sich doch nichts draus: Sie können Ihre Zeit viel produktiver nutzen.

Aber wenn Sie in der Lage sind, Ihre Investments selbst erfolgreich zu managen, kann das positive Nebenwirkungen haben. Jeder weiß, was man für Geld nicht kaufen kann, aber natürlich gibt es durchaus Dinge, die man kaufen kann: ein Gefühl der Sicherheit, einen angenehmen Ruhestand und die Fähigkeit, für seine Familie zu sorgen. Selbst aus religiöser Sicht muss Geld nichts Schlechtes sein. Wenn man damit anderen hilft, kann Geld sogar eine positive Kraft sein.

Manche Menschen – einschließlich des berühmten Ökonomen Adam Smith aus dem 18. Jahrhundert – glauben, wenn man seine eigenen Interessen verfolgt, würde man der gesamten Gesellschaft Nutzen bringen. Der Kauf und Verkauf am Aktienmarkt bildet einen Markt für Unternehmenskapital und ist letztendlich ein Instrument, mithilfe dessen produktive Unternehmen Kapital beschaffen und expandieren. Das stimmt zwar, aber diese Sichtweise ist beschränkt. Pferdewetten sichern den Kassierern an der Rennbahn den Arbeitsplatz, aber ich bezweifle, dass Albert Schweitzer diese Art von Altruismus im Sinn hatte; man kann den größten Teil seiner Zeit bestimmt für bessere und für höhere Ziele nutzen.

In den Augen vieler mag Zeit Geld sein, aber vielleicht wäre es sinnvoller zu sagen, dass Geld Zeit ist. Schließlich ist Geld die Währung für unser aller Leben. Wenn es aufgebraucht ist, ist das Spiel aus. Der Besitz von Geld hat unter anderem den großen Vorteil, dass er einen in die Lage versetzt, die Dinge zu vollbringen, für die man die Gaben des Daseins und der Zeit benötigt. Tatsächlich kann man ohne diese Gaben weder eine Familie aufbauen noch seinen Beitrag zur Gesellschaft leisten. Man kann für Geld zwar kein Glück und nicht einmal Zufriedenheit kaufen, aber dafür vielleicht etwas anderes. Im rechten Licht betrachtet kann man sich damit Zeit kaufen – die Freiheit, diejenigen Dinge zu tun, die einem Freude machen und die Ihrem Leben einen Sinn geben.

Man sollte dieses Buch eigentlich auf verschiedenen Ebenen betrachten können (Sie sehen, was ich meine, wenn Sie einen Aufzug nehmen). Wenn Sie als Anleger schon beträchtliche Börsenerfahrung haben, dann hat es Ihnen hoffentlich ganz neue Bereiche der Investmentwelt eröffnet. Jetzt, da Sie wissen, wo Sie die besonderen Orte finden, an denen die Anlagechancen erheblich zu Ihren Gunsten stehen, sollte Ihnen eigentlich die Arbeit in vielerlei Hinsicht leichter fallen. Nach der Lektüre dieses Buches sollten Sie außerdem eine bessere Vorstellung davon haben, wonach Sie suchen müssen, wenn Sie erst einmal da sind. Und wenn Sie Neuling sind, dient es Ihnen hoffentlich als erste Stufe und als Anregung. Falls Ihnen die Gelegenheiten, die in diesem Buch beschrieben werden, verlockend erscheinen, seien Sie versichert, dass die meisten hier behandelten Bereiche nicht jenseits der Reichweite des Durchschnittsanlegers liegen. Sie brauchen dafür kein Genie zu sein, aber Sie brauchen ein grundlegendes Verständnis von Unternehmensabschlüssen, ein bisschen gesunden Menschenverstand und die nötige Geduld, um Erfahrungen zu sammeln.

Wie ich schon die ganze Zeit sage, erfordert das durchaus etwas Arbeit und etwas Mühe, aber dieses Wissen sollte Sie eigentlich trösten. Wenn jeder die Investment-Tipps in diesem Buch einfach so nutzen könnte, dann könnten Sie wahrscheinlich nicht mit außergewöhnlichen Ergebnissen rechnen. Was Sie von der Masse abheben wird, ist das Gleiche, was die Mehrheit der Investoren durchfallen lässt. Die Barriere vor dem Börsenerfolg ist nicht außerordentliche Intelligenz, beispiellose Geschäftstüchtigkeit (ich habe immer noch einen Zauberwürfel) oder besonderes Wissen. Das Geheimnis besteht – jetzt, wo Sie wissen, wo Sie suchen müssen – einfach in ein bisschen zusätzlicher Arbeit. Wenn Sie ein bisschen darüber nachdenken, klingt das auch ziemlich gerecht.

Man kann zwar nicht sagen, dass das Leben immer gerecht ist, aber der Aktienmarkt ist es langfristig betrachtet meistens schon. Obwohl ich ausgewiesener Contrarian bin, stimme ich der heutzutage verbreiteten Meinung zu, dass Aktien für die meisten Menschen die richtige Geldanlage sind. Wenn die Wirtschaft und die einzelnen Unternehmen, aus denen sie besteht, fortgesetzt wachsen, spiegelt die Börse diese Tatsache früher oder später wider. Das bedeutet nicht, dass der Aktienmarkt zu allen Zeiten überlegene Anlagerenditen bietet. Gerade in der jüngsten Vergangenheit, von Ende der 1960er-Jahre bis Anfang der 1980er-Jahre, sind die großen Aktienindizes kaum vorangekommen. Aber im Allgemeinen und auf lange Sicht spiegelt die Börse die Entwicklung der Unternehmen, die sie repräsentiert, exakt wider.

Und das bringt uns zu dem letzten Vorteil der Sondersituationen, die das Thema dieses Buches sind: Es ist zwar schön und häufig hilfreich, wenn der Markt steigt, aber es ist gar nicht nötig. Da Ihre Schnäppchengelegenheiten aus besonderen Ereignissen resultieren – aus Ereignissen, die in allen Marktlagen stattfinden –, entstehen immer wieder neue Schnäppchen. In den meisten Fällen gelten sie allerdings nur vorübergehend. Es mag sein, dass es nicht heute und nicht morgen passiert, aber irgendwann erkennt die Börse den Wert an, der Sie zu dem Schnäppchenkauf verlockt hat. Und aus diesem Grund zahlt es sich am Ende aus, diszipliniert nach Schnäppchen zu suchen.

Die Idee, die hinter diesem Buch steckt, könnte man folgendermaßen beschreiben: Es soll Ihnen von einem Schneeball erzählen, der auf dem Gipfel eines Berges liegt; es soll Ihnen genug Seile und Kletterausrüstung verschaffen, damit Sie zu diesem Schneeball gelangen können. Ihre Aufgabe ist es dann – falls Sie sich darauf einlassen –, den Schneeball hinunterzuschubsen und ihn wachsen zu lassen.

ANHANG

GOTHAM CAPITAL

	jährliche Anlagerendite seit Gründung	*was aus einem Dollar seit Gründung wurde*
1985 (9 Monate)	*70,4 %*	*1,70 US-$*
1986	*53,6 %*	*2,62 US-$*
1987	*29,4 %*	*3,39 US-$*
1988	*64,4 %*	*5,57 US-$*
1989	*31,9 %*	*7,34 US-$*
1990	*31,6 %*	*9,66 US-$*
1991	*28,5 %*	*12,41 US-$*
1992	*30,6 %*	*16,21 US-$*
1993	*115,2 %*	*34,88 US-$*
1994	*48,9 %*	*51,97 US-$*

Zum Januar 1995 betrug der annualisierte Ertrag seit Auflegung 50 Prozent.

(Alle angegebenen Erträge sind geprüfte Portfolioerträge nach Abzug aller Ausgaben, vor Incentive-Zuteilung der Unternehmenspartner.)

GLOSSAR

Abschreibung materieller Vermögenswerte/Depreciation
Unbare Belastung der Einnahmen, die den Kosten materieller Vermögenswerte während deren Lebensdauer Rechnung tragen soll (siehe Kapitel 7).

Aktiensplit
Die Erhöhung der Anzahl umlaufender Aktien eines Unternehmens ohne Veränderung des Kapitals oder Marktwerts. Wenn mit einer Aktie für 30 Dollar, von der drei Millionen Stück umlaufen, ein 3:1-Split durchgeführt wird, laufen nach dem Split neun Millionen Aktien zu zehn Dollar um. Der Split an sich hat keine Auswirkungen auf den Marktwert des Unternehmens.

Amortisation/Abschreibung immaterieller Vermögenswerte
Eine unbare Belastung, die für die Kosten immaterieller Vermögenswerte über die Zeit ihrer Nutzung steht, zum Beispiel Goodwill oder Patentrechte. Die Abschreibung von Goodwill (der Betrag, um den der Übernahmepreis den bestimmbaren Wert der übernommenen Vermögenswerte überschreitet) wird zwar gegen die Einnahmen verrechnet, ist aber kein konkreter Ausgabenposten. Wenn der Wert des übernommenen Unternehmens stabil bleibt oder wächst, sollte man die Amortisationskosten zu den Einnahmen zurückaddieren, damit sich ein zutreffenderes Bild des Gewinnpotenzial des Unternehmens ergibt (siehe den Abschnitt über Cashflow in Kapitel 7).

Anleihe
Ein Schuldtitel, für den zum Fälligkeitstermin ein bestimmter Betrag und normalerweise regelmäßige Zinszahlungen fällig sind. Anleihen können im Vergleich zu anderen Anleihen des gleichen Unternehmens vorrangig oder nachrangig sein und sie können anderen Verbindlichkeiten des Unternehmens nachgestellt sein (also geringere Priorität haben als andere Vermögenswerte des Unternehmens). Sie können gesichert oder ungesichert sein. Langfristige ungesicherte Industrieobligationen werden in den Vereinigten Staaten im Unterschied zu Großbritannien als „Debentures" bezeichnet [in Großbritannien sind damit gesicherte Papiere gemeint]. Es gibt Anleihen, die man in andere Papiere umwandeln kann, und es gibt Nullcoupon-Anleihen, für die keine Zinsen bezahlt werden, sondern nur der nach Ablauf der Laufzeit fällige Nennwert. Die Zinsen auf „PIK Bonds" (PIK steht für „Payment In Kind" = Sachleistung) kann man sich statt in Geld auch in Anleihen bezahlen lassen.

Beta
Die Volatilität einer Aktie im Verhältnis zum Gesamtmarkt.

Black-Scholes-Modell
Das ist eine Berechnungsformel für die richtige Bewertung von Optionen. Unter normalen Umständen ist sie zwar nützlich, aber wenn man versucht, den Preis für Unternehmen zu berechnen, die außergewöhnliche Veränderungen durchmachen, fällt sie sozusagen in tausend Stücke.

Börsenmakler
Eine Mischung aus Anwalt, Politiker und Versicherungsvertreter (ich mache da keinen großen Unterschied; einige meiner besten Freunde sind Börsenmakler).

Buchwert pro Aktie

Wert der Aktiva laut Bilanz geteilt durch die Anzahl der umlaufenden Aktien. Der Buchwert stellt den historischen Wert der Vermögenswerte eines Unternehmens abzüglich der Verbindlichkeiten dar. Der materielle Buchwert lässt immaterielle Vermögenswerte wie Patente und Goodwill unberücksichtigt. Es hat sich gezeigt, dass man langfristig den Markt schlagen kann, wenn man Unternehmensaktien kauft, die im Verhältnis zu ihrem Buchwert preiswert gehandelt werden.

Contrarian

Ein Anleger, der bereit ist, anders zu denken und zu handeln als die Masse (nein, das stimmt nicht).

Dorftrottel

Jemand, der Geld für ein Börsenbuch ausgibt und dann meint, er könne den Markt schlagen (war nur ein Scherz).

Emissionshaus

Das Emissionshaus oder der „Underwriter“ ist eine Investmentbank, welche die neuen Aktien verkauft. Dabei kann es sich sowohl um ein einzelnes Unternehmen als auch um eine Unternehmensgruppe beziehungsweise ein Konsortium handeln. Eine feste Übernahmeverpflichtung bedeutet in jedem Fall, dass die Investmentbank dem Unternehmen die neuen Wertpapiere mit Abschlag abkauft und sie dann zum festgelegten Zeichnungskurs verkauft.

Geschäftsjahr

Ein 12-Monats-Zeitraum, den ein Unternehmen als Abrechnungszeitraum ansetzt. Das Geschäftsjahr eines Unternehmens kann mit dem Kalenderjahr zusammenfallen (das am 31. Dezember endet), aber viele Unternehmen lassen ihr Geschäftsjahr an einem anderen Datum enden.

Indexing/Indexfonds

Damit ist eine Anlagestrategie gemeint, bei der man versucht, den Ertrag eines bestimmten Aktienindex nachzubilden, indem man die meisten oder alle Aktien kauft, die in diesem Index enthalten sind. Ein „S&P 500"-Index enthält alle 500 Aktien, aus denen der S&P 500 besteht, und zwar in dem Verhältnis, nach dem sich der Index berechnet (man bezeichnet diese Strategie auch als „aufgeben").

Insider

Die Direktoren, Führungskräfte und sonstigen entscheidenden Mitarbeiter eines Unternehmens. Das ist zwar nicht die vollständige juristische Definition von „Insider", aber das sind die Menschen, auf die man bei Anlageentscheidungen achten sollte.

Institutionelle Anleger

Organisationen, die große Mengen Geldes anderer Leute managen, zum Beispiel Pensionsfonds, Banken, Investmentfonds, Versicherungen, College-Stiftungen und Gewerkschaftsfonds.

Kapitalausgaben

Ausgaben für den Kauf oder die Verbesserung materieller Vermögenswerte wie Anlagen und Ausrüstung, auch als Kapitalinvestitionen oder einfach Investitionen bezeichnet. Die Kapitalkosten werden normalerweise über die nutzbare Lebensdauer abgeschrieben, Reparaturkosten hingegen in dem Jahr, in dem sie entstanden sind.

Kapitalfluss/Cashflow

Er wird unterschiedlich definiert. Normalerweise ist damit der Geldzufluss eines Unternehmens gemeint, bestehend aus Nettoüberschuss zuzüglich unbarer Kosten (normalerweise Abschreibungskosten für materielle und immaterielle Vermögenswerte). Der sogenannte freie Cashflow ist meist nützlicher, weil er die Kapitalausgaben eines Unternehmens berücksichtigt. Er errechnet sich aus Nettoüberschuss zuzüglich Abschreibungen abzüglich Kapitalausgaben (siehe Kapitel 7).

Kapitalisierung
siehe Marktkapitalisierung.

Kapitalstruktur
Das Verhältnis zwischen Schulden und Kapital. Der Verschuldungsgrad eines Unternehmens sagt etwas darüber aus, ob die Kapitalstruktur eines Unternehmens sicher oder riskant ist.

Kurs-Gewinn-Verhältnis (KGV)
Der Preis einer Aktie geteilt durch den Unternehmensgewinn pro Aktie. Diese Kennzahl (manchmal auch als „Multiple" bezeichnet) gibt an, in welchem Verhältnis der Preis einer Aktie zu dem Gewinn des Unternehmens steht. Wenn ein Unternehmen einen Dollar Gewinn pro Aktie erzielt und wenn die Aktie zehn Dollar kostet, dann hat die Aktie ein KGV von 10. (Das umgekehrte Verhältnis wird als Gewinnrendite bezeichnet und in Prozent angegeben, die Beispielaktie hat also eine Gewinnrendite von zehn Prozent. Anhand der Gewinnrendite kann man die Rendite von Aktien besser mit der Rendite von Anleihen und Geldmarktinstrumenten vergleichen.)

LBO (Leveraged Buy-out)/Fremdfinanzierte Übernahme
Bei einem LBO werden für die Übernahme eines Unternehmens vorwiegend geliehene Mittel eingesetzt. Das Vermögen und das Gewinnpotenzial der übernommenen Gesellschaft sind die wichtigste Sicherheit für die Schulden. Man kann sich im Endeffekt an LBOs beteiligen, indem man in Stub Stocks, in Leverage-Spin-offs und in gewisse Fusionspapiere investiert.

Leerverkauf

Der Verkauf von geliehenen Wertpapieren in der Hoffnung, dass ihr Wert fällt, bevor man sie zurückkaufen und dem Besitzer zurückgeben muss.

Leverage

Genau genommen das Verhältnis zwischen Fremd- und Eigenkapital. Ein Unternehmen mit hoher Leverage hat einen hohen Verschuldungsgrad. Wenn ein Unternehmen mit dem geliehenen Kapital mehr Gewinn erzielt, als das Kapital kostet, kann dies den Aktionären mehr Ertrag bescheren – deshalb wird Leverage auch in der Bedeutung von „Hebelwirkung“ oder „Hebel“ verwendet. Beim Investment erzielt man Hebelwirkung entweder, indem man sich Geld für den Kauf leiht (zum Beispiel beim Hauskauf ohne Eigenkapital oder wenn man Aktien auf Margin kauft), oder, indem man für einen relativ kleinen Geldbetrag das Recht kauft, zu einem späteren Zeitpunkt einen relativ großen Vermögenswert zu kaufen – zum Beispiel in Form einer Option oder eines Optionsscheins.

Liquidität

Wertpapiere werden liquide gehandelt, wenn man große Mengen davon kaufen oder verkaufen kann, ohne dadurch den Preis ungebührlich zu beeinflussen. Wenn man 100.000 Aktien von IBM kauft, bekommt man vermutlich den aktuellen Marktpreis, aber wenn man 100.000 Aktien von XYZ Donut kauft, treibt man dadurch wahrscheinlich den Kurs hoch, bevor man genug Verkäufer findet.

Margin

Wenn man Wertpapiere kauft, kann man diese als Sicherheit für einen Kredit einsetzen, mit dessen Hilfe man weitere Wertpapiere kauft. Man kann als Privatperson (in den Vereinigten Staaten) gemäß „Regulation T“ ein Darlehen in Höhe von 50 Prozent des Marktwertes der gekauften Papiere aufnehmen. In Deutschland variiert der Prozentsatz je nach

Art der im Depot enthaltenen Wertpapiere. Er kann zudem von Broker zu Broker unterschiedlich sein.

Markteffizienz (Random-Walk-Theorie)
Diese Theorie geht davon aus, dass Aktien effizient bewertet werden, dass also alle öffentlich verfügbaren Informationen und alle Erwartungen für die Zukunft in den aktuellen Aktienkurs einfließen. Gemäß der strengsten Ausprägung der Theorie der Markteffizienz hat ein Affe, der Dartpfeile auf Kurstabellen wirft, genauso gute Chancen, den Markt zu schlagen, wie ein professioneller Investor. (Anmerkung: Das mit dem Affen mag im Allgemeinen stimmen, aber das heißt noch nicht, dass die Märkte effizient wären. Diese Theorie wird an Business Schools gelehrt, damit man in Ruhe sein eigenes Research betreiben kann und weniger Angst vor Konkurrenz zu haben braucht.)

Marktkapitalisierung
Man bestimmt den Marktwert eines Unternehmens, indem man seinen Aktienkurs mit der Anzahl der umlaufenden Aktien multipliziert (aus einem Aktienpreis von 17 Dollar und zehn Millionen umlaufenden Aktien ergibt sich beispielsweise eine Marktkapitalisierung von 170 Millionen Dollar). Die gesamte Kapitalisierung eines Unternehmens ergibt sich aus der Marktkapitalisierung zuzüglich der ausstehenden Verschuldung.

Nasdaq (National Association of Securities Dealers Automated Quotations System) [Automatisiertes Kursnotierungssystem des Landesverbandes der Wertpapierhändler]
Ein von Börsenmaklern und Börsenhändlern verwendetes Computersystem zur Preisnotierung der meisten OTC-Aktien [OTC = „Over The Counter" = Freiverkehr]. Aktiengesellschaften, die in diesem System gehandelt werden wollen, müssen bestimmten Mindestanforderungen genügen.

Nennwert

Der Wert, der auf dem Zertifikat einer Anleihe, einer Schuldverschreibung, einer Hypothek et cetera angegeben ist. Normalerweise wird der Nennwert von Schuldpapieren zum Fälligkeitstermin (am Ende der Laufzeit) getilgt. Schuldinstrumente können über oder unter ihrem Nennwert gehandelt (und ausgegeben) werden.

Nichtmarktrisiko

Das ist der Teil des Aktienrisikos, der nicht auf den Marktbewegungen beruht. Wenn man fünf bis acht Aktien (aus verschiedenen Branchen) in seinem Portfolio hat, braucht man sich darum kaum Gedanken zu machen.

Option

Das Recht, während eines bestimmten Zeitraums ein Wertpapier zu einem vorher festgelegten Preis zu kaufen oder zu verkaufen. Börsennotierte Aktienoptionen werden in Form von Kontrakten gehandelt. Ein Kontrakt beinhaltet das Recht, 100 Aktien zu kaufen beziehungsweise zu verkaufen. Eine Call-Option gibt dem Inhaber das Recht, vor oder zu einem bestimmten Zeitpunkt 100 Aktien zum vorher festgelegten Preis zu kaufen. Eine Put-Option gibt dem Inhaber das Recht, vor oder zu einem bestimmten Zeitpunkt 100 Aktien zum vorher festgelegten Preis zu verkaufen (ausführlichere Erklärungen in Kapitel 6). Wenn im Zusammenhang mit Insidern von Optionen die Rede ist, sind normalerweise die Bezugsrechte gemeint, die die Manager als erfolgsorientierte Vergütung (Incentive) erhalten.

Pro-Forma-Abschluss

Das ist die hypothetische Form von Bilanz, Gewinn-und-Verlust-Rechnung oder sonstigen Finanzberichten, die zeigen soll, was gewesen wäre, wenn ein geplantes Ereignis bereits vorher stattgefunden hätte. Zum Beispiel kann eine Pro-Forma-Gewinn-und-Verlust-Rechnung zeigen, wie die Gewinnentwicklung eines Unternehmens ausgesehen hätte, wenn eine Fusion bereits früher stattgefunden hätte.

Random-Walk-Theorie
Siehe Markteffizienz.

Risikoarbitrage
Der Kauf von Aktien eines Unternehmens, das laut Ankündigung übernommen wird; manchmal gehört dazu der gleichzeitige Verkauf von Aktien des Übernehmers. (Warum lesen Sie das eigentlich? Ich habe Ihnen doch gesagt, Sie sollen das nicht zu Hause ausprobieren!)

Rückzahlungsrendite
Die Rendite einer Anleihe oder eines anderen Schuldpapiers, wenn man es bis zum Fälligkeitstermin hält. Die Rückzahlungsrendite weicht vom Zinssatz des Papiers ab, wenn man es zu einem anderen Preis als dem Nennwert kauft. Wenn man beispielsweise eine zehnprozentige Anleihe mit zehn Jahren Laufzeit für 80 Prozent des Nennwerts kauft, hat sie eine Rückzahlungsrendite von 13,74 Prozent. Die Differenz zwischen der Nennrendite und der Rückzahlungsrendite beruht darauf, dass eine jährliche Zinszahlung von zehn Dollar im Verhältnis zu 80 Dollar einen höheren Prozentsatz darstellt als im Verhältnis zu 100 Dollar.

SEC-Unterlagen
Das sind Dokumente, die börsennotierte Aktiengesellschaften bei der staatlichen Börsenaufsicht SEC einreichen müssen. Dazu gehören regelmäßige Berichte über die Finanzergebnisse und die Bekanntgabe wesentlicher Veränderungen im Unternehmen.

Sicherheitspolster/Margin of Safety
Der Abstand zwischen dem Preis eines Vermögenswertes und seinem geschätzten Wert. Der Kauf von Wertpapieren mit großem Abschlag

auf ihren angegebenen oder geschätzten Wert war das zentrale Anlagekonzept von Benjamin Graham.

Stimmrechtsvollmacht
Die Security and Exchange Commission (SEC, Börsenaufsicht) verlangt, dass vor Abstimmungen der Aktionäre über wichtige Unternehmensangelegenheiten bestimmte Informationen in diesem Dokument bekannt gegeben werden. Stimmrechtsvollmachten werden zum Beispiel ausgegeben, wenn über die Zusammensetzung des Aufsichtsrats entschieden wird oder wenn eine Fusion durchgeführt wird.

Strampelanzug
Strampelanzüge werden normalerweise von Kleinkindern und von Personen getragen, die gewaltige Aktienverluste erlitten haben.

Treuhänder
Eine Person oder Organisation, die für die korrekte Investition von Geld verantwortlich ist, das ihr zum Nutzen eines sogenannten Begünstigten anvertraut wurde – das kann zum Beispiel derjenige sein, der belangt wird, wenn mit der Investition etwas schiefläuft.

Volatilität
Ausmaß und Häufigkeit von Preisschwankungen; obwohl die meisten Wissenschaftler die Volatilität als Maß für das Risiko einer Aktie verwenden, sagt sie im Allgemeinen wenig über die langfristige Profitabilität aus.

Vorzugsaktie
Auf Vorzugsaktien werden festgelegte Dividenden ausgeschüttet und sie genießen hinsichtlich der Dividende sowie im Liquidierungsfall Vorrang vor den Stammaktien. Gegenüber den Schuldtitel-Verbindlichkeiten eines Unternehmens werden Vorzugsaktien allerdings

nachrangig behandelt. Manche Vorzugsaktien sind kumulativ oder nachzahlungspflichtig; das bedeutet, dass ausgefallene Dividenden nachträglich vollständig ausgeschüttet werden müssen, bevor die Inhaber von Stammaktien Dividenden erhalten. Manche Vorzugsaktien können in andere Wertpapiere umgewandelt werden, manche müssen nach einem festgelegten Zeitraum zu einem vorher festgelegten Preis zurückgenommen werden und manche sind tauschfähig gegen Bezugsrechte auf andere Wertpapiere des Unternehmens.

Zahlungsausfall/Zahlungsverzug
Der Ausfall von Zins- oder Tilgungszahlungen zum Fälligkeitszeitpunkt. Der englische Begriff „Default" bezieht sich auch auf die Nichterfüllung sonstiger Bedingungen, die mit einem Kredit verbunden sind, zum Beispiel vertraglich vereinbarter Mindestanforderungen hinsichtlich Gewinn oder Vermögen.

Zeichnungsangebot/Tender-Offerte
Das öffentliche Angebot, einen Teil der Aktien oder alle Aktien eines Unternehmens zu einem bestimmten Preis zu kaufen. Ein Zeichnungsangebot gilt normalerweise für einen begrenzten Zeitraum und der Gebotspreis liegt meist über dem Marktpreis des Unternehmens. Zeichnungsangebote werden häufig im Zusammenhang mit feindlichen Übernahmen gemacht.

384 Seiten,
broschiert,
17,00 [D] / 17,50 [A]
ISBN:978-3-86470-565-6

Peter Lynch
Der Börse einen Schritt voraus – Neuauflage

Mit diesem Buch machte die Aktienkultur in Deutschland anno 1989 einen großen Sprung nach vorne. Peter Lynch, der Manager des unglaublich erfolgreichen Fidelity Magellan Fund, erklärte das Mysterium Börse. Einfach und verständlich vermittelte er die Grundlagen erfolgreichen Value-Investierens. Sein Werk und seine Weisheiten sind zeitlos und haben bis heute nichts an Wert und Aktualität verloren. Dazu trägt nicht zuletzt auch sein bodenständiger, humorvoller Stil bei. Jetzt auch als Einsteigerausgabe im Taschenbuch.

Börsenbuchverlag